엑셀런트 멘토

CEO가 원하는 팀장

Excellent Mentor

직원이 간절히 바라는 팀장

엑셀런트 멘토

CEO가 원하는
Excellent Mentor
직원이 간절히 바라는

멘토 팀장 팀장

미래와경영

엑셀런트 멘토

CEO가 원하는 팀장, 직원이 간절히 바라는 팀장

1판 1쇄 인쇄   2009년 3월 20일
1판 1쇄 발행   2009년 4월 05일

지은이 렌 샌들러 옮긴이 나승우 펴낸이 조헌성 펴낸곳 (주)미래와경영
책임 엄진영 기획 강성진 편집 김석미 영업/마케팅 김수영
표지디자인 이수미 인쇄 해외정판사 제본 대산바인텍
주소 서울특별시 구로구 구로동 222-14
대표전화 (02)837-1107 팩스 (02)837-1108
등록번호 제 16-2128호
홈페이지 http://www.FNM.co.kr

값 15,000원
ISBN 978-89-6287-013-8 13320

어린시절 나의 첫번째 의사였고, 지금도 내 마음속에
영원한 우상으로 자리 잡고 있는 돌아가신 부모님께 이 책을 바칩니다.

Thanks

Contents

들어가면서

유능한 관리자는 자신이 맡은 조직의 능력을 극대화시킬 수 있어야 한다. 그래서 유능한 관리자는 자신이 데리고 있는 구성원에게 가치관을 심어주고 평범함 속에서 비범함을 이끌어내지만 일반적인 관리자는 구성원의 능력이 아무리 뛰어나도 평범한 결과만을 이끌어낸다. 심지어 최악의 관리자들은 최고의 부하 직원을 데리고 있으면서도 최악의 결과를 만들어내기도 한다. 원래 가지고 있던 능력보다 더 형편없이 업무를 하게끔 만드는 것이다.

"빨대형 상사는 절대 되지말자"

이유가 어찌되었던 이런 관리자들은 회사 입장에서 보면 별 쓸모가 없는 관리자임에 틀림없으며 그런 사람들은 어떤 일이든 제대로 처리하지 못한다. 그래서 그런 관리자들을 일명 빨대형 상사(능력도 없이 부하 직원의 등골을 빼먹는 형)라고 부르기도 한다. 그런 사람들은 마치 곡식이 추수되고 난 후에 땅바닥에 나뒹구는 별 쓸모없는 쭉정이와 같아서 대부분 동물용 사료 공장으로 보내지는 운명을 가져야 하는지도 모르겠다. 어쨌든 그런 빨대형 상사는 대부분의 일을 그르치는 가장 능력없는 관리자를 의미한다. 그러한 관리자들은 아무런 권한도 없는 껍데기뿐인 존재들이다. 그런 사람 대부분은 편협하고 소심하며 부하 직원을 곤란하게 만들거나 힘들게 한다. 그런 스타일의 관리자가 수많은 회사 내에 무수히 많이 존재하며 이 책을 읽고 있는 독자 중 상당수가 거기에 포함된다고 말하고 싶다.

일반적으로 직장인들에는 다음과 같은 네 가지 스타일이 존재한다.

임무 완수형

여기에 속하는 사람이 주위에 있다면 무조건 믿고 의지해야 한다. 자신에게 부여된 업무가 무엇이든, 장애물이 무엇이든, 지시받은 시간 안에 일을 처리하며 이런 부류에 속하는 직원들은 항상 자기 자신을 발전시키기 위해 노력한다. 그래서 보통의 직원들이 따라오기 힘들 정도의 발전 속도를 가지고 있기 때문에 저자는 여러분 모두 이런 종류의 사람이 되기를 바란다.

수수방관형

한마디로 구경꾼 스타일의 직원들이다. 이런 직원들은 가만히 앉아서 지켜보다가 일이 끝나고 나면 이러쿵 저러쿵 말만 많은 그런 직원들

이다. 아마 독자 여러분도 필자와 마찬가지로 이런 직원들에게 십중팔구 이런 말을 해본 적이 있을 것이다,

물론 여기에 속하는 직원들은 그런 말을 아무리 많이 들어도 절대 변하지 않는다. 자신의 손에 물을 묻히는 것도 싫어하고, 괜한 일을 만들어서 쓸데없는 고생을 만들고 싶어하지도 않으며 그냥 조용히 구경꾼의 모습으로 직장 생활을 하는 것이 최고라고 생각한다.

고문관형

항상 어리둥절하며 뭐가 뭔지도 모르고 지내는 형이다. 어떤 일도 스스로 결정을 내리지 못하고 그냥 하염없이 항상 그 무엇인가의 도움을 기다리며 이렇게 말하곤 한다.

그래서 매번 자신이 직접 처리할 생각보다 주위를 애타게 둘러본다. 퇴직하는 날조차 그들은 누군가의 지시나 도움을 기다린다.

신세 한탄형

자신을 희생자라고 생각하는 직원들이다. "난 정말 운이없어"라고 말하는 직원들로 항상 자신이 불행하다고 생각하지만 사실 이런 직원들은

자신의 불행을 스스로 만드는 사람들이다. 그래서 회사 내에서 어떤 사람들은 이런 종류의 직원들을 아는 체 하는 것조차 싫어한다.

여기에 속하는 직원들은 별로 들을 가치도 없는 얘기들 즉, 자신이 겪었던 최근의 문제들이나 어려운 얘기들을 가지고 넋두리를 늘어놓는다. 그러면서 자신의 있는 그대로의 본모습은 절대 보려하지 않는다. 아주 심한 경우는 직장을 열댓군데도 넘게 옮겨 다니는 사람도 있는데 그럴 때마다 이렇게 말하곤 한다.

"아무도 날 이해해주지 않아. 아무도 내말은 들으려 하지도 않고 나한테 했던 약속도 지키지 않아. 그리고 회사가 너무 불공평한 대우를 해준단 말이야."

항상 그런 말들을 하면서 회사를 이리저리 옮기는 사람을 보면 왜 그들이 성공을 하지 못하는지 쉽게 알 수 있다. 그런 사람들은 자신에게 책임이 있다는 사실은 철저히 외면한 채 어디에 있던 세상 탓만 하며 살아간다.

지금까지 필자가 말했던 네 가지 형의 직장인 스타일 중 업무 완수형의 사람이 되고 싶다면 이제부터 필자의 경험을 토대로 확실한 방법을 알려주겠다.

그동안 크고 작은 회사에서 16년간의 직장 생활과 그 후 18년 동안 포춘지가 선정한 500대 기업에 속하는 수많은 회사를 상대로 컨설팅 업무를 수행해오면서 유능한 관리자도 만나보고 반대로 무능한 관리자도 많이 봐왔지만 상당수의 관리자가 문제가 많다는 것을 알게되었다.

필자가 직접 듣고 봐왔던 경험들을 여러분에게 이 책을 통해 전달해 주고싶다. 될 수 있는 한 간단하고 이해하기 쉽게 잘못된 점들과 고쳐야 할 점들을 쓰려고 노력했다. 직장에서의 일은 그냥 단순한 업무가 되어서도 안되고, 귀찮게 느껴지거나 억지로 해서도 안되며 피하고 싶은 일상이 되어서도 안된다.

많은 직장인들은 매주 월요일마다 극도로 우울해져서 힘들게 하루를 보내고 주중 한가운데 있는 수요일마다 한숨을 쉬며, 금요일은 빨리 끝나기만을 기다리며 시계만을 바라보면서 일주일간의 직장 생활을 하고 있다. 회사를 마치 철통같은 보안 체계가 있는 무시무시한 감옥처럼 생각하고 주말이나 국경일 혹은 휴가 때 석방될 날만 기다리는 죄수처럼 살아가고 있는 직원들이 있다면 그건 그들의 탓이 아니라 순전히 관리자의 책임이다.

"유능한 관리자는 평범한 직원들이라는 재료를 사용해서 최상의 맛을 낼 줄 아는 요리사와 같아야 한다."

빵이 맛없게 구워졌다면 밀가루나 설탕, 계란과 같은 재료들이 나빠서 그런것보다는 빵굽는 사람이 잘못 만들었을 확률이 더 높다. 빵을 맛있게 굽는 사람이 있고, 맛없게 만드는 사람도 있듯이 관리자 또한 마찬가지이다. 최고의 관리자는 자신만이 알고 있는 특별한 비법을 가지고 부하 직원들을 요리할 수 있어야 하기 때문에 평범한 직원들을 재료로 사용해 최상의 맛을 만들어 낼 수 있어야 한다. 독자 여러분 모두 이렇게 되어야만 한다.

이 책에서는 더 나은 관리자가 되고 싶어 하거나 혹은 미래의 관리자가 될 준비를 하고 있는 사람들을 위해 특별한 단계들을 하나씩 차례대로 설명해 나갈 것이다. 모든 인간은 순수한 의도와 좋은 목적을 가지고 있다. 그러나 문제는 모든 사람이 자신의 의도와 목적을 본인 스스로만 알고 있지, 타인은 그런 의도와 목적은 모른 채 상대방의 행동만을 보고 모든 것을 판단할 수밖에 없다는 것이다. 그래서 이 책에서는 바람직한 관리 원칙들을 소개하는데 초점을 맞추기보다는 좋은 관리자가 되기 위해 갖춰야 하는 태도와 행동들에 대해 설명할 것이다.

많은 관리자들이 자신들이 일을 제대로 하지 못하는 것에 대해 수많은 변명을 늘어놓는다. 예를 들어 '너무 바빠서', '사장이 권한을 안줘서', '다른 직원의 도움은 필요 없어서' 등의 말을 한다. 이런 변명들이 얼마나 어리석은 것들인지 좀 더 쉽게 이해할 수 있도록 비유를 한 가지 들어보자.

여러분의 집에 페인트칠을 새롭게 한다고 가정해봤을 때 페인트칠을 하러 온 사람이 너무 형편없이 일을 하고 있다고 한다면 거기다 집안 전체가 쿵쿵 울릴정도로 라디오를 크게 틀어놓고 일도 제대로 하지않고 있다면 어떻게 할까? 보나마나 여러분은 바로 페인트를 칠하고 있는 사람 중 최고 책임자를 불러서 "당신이 데리고 온 사람들이 일을 너무 못해서 짜증이 나네요"라고 말할 것이다. 그런데 그 책임자가 오히려 여러분에게 "저, 지금 바쁘니까 나중에 말하세요", "난 아무 권한이 없어요", "나하고는 상관없어요"라고 말한다면 아마 여러분은 화가 머리 꼭대기까지 치밀어 올라서 그 업체의 사장에게 전화를 걸어 당장 그 책임자를 바꿔달라고 난리를 칠게 뻔하다. 그것처럼 직장 내 관리자들에게도 똑같은 일이 일어나지 말라는 법은 없다.

최근에 저자는 많은 직장인들에게 다음과 같은 질문을 던져봤다.

"당신 위에 있는 관리자가 부하 직원들에게 동기부여를 시키는 방법을 알고 있다고 생각합니까?"

약 75%에 달하는 사람들이 "아니요"라고 대답했다. 이 수치는 정말 소름끼칠 정도로 심각한 것으로 예를 들어 영업사원에게 물건 파는 법을 아냐고 물어봤을 때 그 중 75%가 모른다고 대답한 것과 마찬가지이다. 아니면 회계 업무를 담당하고 있는 사람 중 75%가 숫자를 잘 다루지 못한다는 것과 마찬가지이다. 이런 일들이 벌어지도록 그냥 가만히 내버려둘 회사가 있을까?

그리고 아니요라고 답한 사람들에게 만약 자기 위에 있는 관리자를 해고시킬 수 있는 권한이 주어진다면 그렇게 하겠냐라고 물어봤다. 그 결과 약 25%가 그렇게 하겠다라고 대답했다. 자신이 함께하고 있는 관리자에 대한 존경심에 대한 결과를 말해주고 있는 것이다.

도대체 왜 우리 주위에서 좀 더 유능한 관리자를 찾아보기 힘든 것일까? 수많은 회사 안에서 일반 사원들은 극히 일부를 제외하고는 대부분 업무를 훌륭히 처리하고 있는데 비해 관리자에게는 그런 상황이 반대로 벌어져서 관리 업무를 훌륭히 수행하고 있는 관리자는 극히 일부이고 일 못하는 관리자가 태반일까? 많은 관리자들이 제대로 관리 업무를 수행하고 있지 못하며 오히려 회사에 해가 되는 존재로까지 전락하고 있다는 사실이 안타깝기만 하다. 그런 관리자들은 툭하면 부하 직원들의 사기를 꺾어 놓고 아무런 동기 부여도 주지 못하며 그로인해 능력있는 직원이 회사를 그만두게 하는 상황까지 몰고 간다. 그래서 회사적인 측면에서 부정적인 영향만을 안겨주고 회사에 막대한 금전적인 손실까지 입힌다.

이 책에서는 여러분에게 사무실에서 직장 상사가 자기 자랑을 계속적으로 늘어놓을 때 참고 듣는 법을 알려주지는 않을 것이다. 상사가 휴가 갔다가 온 얘기며 자기 가족 자랑 그리고 개인적인 취미에 대해 얘기할 때 그걸 듣고 있는 직원은 대게 딴 생각을 하거나, 앞에 있는 상사를 속으로 욕을 하거나, 아니면 "일은 잔뜩 시켜놓고 그것도 빨리 끝내라고 난리치면서 저렇게 쓸데없는 말하면서 내 시간 다 뺏아놓고 나중에 또 딴소리하면 정말 이번엔 못참아!"라고 생각하며 발을 동동 구르기도 한다. 이런 말에 공감을 하는 독자가 있다면 그게 얼마나 미치는 일인지 잘 알 것이다. 그렇다면 앞에 말했던 직원의 사기를 저하시키고, 의욕을 떨어뜨리고 그래서 결국은 회사를 그만두게 만드는 관리자의 경우도 잘 알 것이다. 나와는 전혀 상관없는 개인사와 자기 자랑만 늘어놓으며 다른 사람의 귀중한 시간을 빼앗는 그런 사람을 왜 회사는 비싼 월급을 주면서까지 그 자리에 있게 만드는지 이해하기 힘들 때도 많을 것이다.

필자가 얼마 전에 들었던 얘기 중 하나는 자신의 업무 능력을 발전시키고 싶어하는 팀원에게 자신의 상사가 도움의 손길을 먼저 뻗친 내용이었다. 그런 팀장의 관심어린 배려에 그 팀원은 뛸 듯이 기뻐했다고 한다. 어떤 상사도 그렇게 먼저 팀원에게 다가와 그런 얘기를 꺼낸 적도 없었기에 자신에게 관심을 가져준 그 상사한테 무척 감동을 받았다고 했다. 하지만 그것도 잠시뿐 상사와의 미팅을 준비하며 많은 양의 자료를 준비했지만 그 상사가 바쁘다는 이유로 그 미팅은 뒤로 연기되었고 무려 아홉 차례나 약속을 어겨가며 계속 연기만 시켰다는 것이다. 그래서 지금은 준비했던 모든 자료를 모두 없애고 혹시나 그 상사가 다시 미팅 날짜를 잡자고 말하기라도 할까봐 몰래 숨어 다닌다고 한다.

부하 직원들은 고객이 받는 것과 같은 존경심을 상사에게 받기를 바란다. 과연 고객에게 바쁘다는 핑계로 약속을 계속 뒤로 미루는 회사가 있을까?

왜 유능한 관리자는 흔치 않을까?

유능한 관리자를 쉽게 찾아볼 수 없는 이유는 다음과 같다.

대부분의 업무는 자신의 능력과 실력을 구체적인 자료로 만들어 제시할 수 있으나 관리 업무라는 것은 그렇게 할 수가 없기 때문이다.

자신이 맡은 업무를 어느 정도까지 처리할 수 있는지의 능력을 검증해서 대외적인 신뢰도를 보여줄 수 있는 자격증이나 증명서가 필요한 업무가 많다. 예를 들어 배관공이나 전기 기술자 등처럼 말이다. 요즘은 그런 자격증이 하도 많아 개나 소나 자격증 한 개쯤은 있다는 우스개 소리가 나올 정도이다. 그렇다면 관리자가 되기 위해 필요한 것은 무엇일까? 아무것도 없다. 아무런 자격증도 필요없이 그냥 제 때 정확히 있어야 할 곳에 있으면 된다. 관리자가 되었다고 모든 직원이 퇴근한 후에도 제일 늦게까지 사무실에 남아 회사를 어슬렁거리며 돌아 다니거나 급하게 결재를 해줘야 하는 서류를 쌓아놓고 말도 없이 사라져버린다면 필자가 보기에 그런 관리자는 제때, 제대로 된 방식으로 일을 하는 관리자는 아니다.

대부분의 관리자들은 어떤 준비나 연습없이 곧바로 실전에 투입된다.
관리자들은 어떤 가이드 라인이나 교육을 받지 못한다. 그래서 어찌 보면 투자한 것이 거의 없기 때문에 반대로 얻을 수 있는 것도 거의 없다. 필자의 경우도 직장 시절 동료들과 자판기 커피를 뽑아 마시며 상사에 대한 험담을 하면서(너무 바보같고 독선적이며 상대하고 싶지도 않고 자신들만 안다고) 그걸 낙으로 삼아 지내던 어느 날 갑자기 부사장 방으로 오라는 호출을 받은 적이 있었다.

"음... 나한테 분명 무슨 문제가 생긴걸꺼야. 내가 무슨 잘못을 했지?"라고 걱정하면서 갔더니 생각지도 않게 나에게 팀장을 맡으라는 얘기를 들었다. 그 순간 필자는 속으로 "왜 하필 나야?"라는 생각과 함께 마치 벌을 받는 듯한 느낌마저 들었었다. 그런 나에게 부사장은 회사를 위해 내가 얼마나 필요한지를 구구절절 늘어놓으며 얘기를 했기에 내가 싫다고 거절할 수 있는 성격의 것도 아니었다. 그래서 나는 "제가 앞으로 어떻게 해야 할지 막막한데 어떻게 해야 하는 거죠?"라고 물어봤고 부사장은 그에 대해 너무 뻔한 대답을 했다.

"잘해야지!"

글쎄… 그런 대답을 듣고 알아서 잘 찾아하는 사람도 물론 있겠지만 대부분의 사람은 그렇지 못하다.

부모님과 선생님 그리고 형이나 누나를 통해 분명 모든 사람은 영향을 받는다. 그것처럼 관리자 역시 부하 직원에게 영향을 미친다. "이런 식으로 취급받으면 기분이 어떤지 알아! 그래서 내가 저 자리에 올라가면 절대로 그렇게는 하지 않을거야"라고 흔히 생각한다. 그러면서 막상 업무를 하다보면 자신도 모르게 "위에서 뭐라고 하는 건지 잘 모르겠네. 이렇게 하라고 시킨게 맞나. 일단은 열심히 일하는 직원처럼 보이는 게 중요해. 이게 회사에서 살아남는 방법이야"라고 생각한다.

확실하게 지시를 내려주지도 않고 대강 알아서 듣겠지라며 자신이 빠져 나갈 구멍을 만들어 놓은채 말하는 관리자들이 태반이다. 그래서 그런 보통이거나 수준 이하의 관리자들은 똑같이 보통이거나 수준이하의 관리자를 만들어내는 것이다.

관리자가 된 후에도 실무에서 쉽게 손을 놓지 못한다.

부하 직원들을 일일이 챙겨주고 관리를 잘했다고 해서 성과에 반영이 될까? 자신이 맡고 있는 부서나 팀의 전체 목표 달성 여부와 문제 해결 능력에 대해서만 평가를 한다. 관리자가 개인적으로 부하 직원을 위해 애를 쓴 사실에 대해서는 누구도 알려고 하지 않는다. 그렇기 때문에 관리자는 슈퍼맨같은 모습의 일반 직원이 되려고 한다. 관리자로서 갖추어야 할 근본적인 노력들을 제대로 평가받을 수 있다면 관리자들도 본연의 임무에 충실하게 될 수 있는 토대를 가지게 되는 것이다.

마지막으로 솔직히 관리자의 업무는 힘들다.

프로그래머나 회계 업무같은 일들은 교육 과정이나 실무를 통해 배워나갈 수 있지만 관리 업무는 그렇지 못하다. 피라미드와 같은 조직체계에서 위로 올라갈수록 더 힘들고 까다로운 일들이 기다리고 있다. 그렇기에 피라미드 체계는 위로 갈수록 점점 더 좁아진다. 〈그림 1〉에서 보듯이 얼마나 많은 사람들이 서로 다른 난이도의 일을 하고 있는지 알 수 있다. 피라미드의 꼭대기에 올라가면 맨 밑바닥에 있는 사람이 받는 급여의 200배에 가까운 급여를 받게 되는지도 알 수 있다. 모든 직업군의 상위층에 속하는 사람들은 하위층에 있는 사람들보다 훨씬 많은 수입을 가진다.

▶ 업무에 따른 조직 구성원의 분포 〈그림 1〉

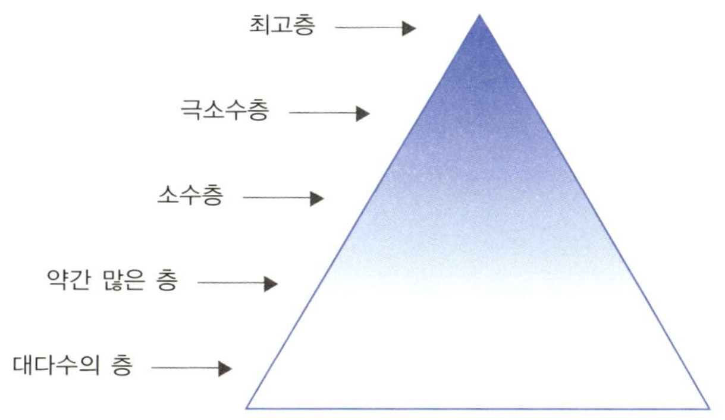

왜냐하면 그런 사람들은 극소수만이 할 수 있는 업무 처리 능력이 있기 때문이다. 이것은 어디에서나 항상 그래왔고 앞으로도 그럴 것이다. 자유 시장 경제에서는 자신만의 값어치를 높여야 한다.

업무

지금까지 살펴본 것처럼 유능한 관리자가 된다는 것은 무척이나 힘든 일이다. 결코 쉬운 지름길이 있을 수 없는 일이기도 하다. 아주 오래된 우화 중에 이런 얘기가 하나 있다.

어느 날 왕이 수석 자문 역활을 하는 신하에게 "성공의 비결을 찾아서 모든 사람이 쉽게 따라 할 수 있게 간단하게 요약해 오거라"라는 명령을 내렸다. 그러자 그 신하는 일년동안 방방곡곡을 누비며 왕이 지시했던 답을 찾아 다녔으며 결국 세권의 책으로 묶어 왕 앞에 대령했다. 하지만 왕은 "더 간단하게 줄여오거라. 백성들이 너무 게으르기 때문에 어느 누구도 그 세권을 다 읽지 못할 것이다"라고 말했다. 그래서 그 신하는 다시 일년동안 그 세권의 책을 한권으로 줄여 다시 왕 앞에 나갔다. 그러자 왕은 다시 신하에게 "아니야 안되! 백성들이 너무 게을러서 책 한권도 다 못읽을거야. 그러니까 더 줄여오거라"라고 말했다. 그래서 신하는 또 일년동안 그 내용을 줄이고 줄여 한 챕터로 만들어 왕에게 제출했지만 그때 역시 왕은 너무 길다는 이유로 더 짧게 줄일 것을 명령했고 그로부터 다시 일년 후 그 신하는 한 문장으로 줄여서 왕에게 다가갔다.

그러자 왕은 만족스럽다는 듯이 신하에게 "그 내용을 말해보거라, 그 정도면 백성들이 쉽게 이해할 수 있을 것 같구나"라고 말했다. 신하가 말하길 "세상에 노력없는 공짜는 없다"라고 했고 그말을 들은 왕은 크게 노여워하며 그 신하를 단칼에 베어버렸다고 한다.

위에 나오는 그 불행한 신하는 성공을 위해서 할 수 있는 일은 꾸준히 노력하고 열과 성을 다하는 자세와 좋은 교육만이 필요하다는 사실을 알려주려고 했다. 연습이나 훈련이 필요없을 정도로 신이 주신 재능을 가지고 태어난 운동 선수라 할지라도 '너무 바빠서"라는 핑계로 일관한다면 결국은 뒤처지게 될 수밖에 없다.

쉽게 가는 지름길을 발견하게 될 날만을 기다리거나 로또에 당첨될지도 모른다는 막연한 기대감으로 생활하는 사람들이 많지만 그런 행운을 얻기 위해서도 먼저 선행되어야 하는 일들이 있다. 확률상 '0'에 가까운 로또 당첨을 꿈꾸며 엄청난 돈을 손에 넣은 뒤 뭘 할까라는 상상을 하지만 그것마저도 천원짜리 로또를 구입해야 하는 일이 먼저 선행되어야 한다. 로또에 당첨되는 꿈을 꾸는 일도 천원을 지불해야 하는 일이 필요한데 하물며 더 큰 일에는 더 큰 대가가 따르는 법이다.

물론 어떠한 원칙에도 간혹가다가 예외는 있다. 어떤 사람들은 타고난 관리자의 능력을 보여주기도 하지만 그런 사람은 극히 일부이다. 전에 필자는 운동 신경이 타고난 사람과 골프를 친적이 있었다. 그 사람은 어떤 운동을 하던 프로 선수 뺨치는 실력을 보여주는 한마디로 타고난 사람이었다. 한 번도 골프를 쳐보지 않았던 그 사람과 처음으로 필드에 나갔는데 그는 골프채 잡는 법조차 거의 몰랐던 상태였다.

하지만 그런 사람이 첫 홀의 티잉 박스에서 300야드나 날라가는 드라이브 샷을 치고는 나에게 "이 정도면 괜찮은거에요?"라고 물어봤다. 그래서 나는 "뭐... 나쁘지는 않네"라고 대답했던 기억이 난다. 그날 내내 그런 식으로 18홀이 흘러갔다. 골프를 처음 쳐보는 사람이 나보다 훨씬 좋은 점수가 나왔다. 아마 백만명 중에 한명 있을까 말까한 그런 타고난 사람인 것 같았다. 그 사람처럼 아주 극히 일부가 타고난 관리자의 모습을 보여준다. 하지만 대부분은 똑같이 관리자의 길을 걸었던 선배들로부터 충고와 조언을 받아야 한다.

관리 업무 능력을 향상시키는 교육 프로그램의 문제점 중 하나는 각자의 상황에 맞게끔 자신이 익힌 내용을 잘 가다듬고 새롭게 해서 직접 현장에서 적용해 봐야하는데 현실이 그렇지 못하다는 것이다. 그래서 그런 이론을 교육받았다 하더라도 직접 실행에 옮겨 보지 못하는 관리자들이 대부분이다. 그런 교육이라도 받는 사람들은 그나마 행복한 사람들 축에 속하는게 또 다른 현실이다.

대부분의 오너들은 그런 교육 과정 자체를 별로 중요하게 생각하지 않는다. 그래서 교육 과정에 참가했던 관리자가 회사로 복귀를 하게 되면 "가서 잘 쉬다 왔나? 자네가 휴가 떠난 이후에 일이 산더미처럼 쌓였어"라고 말을 한다. 그래서 대부분의 관리자들은 이론과 실습을 병행해 볼 수 있는 기회를 가지지 못한다.

예를 들어 필자가 좋아하는 골프를 비유하자면 어떻게 하면 볼이 정확히 내가 원하는 지점에 갈수 있는지 이론적으로 완벽하게 알고 있다 하더라도 필드에만 나가면 맥을 못추게 된다. 왜냐하면 충분한 연습이 따르지 않았으므로 내가 알고 있는 이론만큼 점수가 나오지 않을 수밖에 없다. 관리 업무 역시 마찬가지이다. 그래서 필자는 이론에 초점을 맞추기보다 구체적으로 어떻게 해야하는지를 알려주려고 하는 것이고 이 책을 통해 필자의 의도를 충분히 잘 따라온다면 분명히 관리자로서 한층 성숙된 모습을 발견하게 될 것이다.

관리자 교육 과정을 진행할 때마다 필자는 사람들에게 왜 이런 과정에 참여하게 되었는지 묻는다. 그때마다 대답은 한결같다. "사장님이 가라고 해서 왔는데요"라고 말하는데 이런 말들은 "내 죄값을 치루기 위해서는 일정 시간동안 갇혀있어야 되는거 알아요"라는 죄수들의 말처럼 들린다.

그래서 나는 항상 그들에게 간단한 문제를 내어주고 그 뒷부분을 충분히 생각한 후에 각자 메꿔보라고 말한다. 다음에 나오는 문장 뒤에 어떤 말을 할지 여러분도 한번 생각해보기 바란다.

"나는 부하 직원한테 다음과 같은 평판을 가지고 있다. ___"
"앞으로 나는 다음같은 사람으로 기억되었으면 좋겠다. ___"
"일할 때 중요하거나 필요하다고 생각하는 관리 기술은 ___ 이다."
"관리력이 좀 더 나아진다면 다음과 같은 일들을 잘 처리할 것같다. ___"

교육에 참가했던 사람들이 어떤 회사에서 무슨 일을 하고 있는지와 상관없이 교육이 끝나고 나면 항상 비슷한 반응이 나온다. "우리 사장님이 이 교육에 꼭 한번 와서 들어봤음 좋겠어요" 혹은 "위에 있는 사람들도 알게 해야 되는데"라고 말을 한다.

이 책의 구성

이 책은 총 다섯 개의 섹션으로 나뉘어져 있으며 팀원이나 직원을 관리하는 데 있어 중요 요소들로 이루어져 있다. 물론 여기서 설명한 것 외에도 관리자들이 해야 하는 다른 중요한 일들도 많다.

그 다섯 가지 범주들을 알아보기 전에 먼저 관리자가 된 후 처음으로 해야하는 업무들을 얘기할 것이다. 그리고 나서 다음에 나오는 다섯 가지 범주를 살펴볼 것이므로 유의해서 읽어주기 바란다.

1 **다른 사람에게 동기부여를 주려면**(동기부여의 원칙과 직원들이 정말로 원하는 것들은)

2 **최고의 인재를 뽑아서 최고의 능력을 발휘하게 하려면**(인재를 뽑는 방법과 그들의 재능을 발휘하게 하려면)

3 **자신이 맡은 조직의 업무 향상을 위해 계획하고 그에 따라 조직을 구성하는 법**(능력에 따른 책임부여)

4 **최고의 결과를 위해 조직을 일사불란하게 지휘하려면**(팀원들의 업무 수행력을 높이는 법과 패배주의에서 벗어나 성취감을 느끼게 하는 법 그리고 어떤 어려움도 헤쳐나갈 수 있도록 하는 법)

5 **미래를 준비하려면**

이 책을 다 읽고 나면 여러분에게 커다란 도움이 될 수 있는 지혜의 보석을 얻게 될 수 있다. 저자가 말한 모든 내용을 다 받아들일 필요는 없지만 어떤 것도 받아들이지 않겠다는 태도는 갖지 말아주길 바란다.

어떤 것들은 완전히 새로운 개념이고 또 어떤 것들은 여러분이 전부터 알고는 있었지만 실행에 옮기지 못한 내용들일 수도 있다.

이 책에 쓰여진 대부분의 내용은 누구나 받아들일 수 있게 쉽게 쓰려고 노력했으며 대수롭지 않아 보이는 것이라도 한번쯤은 따라해 봤으면 좋겠다. 누군가가 해보라고 말하기 전에 행동으로 옮겨라. 굳이 허락을 구하고 해야 하는 일들이 아니므로 실행해보기 바란다. 마더 테레사 수녀님이 하신 말씀 중 이런 구절이 있다.

"나는 한 번에 단지 하나의 일만 할 수 있습니다. 그래서 내가 평생 동안 해온 일은 드넓은 바다에 있는 물 한방울 떨어뜨린 정도에 지나지 않습니다. 하지만 만약 내가 드넓은 바다에 단 한 방울도 떨어뜨리지 않았다면 그 바다는 한 방울이 모자를 것입니다.

여러분도 마찬가지입니다. 지금 시작해보십시오"

팀장으로서의 첫 발걸음

대부분의 사람들은 처음으로 부하직원을 관리해야 하는 업무를 시작하게 되면 당황하게 된다. 그 전까지는 탄탄대로를 달려온 자신의 경력에 뿌듯해 할지도 모르겠지만 회사 내에서 누군가를 관리해야 한다는 사실에 직면하고 나면 어떻게 해야할지 난감해 하면서 허우적거리기 시작한다. 그래서 일부는 능력 부족으로 해고를 당하기도 하는가 하면 또 일부는 관리에 자신이 없어져 스스로 그만두기까지 한다.

사람들이 중간 관리자가 되고 나면 힘들어하는 여러 가지 이유가 있겠지만 필자가 생각하는 가장 큰 이유는 관리자가 되기 전에 가졌던 생각과 행동을 그대로 유지하려고 하기 때문에 힘들어 한다는 점이다.

분명 밑에 직원을 관리한다는 것은 새로운 일을 하는 것이나 마찬가지이다. 피라미드 조직 체계의 꼭대기를 향해 어려운 등반의 첫 걸음을 내딛었다면 앞으로 설명할 내용들이 피부로 와닿게 되고 현실로 다가

올 것이다. 관리자의 처음 시작은 실무가 멀어지는 만큼 팀과 부서 그리고 회사를 관리하는 일이 더 많아진다는 것을 의미한다.

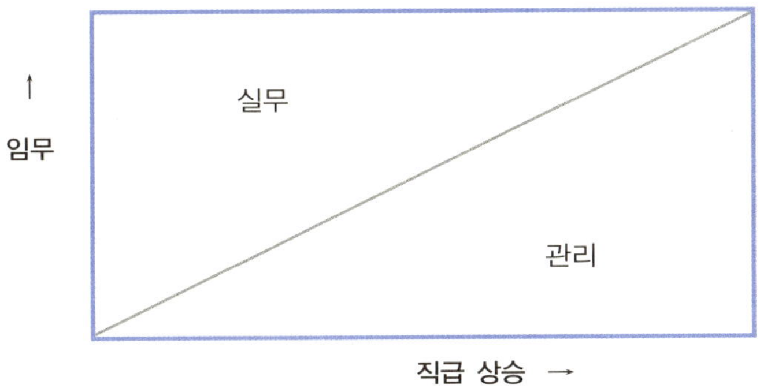

실무자에서 관리자로 되는 과정에는 많은 어려운 변화가 뒤따라야 한다. 〈그림 2〉에서 보듯이 직장에서 대부분의 시간을 실무를 하는 선임 실무자의 자리에서 업무 시간의 대부분을 직원 관리에 할애해야 하는 초보 관리자로 이동해야 한다. 불행하게도 일부는 그런 변화 과정조차 맛보지 못하고 직장 생활을 접는 경우도 많다. 그리고 일부는 그런 변화 과정에 제대로 적응하지 못하고 중도에 포기하는 경우도 있는가 하면 또 어떤 이들은 실무나 관리 모두를 훌륭히 해내는 뛰어난 사람도 있다. 어떤 경우이든지 사람을 다루는 요령에 대해 잘 모른다는 사실이다. 실무적인 업무가 어렵다는 사실에 대해서는 의심할 여지가 없듯이 마찬가지로 관리 업무 또한 어렵다. 하지만 직장 생활에서 둘 다를 잘 해야만 성공할 수 있다는 사실에 대해 반론을 제기할 수는 없을 것이다.

신참내기 관리자들은 대부분 자기 밑에 있는 직원들이 자신에 대해 관심을 가져줄 것이라는 오해를 하는데 그런 일은 절대 없다. 그들은 그냥 자기 자신에게만 관심이 있을 뿐이다. 새로운 상사가 오면 밑에 있는 직원들은 많은 호기심들을 가지기 시작한다. 그들이 알고 싶어하는 것은 새로운 사람이 오면 자기들이 어떤 영향을 받게 되는지, 자신들의 일이 더 쉬워질지 아니면 더 어려워질지 등이다. 그렇기 때문에 관리자의 업무를 처음 맡게 되면 절대 자기 얘기나 전에 했던 일에 대한 자기 자랑을 해서는 안된다.

"관심을 받고 싶어하는 상사가 되려고 하지 말고 관심을 보이는 상사의 모습이 되어야 한다"

"전 직장에서는 이렇게 안하고 더 좋게 했는데..."라는 식으로 얘기해서는 절대 안된다. 그렇게 얘기하게 되면 시작과 동시에 직원들이 당신에게 반감을 가지게 된다. 관심을 받고 싶어하는 상사가 되려고 하지 말고 관심을 보이는 상사의 모습이 되어야 한다. 밑에 사람에게 진심을 터놓고 얘기할 수 있는 사람이라는 인상을 주고 싶다면 먼저 진심으로 직원들에게 관심을 가지려고 노력해야 한다.

일단 관리자의 위치에 오르게 되면 그 이유 하나만으로 기본적으로 직원들이 믿지 않는 대상이 된다. 마크 트와인이 얘기했던 뜨거운 난로 위의 고양이처럼 되는 것이다. 뜨거운 난로와 차가운 난로를 구분할 줄 아는 똑똑한 고양이가 되어 살아간다면 좋겠지만 불행하게도 대부분의 사람들은 모든 난로가 다 뜨겁다고 생각해서 평생을 난로를 피해 살아가는 고양이처럼 뜨거운지, 차가운지를 구분해볼 생각도 안하고 처음부터 일단 피하고 본다. 그래서 보통 직장 내에서 이런 말을 고참들이 신입들에게 얘기를 한다.

"그 문제 가지고 윗사람에게 얘기 안하는 게 좋을 거야. 얘기하면 더 골치 아파지거든!"라고 말이다. 그럼 그 말을 들은 신참은 "왜요? 무슨 일 있었나요?"라고 반문할 것이고 그 말에 나오는 대답은 거의 비슷하다. "내가 말이야 예전에 그 문제를 얘기했다가 크게 난처해진 적이 있었거든. 그래서 그 뒤로는 절대 그런 비슷한 얘기도 안꺼내"

다른 사람에게 존경과 신뢰를 받는다는 것은 자동적으로 그렇게 되는게 절대 아니다. 밑에 사람은 윗사람의 말보다는 윗사람의 행동을 보고 판단한다. 관리자로서 처음에 다른 직원들 앞에 서게 되면 화려한 언변으로 모든 것을 다 해줄 것처럼 떠벌리는 사람으로 보이지 말고 진심 어린 행동이 앞서는 모습을 보여주는 것이 최선이다.

중간 관리자는 밑에 직원도 있지만 자신을 관리하는 윗사람도 있기 마련이다. 그렇기 때문에 자신의 위에 있는 상사를 자신의 편으로 만들고 이용할 줄도 알아야 한다. 어떤 조직이라도 새롭게 일을 시작하는 관리자에게 처음에는 많은 권한을 주려고 하기 때문에 자신이 필요하다고 생각하거나 원하는게 있다면 어느 정도는 제시해서 받아야한다. 하지만 그 순간에도 밑에 직원들도 자신의 사람이라는 생각을 단 한순간도 잊어서는 안된다.

새로 선출된 대통령의 모습을 예로 들어보자. 대통령의 임기 첫 해에는 나머지 임기에 비해 훨씬 많은 법률안이 만들어지고 통과된다. 그러므로 자신의 윗 상사에게 "이러이러한 부분들은 내가 데리고 있는 직원들에게 꼭 필요하고 저 역시도 마찬가지입니다"라고 말해서 얻을 필요가 있는 것들은 얻어내야 한다. 그렇다고 원하는 모든 것을 다 얻을 수는 없겠지만 그중 일부라도 얻을 수 있다는 것이 중요하다. 자신의 밑에 있는 직원들에게 자신의 참모습을 보이는 것이 중요하다는 점을 항상 명심해야 한다. 그들은 챔피온을 원하고, 때로는 전사를 원하고, 권위적인 관료 집단과 맞서 싸우려고 하는 모습을 가진 그런 사람을 원한다.

직원들은 보통 확신에 찬 용기를 가진 그런 관리자를 좋아한다. 그렇기 때문에 자신이 이길 수 있다고 판단되는 싸움에서는 끝까지 밀어붙이고 싸울만한 가치가 없다고 생각되는 일은 뒤로 물러나는 게 좋다. 하지만 관리자의 길로 새롭게 접어들면 억지로라도 움직이는 모습을 보여야 할 경우도 필요하다. 중간 관리자가 되고 나면 처음에는 윗 상사에게 인정받고 싶어하는만큼 윗 상사도 새로운 중간 관리자에게 잘해주려고 한다. 일종의 신혼여행을 떠난 부부같은 관계가 된다. 하지만 영원한 신혼여행은 없다라는 사실을 명심하기 바란다.

중간 관리자가 되어 윗 상사에게 필요한 무언가를 요청하려고 할 때는 "제가 보기에는", "제가 느끼기에는" 혹은 "혹시...", "아마..."와 같이 자신없어 보이고 머뭇거리는 듯한 말투는 피하는 게 좋다. 그런 말들은 꼭 "안되"라는 대답을 유도하는 것처럼 들릴 수도 있기 때문이다. 그런 말보다는 "확실히...", "...를 보장합니다", "가능성이...", "결과를 위해...", "분명히..."라는 강한 자신감을 보일 수 있는 말들을 해야만 자신이 원하는 결과를 얻을 수 있는 확률이 더 높다. 가능하다면 여론조사 데이터나 경쟁사 정보, 고객들로부터 받은 이메일이나 고객게시판 등을 이용하는게 도움이 된다. 개인적인 의견보다는 객관적으로 입증된 자료들을 토대로 말하는 것이 좋기 때문이다.

자신이 원하는 것을 분명하고 열정적으로 표현해야 한다. "제말이 맞다는 것을 꼭 입증해 보이겠습니다", "제게 기회를 주신다면 실망시켜 드리지 않겠습니다" 등의 말을 통해 자신이 가진 일에 대한 열정을 보여 줘라. 그렇게 한다면 윗 상사도 아마 쉽게 거절하기는 힘들 것이다. 자신이 과거에 경험해 봤거나 생각했었던 것들을 언제든지 제안할 수 있어야 하며 자신의 생각이 맞는지 틀린지를 보기 위해 시험적으로 해보고 싶다고 요청할 수 있어야 한다. 이 때 그런 제안 내용들은 밑에 직원들을 발전적으로 변화시켜 궁극적으로는 회사의 발전을 이끌어 낼 수 있다는 목표를 담고 있어야 한다. 그래서 그런 내용들은 필히 회사의 가치관과 발전 그리고 자신의 관리력 향상을 동시에 불러 올 수 있는 방향으로 가야 한다.

회사에서 사람을 채용할 때는 분명한 이유가 있다. 입사 원서를 내어 합격한 사람보다는 떨어진 사람이 많다. 만약 당신이 회사에 입사를 하게 됐다면 그 말은 곧 회사 측에서 보기에 회사가 가지고 있는 가치관이나 문화 그리고 규범과 당신이 잘 맞을 것이라고 생각했기 때문에 채용을 했다는 말이 된다. 그래서 채용된 후에는 회사가 가지고 있는 고유한 문화와 사고방식, 조직체계 그리고 직원들의 대화 방식까지 빨리 배워야 하는 부담을 가져야 한다.

가치관	어떤 게 좋고, 어떤 게 나쁜지에 대한 보편 타당한 생각들
규범	회사 직원들이 필히 따라야 하는 것들
문화	가치관과 규범을 흡수해 가는 방식들

회사마다 직원들의 의무와 책임 그리고 상과 벌에 대한 체계는 상당히 많이 다르다. 어떤 회사에서는 상을 받아야 하는 일이 또 다른 회사에서는 징계감이 되는 경우도 생길 수 있다. 외국에 나가서 몇 년동안 지내야 할 일이 생겼다고 가정해보자. 처음 가보는 나라라고 한다면 어떻게 할까? 아마 먼저 출국하기 전에 되는데로 많은 자료를 모을 것이다. 인터넷을 뒤져 자료를 찾아보기도 하고 그 나라에 갔다 와본 적이 있는 사람한테 이것저것 물어보기도 할 것이다. 그리고는 그 나라에 도착하면 맨 먼저 외국인 여행 센터를 찾아 갈게 뻔하다. 언제까지나 아웃사이더의 모습으로 그 나라 사람들 속에 산다는 것은 힘들기 때문에 그 나라 사람들의 행동양식을 배우려고 노력해야 한다.

예를 들어 방글라데시 수도인 다카에서 호텔에 머무른다고 가정해보자. 회교권인 그 나라에서는 여자가 짧은 치마를 입게되면 돌팔매질을 당해 죽을 수도 있는 경고 문구가 호텔 안에 붙어 있기도 한다. 하지만 그 나라 문화를 모르고 간다면 그게 무슨 말인지 전혀 이해가 안될 수도 있다. 또 싱가폴에서는 과속에 대한 벌금이 상상할 수 없을 정도로 엄청나게 부과된다. 평소 습관대로 이 정도는 괜찮겠지하고 과속을 했다가는 빈털터리가 될 수도 있다. 그래서 싱가폴 사람들은 자기 나라를 벌금의 천국이라 부르기도 하는데, 어쨌든 그렇기 때문에 하루빨리 그 나라의 고유 문화와 관습과 행동 양식을 배우고 익혀야 한다. 다른 나라를 가서

하룻밤사이에 그 나라의 문화를 내 방식대로 고쳐보겠다고 나서는 사람
은 아마 없을 것이다.

옛날 방식의 관점에서 조직 체계는 정상적인 피라미드 모양을 띠고
있어 위로 올라갈수록 중요한 역할을 하는 사람들이 자리잡고 있었다.
모든 정보들은 일방적으로 아래쪽으로 전달되고 계획, 조직 구성, 통제,
방향 제시 등은 모두 위에서 행해진다. 하위직의 업무는 단순히 경영자
층의 생각을 보조하는 역할만 하면 됐다. 그래서 직원들은 항상 피라미
드의 꼭대기를 고개를 뒤로 한껏 젖히고 숨 넘어갈 듯이 바라봐야 하기
때문에 목이 아프다. 한마디로 직원들은 관리자들의 하인 역할에 지나지
않았다.

그것에 반해 현대적인 관점에서의 조직 체계는 〈그림 3〉처럼 거꾸로
된 피라미드의 형태이다.

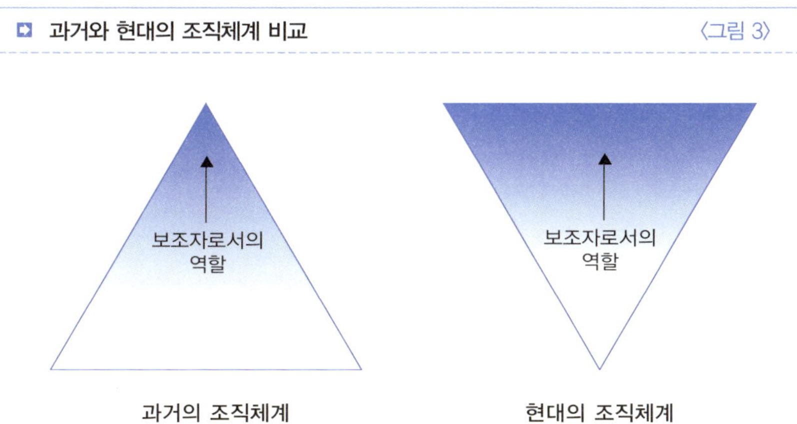

■ 과거와 현대의 조직체계 비교　〈그림 3〉

위에 존재하는 사람들이 직원이며 그들이 더 중요하게 받아들여지고 있다. 상품을 만들고, 팔고, 문제를 처리하고 하루도 빠짐없이 고객과 더불어 지내고 있기 때문이다. 정보는 상하 양방향으로 전달되고 관리자의 주 업무는 직원들을 서포트하는 일이 되었다. 이제는 관리자들이 항상 밑에를 목이 빠지게 내려다 보고 있어야 하며 직원들이 일을 성공적으로 할 수 있도록 분위기를 만들어 줘야 한다.

관리자의 업무를 맡은 첫날 전체 미팅 시간을 가질 때 "당신들 모두는 제게 있어 무척이나 소중한 사람들입니다"라는 인상을 심어줘야 한다. 이제부터는 밑에 있는 직원들에게 관리자가 바라는 모습들을 얘기해야 하는 자리에 있다는 사실을 항상 명심해야 하고 반대로 밑에 직원들이 관리자에게 어떤 기대를 하고 있는지도 알아야 한다. 겸손함과 상냥함을 항상 지녀야 한다. 누군가와 첫 만남을 가질 때 첫 인상이 제일 중요하듯이 회사에서도 마찬가지이다.

"출발이 좋으려면 여러분 자신이 아니라 여러분이 관리해할 직원들에게 포커스를 맞춰야 한다."

자신이 맡은 부서나 팀의 내부 사정을 많이 알면 알수록 쉽고 편하게 관리자의 길을 갈 수 있다. 밑에 있는 직원에게 당신들과 함께 일하게 돼서 너무 즐겁다고 꼭 얘기해 주면서 당신들이 좋은 직원들이라는 얘기를 익히 들어 잘 알고 있다는 식으로 말해주어야 한다. 만약 그 직원들이 전에 했던 일들을 새로온 관리자가 다 알고 있다고 생각한다면 조금 더 호감을 줄 수 있다. 이 모든 일들은 분명히 말하지만 관리자 자신보다는 관리자 밑에 있는 부하 직원들에게 포커스를 맞춰 얘기해 나가야 한다는 것임을 꼭 기억하기 바란다. 왜 관리자들이 되면 이렇게 간단한 기본을 다들 못지키는지 잘 모르겠다.

필자가 전에 자기 생각밖에 할 줄 모르는 어느 업체의 부서장과 함께 일을 한 적이 있었다. 어느날 나에게 기업 연례 보고회 때 자기가 연설을 할 예정이니까 그 자리에 참석해 달라고 초청장을 보냈다. 커다란 회의장 안에서 자신의 직원들을 향해 자기 자랑을 늘어놓기 시작했다. 그 회사에서 만든 제품이 어떻게 53%의 시장 점유율을 차지했는지를 총천연색 파워포인트 자료를 사용해서 설명하기 시작했다. 물론 대부분의 내용들은 자기가 잘해서 그렇다고 하는 것에 초점이 맞추어져 있었다. 1시간 가량의 발표동안 "나는", "내가"라는 말을 수도 없이 반복하면서 직원들 모두 소용없다는 식의 뉘앙스까지 풍겼다. 결국 그의 말 때문에 열받은 대부분의 성실한 직원들이 회사를 그만두고 나갔고 다음 해에 그 회사의 제품은 시장에서 형편없는 매출을 기록하며 회사 사정이 급속히 악화되었다. 그 부서장은 직원들에게 동기부여가 얼마나 중요한지 전혀 모르는 자기만 잘난줄 아는 그런 사람이었다.

반대로 그 부서장만큼 학벌이 좋거나 경력이 화려해 보이지 않았던 또 다른 한명의 관리자를 알게 되었는데 정말로 진심을 다해서 직원들을 배려하는 사람이었다. 그가 데리고 있던 모든 부하 직원들에 대해 인간적인 관심을 가지고 있었으며 부하 직원들 역시 그 관리자와 함께 일하는 것을 자랑스럽게 생각했다. 직원 개개인이 발전하는 모습을 보는 것이 무엇을 의미하는지 알고 있었으며 자기 자신이 성공할 수 있었던 것도 조직 내에서 다른 직원들과 함께 했기 때문에 가능할 수 있었다고 고마워하고 있었다. 그는 항상 다른 직원들에게 믿음을 주었고 자기 자신만을 생각하지 않았다.

하지만 그 관리자의 회사도 결국에는 문을 닫을 수밖에 없는 지경에 이르렀는데 그래서 필자는 직원들의 반응이 어떻게 나올지 궁금해서 회사 문을 닫는 마지막날 그 회사를 찾아갔었다. 직원들이 모두 모인 자리에서 그 관리자가 앞으로 나와 한참을 고개를 떨구고 있다가 간신히 목이 메이는 듯한 소리로 말을 했다. 아마 쉽게 입이 떨어지지 않았던 모양이다. 그가 했던 말은 "이렇게 밖에 할 수 없다는 사실이 여러분 모두에게 너무 죄송스럽습니다. 죄송합니다!" 뿐이었다. 그리고는 연단을 황급히 내려가는 그에게 직원들은 모두 뜨거운 박수를 보냈다. 그들 모두 하루 아침에 일자리를 잃어버렸음에도 그 관리자에게 성원을 보내다니... 그리고 직원들은 모두 하나같이 그 관리자를 걱정하며 위로하였다. 앞으로 가족들을 어떻게 먹여살려야 할지를 걱정해야 할 사람들이 오히려 그 관리자를 걱정하는 모습이 놀랍기만 했다.

만약 자신의 아들에게 "아들아! 네가 날 사랑했으면 좋겠다. 그런데 난 너를 사랑할 수가 없구나. 왜냐고? 내가 너무 바쁘거든"라고 말한다면 굉장히 이기적이라는 것을 누구나 알 것이다. 그것처럼 회사에서도 관리자가 먼저 밑에 직원을 사랑한다면 분명 직원들도 관리자가 베푼 만큼 관리자를 사랑하게 될 것이다. 부하 직원을 사랑하지 않는다면 그들이 관리자를 사랑해 줄 확률은 전혀 없다. 물론 아부성 발언으로 관리자의 비위를 맞추며 사랑하는 척하는 직원도 있긴 하지만 그건 차라리 사랑 안하는 것보다 더 못하고 결국에는 위험한 결과만 초래하게 만드는 가식이다.

베푼 만큼 돌아오는 것이기에 관리자가 직원들을 사랑한만큼 직원들에게 많은 것을 받을 수 있게 된다.

업무 단계

모든 관리자들은 새로운 업무를 시작할 때 일련의 단계를 거쳐야한다. 그 단계는 항상 같은 패턴을 가지는데 때로는 시간이 좀 오래 걸리는 단계도 있고 관리자가 한 단계에만 너무 빠져서 끝까지 가지 못하는 경우도 있다. 모든 관리자는 다음과 같은 네 가지 단계를 가진다.

사전 조사

어떤 업무를 하기 전에 사전 조사가 많이 이루어질수록 일이 수월해진다. 그런 사전 조사 작업은 정확히 그 일이 무엇인지를 알 수 있어야 한다. 그리고 그런 일이 지금까지 성공적으로 수행되었는지, 아닌지를 조사해야 되고 왜 그런지 그 원인 분석도 해야 한다. 그리고 마지막으로 자신이 함께 해야 할 다른 직원들에 관해 상세히 알아야 한다.

시작

이 단계는 일을 수행하기 위해 여러 가지 접근 방법이 혼재할 수 있는 기간이다. 중요한 이슈나 혹은 정치적으로 민감한 부분이 무엇인지를 알기위해 직원들을 테스트해보는 단계이기도 하면서 반대로 직원들이 관리자를 테스해보는 기간이기도 하다. 보통 이럴 때 직원들은 "예전에 있던 분은…"이라는 말을 많이 할 것이다. 솔직히 대부분 그런 일은 실제로 있었던 일이라기보다는 상당 부분은 없는 얘기를 지어내는 경우가 많다. 일단은 빠져나갈 구멍이라도 만들어놓으려고 하는 심산으로 그런 말을 하는 경우가 많다. 시작 단계는 꼭 알고 있어야 하는 부분들을 배울 수 있는 방법이 없기 때문에 무척 힘든 단계이기도 하다. 중요한 사전 지식이나 정보를 아는 것 자체가 힘들기 때문에 어떻게 보면 일단은 약간의 함정이나 늪에 한번 빠지고 시작해야 하는 단계일 수도 있다.

인정

자, 이제 준비가 어느 정도 됐을 것이다. 관리자의 주변 환경에 대해 상당 부분 익숙해지고 많이 알았다고 생각해야 하는 단계이다. 회사 내부 사정도 어느 정도 알게 되고 밑에 직원들과 한 배를 탄 공동 구성원으로서의 교감도 이루어져야 하는 단계이다. 그래서 모든 회사 내 환경이 친숙하게 다가오고 직원들이 말하는 회사와 관련된 농담도 알아듣게 되고 그리고 이 회사에서 무엇을 할 수 있는지 현실적으로 다가오는 단계이다.

발전

앞의 세 단계를 모두 성공적으로 거쳤다면 이제는 회사에서 일을 잘한다는 소리를 들어야 한다. 그래서 중요한 업무 결과가 나와야 하고 그로인해 자신도 한단계 더 발전할 수 있는 발판을 마련해야 한다. 관리자로서 이 마지막 단계를 빨리 완수하는 것은 여러분이 얼마나 열심히 일하는지에 달려 있고 앞의 세 단계를 얼마나 잘 준비했었는지에 달려있다.

부하 직원과의 첫 만남

어떤 일이든 처음 시작할 때 가장 중요한 것은 확신에 찬 자신감과잘 될 것이라는 긍정적인 모습을 가져야 한다는 점이다. 자신감이 없더라도 자신 있게 보이게끔 행동이라도 해야한다. 만약에 자신이 새롭게맡게 된 조직이 회사 내에서 별로 인정받지 못하고 있는 곳이라면 밑에직원들에게 잘보이기 위해 없는 말을 만들어서 칭찬해주려고 애를 쓰지말고 현재의 위기 상황을 어떻게든 벗어나게 만들 것이라는 자신감을 보이는 것이 좋다.

어떤 경우이든 "앞으로 여러분이 저를 많이 도와주셔야 합니다"라는 말은 꼭 해야 하고 조직의 발전과 성공을 위해서는 모두가 하나가 되어야 한다는 사실을 꼭 강조해야 한다. 회사 전체가 모인 자리에서 자기소개를 하는 시간이 주어진다면 그럴 때 말하는 것이 효과가 더 크다. 아마 그런 자리에서 새로운 관리자나 팀장을 치켜세우고 자랑하듯이 말하는 사람이 있다면 그 사람은 십중팔구 그 회사의 사장일 것이다. 출발부터 회사나 사장에게 뭔가 좋지 않은 느낌을 받는다면 일대일 면담 시간을 가지면서 직원들에게 개별적으로 정보를 얻는 것도 좋은 방법이다. 첫 만남의 시간이 불평 토론회처럼 되게는 절대 만들지 않아야 하는 것도 잊지 말기 바란다.

어떤 조직이든 무리에서 리더 역할을 하는 사람이 있기 마련인데 그런 직원이 누구인지를 최대한 빨리 알아내야 한다. 보통은 최상위 직급을 가지고 있는 사람이겠지만 때로는 그 안에서 다른 사람들이 좋아하는 선배 사원일 경우도 있다. 그런 사람을 대할 때는 공손하게 그리고 겸손하게 마주해야 한다. 그리고 모든 직원들이 얼마나 중요한 사람들인지를 얘기하고 가능하다면 조직 내에 있었던 과거는 모두 잊고 새 출발을 하자고 말하는 것이 좋다. 일반적으로 실무자들은 자기보다 직급이 높은 사람이 도움과 조언을 구하는 모습을 보이면 그것만으로도 그 사람을 좋게 생각한다. 이런 과정을 거치면 보나마나 하급자들은 자기보다 상급자인 고참이나 선배에게 "그 사람 어떤거 같아요?"라고 물어볼 게 뻔하고 그럴 때 이런말 한마디만 나온다면 그때부터는 일이 쉬워진다.

"새로운 팀장(관리자) 괜찮은 사람같은데. 사람이 좋아보여!"

이런 과정을 통해 조직 내에서 새로운 관계를 하나씩 맺어 나갈 수 있다. 언제든지 그리고 얼마든지 동맹적인 유대관계를 맺을 수 있는 자리에 앉아 있다는 사실을 항상 명심해야 한다. 밑에 직원들을 대할 때 학력, 경력, 업무력 등에 따라 차별하는 모습을 보이게 되면 최악의 상황으로 치달을 수 있다. 밑에 있는 직원 중 한사람이라도 새로온 관리자를 무시하기 시작하면 조직 전체가 무시할 수 있게 되고 반대로 관리자를 최

필자가 예전에 직장 생활할 때 만났던 한 신참내기 관리자는 지방에 있는 공장에 가서 그곳 사람들에게 표준 공업 규격에 맞게 제품을 생산하게 만들고 오라는 지시를 받았다고 걱정이 이만저만 아니었다. 사장이 그에게 본사에서 내린 지시를 잘 듣게끔 확실히 교육을 시키고 오라는 것이었다. 그 말을 듣자마자 필자는 속으로 "죽으러 가라는 거나 마찬가지네…"라는 생각이 들었지만 회사 분위기를 미쳐 파악하지 못하고 있었던 그 신참내기 관리자는 무슨 일이 일어나고 있는 것인지 전혀 모르는 눈치였다. 그래서 그 신참내기 관리자에게 "어쨌든 그 공장에 가면 무조건 그곳 사람들에게 신임을 얻어야 합니다. 그곳 사람들에게 협박하고 으름장을 놓는 모습이 아니라 같은 배를 탄 한 식구라는 모습을 꼭 보여줘야 합니다"라고 조언을 해줬다. 일단 그곳 직원들과 호프집을 자주 가서 많은 얘기를 나누라고 말했다.

"그 사람들은 분명 회사에 대한 불만을 얘기할 것이고 심지어는 그렇게 얘기해봤자 자기 입만 아프고 달라지는 건 없으니까 얘기조차 하지 않으려 할겁니다. 당신이 그들에게 다가 설 수 있는 가장 쉬운 방법은 먼저 그들의 마음을 얻는 길이고 그렇게 된 후에야 일 얘기를 꺼내야 될거에요"

사람들과 원만한 대인 관계를 유지하며 생활해야 하는 영업 사원들의 접근 방식을 참고해야 한다. 처음 만나는 사람한테 무조건 물건을 팔려고 들이대기 보다는 상대방과 어느 정도 인간 관계를 만들어 놓아야 물건을 파는게 좀 더 수월해질 수 있다. 위에 나온 신참내기 관리자의 예를 간단히 설명하면 시간을 두고 천천히 공장에 있는 사람들과 인간적인 신뢰를 바탕으로 한 친밀한 관계가 맺어지고 난 다음에 "저를 도와주셨으면 합니다"라고 말해서 그 사람들이 "자네를 위해서라면 기꺼이 도와줌세"라고 한다면 모든 일들이 잘 풀리게 된다는 얘기이다. 우호적인 인간관계가 먼저라는 사실을 아는 것이 중요하다.

필자의 또 다른 경험을 하나 얘기하자면 전에 인사 부서에 처음으로 발령이 나서 일을 시작할 때였다. 회사 내에서 인사부서 자체를 끔찍이 싫어하는 팀장이 하나 있었는데 어느 날 그 팀장이 필자와 충돌이 일어났다. 개인적으로 안좋은 감정이나 친분도 없었던 사람인데 인사 부서에 있는 놈들은 다 똑같다는 식으로 필자에게 소리를 질러댔다. 자기 팀원 중 한명의 연봉 인상안을 제출했는데 왜 빨리 처리해주지 않는거냐고 하면서 말이다.

하지만 그 건 내 권한 밖의 일이었는데 나한테 불똥이 튄거여서 처음에는 필자도 같이 큰소리로 언성을 높였지만 자기 팀원이 휴가를 가기 전에 연봉이 인상됐다는 기쁜 소식을 알려주고 싶어한다는 것을 알고는 최대한 빨리 처리될 수 있게 도와주겠다고 말했다. 그가 가져왔던 서류를 보자 거기에는 그 팀장의 직속 상사 서명이 들어가 있어야 하는데 그게 빠져있어서 알아보니 직속 상사가 일본으로 출장을 가고 자리에 없다는 것을 알았다. 그래서 혹시나 하는 마음으로 일본으로 전화를 했는데 다행히도 그 직속 상사도 연봉 인상안에 승인을 해주라고 말해서 모든 것을 처리한 후에 그 팀장에게 잘 처리됐다고 알려주었다. 그러자 그 팀장은 무척 기뻐하면서 자기를 위해 그렇게까지 해줄 것이라고는 생각도 못했다고 말하면서 그날 이후 그 팀장은 회사 내에서 필자와 둘도 없는 사이가 되었다.

필자가 보기에는 힘든 일도, 어려운 일도 아니었는데 조금만 다른 직원을 위해 관심을 가지고 약간의 시간을 낸다면 누구나 처리할 수 있는 그런 문제였다. 다른 직원에 대한 아주 조그만 관심만 있다면 모두 그렇게 할 수 있는 일이었는데 그런 관심을 갖는 일 자체를 너무 소홀하게 생각한다는 게 문제이다.

가능한 빠른 시간 내에 인간 관계를 맺기 위해 밑에 직원들과 일대일 면담 시간을 가져야 한다. 그리고 이런 면담 시간을 정기적으로 가지도록 노력해야 한다. 다음에 면담 시간에 물어봐야 하는 몇 가지 질문 사항을 정리해보았다.

- 요즘 하는 일은 어떤지?
- 근무할 때 좋은 점과 나쁜 점은?
- 관리자에게 바라는 것이 있다면?
- 각각의 직원들이 하고 있는 일에 대해 자세히 설명해 줄 수 있는지?
- 혹시 개인적으로 관리자가 알아야 하는 다른 점이 있는지, 예를 들어 공부를 하고 있는 게 있는지, 학원을 다니고 있는지 아님 다른 외부 활동을 하고 있는지?
- 관리자가 특별히 도와줄 일은?

개인 면담을 할 때도 전체 미팅을 할 때와 같이 자신감을 보여줘야 하고 직원들의 도움과 응원이 꼭 필요하다는 것을 주지시켜줘야 한다. 그리고 면담이 끝날 때마다 "당신은 우리 조직 내에서 정말 필요하고 창의적인 사람인 것 같네요. 앞으로 잘 해봅시다"라는 말을 잊지 말고 해주기 바란다. 이런 면담 과정은 본격적인 업무를 시작하기 전에 최대한 빨리 끝내놓는게 좋으며 직원들의 이름과 특징, 일에 대한 책임감, 업무성과도 등을 숙지해 놓는다면 분명 좋은 출발이 될 것이다.

반대로 밑에 직원 이름도 모르고, 누가 무슨 일을 하는지도 모르고 심지어 조직 내에서 전에 무슨 일이 있었는지조차 모르고 시작한다면 말 하나마나한 결과가 벌어지게 된다.

항상 메모하는 습관을 길러서 누가 무슨 말을 했는지를 기록하는 게 좋다. 시간이 지난 후 밑에 있는 직원과 애기를 하면서 "아… 우리 첫 면담 시간에 당신이 이런 애기를 한 적이 있었죠"라고 말한다면 굉장히 깊은 인상을 남겨주게 된다. 그리고 그 부서나 팀에 있었던 과거의 일에 너무 매달리려고 하지 않는 게 좋다, 밑에 직원이 전에 있었던 관리자에 대해 애기하면 그냥 조용히 듣는 모습만 보여줘야 한다.

전임 관리자를 이용하는 방법도 괜찮다. 전임 관리자가 회사를 그만두고 나간 경우라면 전체 미팅이나 개인 면담 후 그를 찾아가서 직원들에 대해 좀 더 자세한 애기들을 들어보는 것도 좋은 방법이다. 그럼 자신들이 일하면서 밑에 직원들과 있었던 문제들이나 각 개개인의 특성이나 그들과 함께 일하는데 도움이 되는 방법을 제시해 줄지도 모른다. 아니면 윗 상사에게 가서 똑같은 방법으로 조언을 구하는 것도 생각해봄 직하다.

중간 관리자가 되고나면 수시로 윗 상사와 자리를 같이 하면서 목표와 예상 결과에 대해 자주 논의를 해야 한다. 윗 상사가 급하게 새로운 부서나 팀 업무를 들이밀기 시작하면 "내 부서원이나 팀원들에 대해 먼저 충분히 파악을 하고 난 다음에 업무 분장을 어떻게 해야 빠른 시간 내에 최대한의 결과를 끌어낼 수 있을지를 알 수 있을 것 같습니다. 그러니까 시간을 좀 더 주십시오"라고 말을 해야한다. 가능하면 윗 상사와 많은 시간을 가지면서 부서나 팀의 임무, 목표, 예상 기대치 등에 대해 어떤 생각을 하고 있는지 알아내야 한다. 그렇기 때문에 하루라도 빨리 윗 상사와의 원활한 대화를 위해 친밀한 관계를 만들어 놓는 게 중요하다.

윗 상사도 자신 밑으로 새롭게 온 관리자에 대해 많은 사전 조사를 한다. 그것처럼 여러분도 그 상사에 대해 많은 정보를 가지고 있어야 한다. 그 사람의 밑에 있었던 사람들에게 조언을 얻거나 다른 여러 창구를 통해 사전 지식을 가지고 있어야 한다. 그리고 윗 상사에게 윤리나 도덕책에나 나오는 교과서적인 대답이 나오게 하지 마라. 그 사람이 과거에 했었던 업무들과 관련되어 특별한 무엇인가(회사나 업계에서 성공할 수 있었던 비결 등)를 배울 수 있게끔 질문을 해라.

회사가 당신(관리자)에게 큰 투자를 했듯이 당신(관리자)은 윗 상사들에게 더 큰 투자를 해야 한다.

밑에 있는 직원이나 회사 내의 다른 부서에 있는 직원 중 새로온 관리자가 된 사람을 시기하는 사람들이 있는지 반드시 알아야 한다. 왜냐하면 그런 사람들은 대부분 자기가 그 자리를 꿰차고 올라갈 것으로 기대를 하고 있다가 새로온 사람 때문에 불만이 극에 달한 사람이기 때문이다. 그런 사람들은 매사에 비협조적으로 나올 수밖에 없기 때문에 더 많은 관심을 보여야한다. 입장을 바꿔놓고 생각해봐도 그렇게 비협조적으로 나올 수밖에 없다는 것을 십분 이해할 것이다. 하지만 새로온 관리자라면 절대 그들을 무시하거나 적으로 만들어서는 안된다.

특히 그 사람들이 같은 부서나 팀 내에 있다면 그들이 가진 업무력이나 경험들은 반드시 필요한 것들이기 때문에 그리고 반대로 그 사람들 역시 언젠가는 당신으로부터 관리자 업무를 물려받게 된다면 그들 역시 당신의 경험과 관리력을 필요로 하는 관계가 된다. 그러므로 그런 점을 십분 활용해서 내 편을 만들어야 한다.

이럴 때 가장 안좋은 것은 자신이 얼마나 좋은 사람인지를 구구절절히 얘기하는 것이고 반대로 가장 좋은 것은 상대방이 얼마나 좋은 사람인지를 칭찬하는 것이다. 어느 곳이나 새로운 사람으로 들어가게 되면 기존에 있던 모든 직원을 친구로 만들어야 한다. 발톱을 숨기고 호시탐탐 기회를 엿보는 적으로 만들게 되면 일이 아닌 사람에 시달리다가 회사를 그만두고 나오는 경우도 의외로 많다.

외부에서 영입이 되었던지, 내부에서 승진되었던지 상관없이 새로운 관리자에게 노골적으로 적개심을 드러내는 사람이 있다면 그 사람의 기분을 충분히 이해한다는 정도만 얘기하고 자신이 어떻게 그 일을 맡게 되었는지 구구절절이 설명하면서 자신을 이해해달라고 애걸할 필요가 없다. 채용이나 승진은 회사가 할 일이지 개인이 정하는 일이 아니기 때문이다. 이미 벌어졌던 일보다는 앞으로 벌어질 일에 대해 고민하고 열정을 쏟아야 한다. 그런 사람들에게도 똑같이 자신감을 보여주고 당신들이 얼마나 나에게 필요한 사람들인지 그리고 당신들이 많이 도와줘야 한다는 말만 해주면 된다.

아니면 그런 사람들에게 중요한 프로젝트에 참여할 수 있는 기회를 주거나 새로운 기술력을 배울 수 있는 기회가 주어질 수 있도록 해보겠다고 말하는 것도 좋다. 대신 지키지 못할 약속은 절대 하지마라. 신뢰를 잃어버리면 결국은 인간관계에 금이 가기 시작하기 때문이다.

그리고 불만이 가득한 직원들과는 절대 논쟁을 벌여서는 안된다. 그렇게 자꾸 화만 내면 안좋을거라는 둥, 그런 식으로 말해서는 좋을게 없다고 하는 둥의 말은 불난 집에 부채질하는 경우가 될 수 있으므로 어떤 식으로라도 말꼬리를 물고 늘어지는듯한 말싸움은 피해야 한다. 그냥 그런 사람과 얘기할 때는 주의 깊게 듣는 모습을 보여주면서 같은 편이라는 인식을 심어주어야 한다.

밑에 직원들에게 다가갈 때는 마음을 비우고 어떤 선입견도 가지지 않으려고 해야 한다. 혹시 근무 태도나 업무적으로 문제가 많은 직원이라 하더라도 과거에 벌어졌던 일은 더 이상 문제가 되지 않는다고 말을 해주어야 한다. 그래야 나쁜 태도를 고칠 수 있게 만들 수 있고 또 전임 관리자와 사이가 좋지 않았던 직원이라면 그런 일에 대해 전혀 개의치 않으니까 새롭게 시작하는 기분으로 일을 같이 했으면 좋겠다고 말해주어야 한다.

중간 관리자로서의 업무를 시작할 때 또 다르게 중요하게 생각해야 하는 사실이 하나 있는데 그것은 바로 사장이나 윗 상사는 새로운 관리자가 성공적으로 업무를 처리하는 모습을 보고 싶어한다는 점이다. 그래서 처음에는 큰 부담이나 압박을 주려고 하지 않고 오히려 상당 부분의 요구 조건을 들어 주려고 애를 쓴다. 그렇기 때문에 자신있고 당당하게 말한다면 위에서 "안돼"라는 말을 쉽게 하지 못한다.

"내 직원들이 ________ 점에 걱정을 하고 있습니다",
"내 직원들이 ________ 에 대해 좀 불만스러워합니다",
"내 직원들이 정말로 ________ 것이 필요하다고 합니다"

라고 말해라. 자신의 요구가 쉽게 관철될 수 있는 것부터 찾아서 시작해라. 밑에 직원들의 얘기를 건성으로 듣고 흘렸다는 인상보다는 그들의 애로사항에 대해 정말로 귀를 기울려 듣고 있구나라는 것을 보여줄 수 있는 가장 확실한 방법이다. 모든 것을 자신이 원하는데로 다 손에 넣을 수는 없지만 일부는 수용될 것이다.

대화 창구를 열어놓아라

항상 열려있어서 양방향으로 원활하게 소통되는 대화 창구를 가져야 한다. 직원들에게 전달되는 정보가 극히 한정적일 수밖에 없기 때문에 어느 회사나 항상 온갖 루머들이 판을 친다. 루머와 농담 그리고 반 정도만 맞는 얘기들, 빈정거림, 과장 그리고 가끔은 진짜 정확한 정보들이 커뮤니케이션이라는 드럼통 안에서 서로 뒤엉켜서 돌아가는 곳이 회사이다. 그래서 관리자가 직원들을 모아놓고 어떤 사실에 대해 전달해 주려고 하기도 전에 이미 직원들끼리는 모두 알고 있거나 더 나아가 그 사실 뒤에 숨겨진 의도까지 나름대로 추측해서 가설을 만들어 놓기까지 한다. 때로는 중간 관리자가 직원들을 통해 회사 이야기를 거꾸로 듣게 되는 경우도 생긴다는 사실은 누구나 공감하고 있을 것이다. 그래서 가끔은 중간 관리자가 제일 늦게 아는 경우도 생긴다.

중간 관리자가 되고 나서 처음에는 쉽게 마무리 할 수 있는 업무부터 시작하는 것이 좋다. 그래서 밑에 직원들이 약간의 성취감이라도 맛볼 수 있게 하는 것이 바람직하다. 처음부터 너무 큰 욕심을 부리려고 하지말고 큰 과업은 후일을 기약해라. 자기 밑에 있는 모든 사람들이 승자가 된듯한 기분을 느낄 수 있게 해주어야 한다. 그런 성취감을 빨리 느끼면 느낄수록 중간 관리자나 밑에 직원들 모두 더 큰 성공을 위한 발판으로 삼을 수 있다.

정기적으로 전체 미팅을 가져야 하는데 이때 주의해야 할 점은 너무 자주 가져서도 안되고 또 회의 시간이 너무 길어서도 안된다. 지루한 회의 시간은 모두에게 남는게 없는 시간 낭비만 될 확률이 높기 때문이다. 그래서 자꾸 회의 시간이 길어지면 회의 준비를 하는 것보다는 다음부터는 회의에 들어가서 어떻게 시간을 떼울까하는 고민을 하게 된다. 그렇게 시간 죽이기 회의가 아닌 정말 회의다운 회의를 하기위해서는 어떻게 해야 될까?

다음에 나오는 것들을 살펴보고 준비하도록 하자.

목표　회의를 통해 얻으려고 하는 목표가 무엇인가? 회의를 위한 회의를 해서는 절대 안된다. 목적이나 목표가 분명한 회의를 해야 하며 그런게 없다면 정기적인 회의라 할지라도 억지로 할 필요가 없다.

시간   회의 시간이 얼마나 되는가? 지금까지 했던 회의 중 가장 좋게 끝났던 회의는 보통 시간이 어느 정도 되었었는지를 참고해야 한다.

참석자   꼭 참석해야 대상은 누구인가? 회의 때마다 모든 직원을 이것도 우리 부서일이니까 알고 있어야 된다라는 미명아래 다 불러들이지 마라. 그 시간에 본인의 업무에 매진하도록 내버려두는 게 도와주는 것이다.

일정   회의 때 다뤄져야 하는 사항들은 무엇인가? 참석해야 하는 사람들이 미리 준비해야 하는 상황은 무엇인가? 회의 자료를 배포할 사람은 누구인가? 회의에서 중요한 사항을 다루어야 할수록 그런 부분들을 신경 써야 하며 시간에 비해 결정해야 할 사항이 많을수록 사전 준비를 철저히 하는 게 좋다. 그리고 회의 주관자는 "오늘 처리해야 될 사항이 많으므로 예정된 시간 안에 끝낼 수 있게 협조바랍니다"라는 말로 주의를 환기시켜야 한다.

기본원칙   회의가 잘못된 방향으로 가고 있지는 않은지 계속 살펴야 하고 모두가 동의하는 회의 결과물이 나올 수 있도록 해야 한다. 그렇기 때문에 회의에 대한 일반적인 기본 원칙을 확실히 세워놓는 게 좋다.

회의실 준비   회의시 필요한 물품이 혹시 뭐가 있는지 사전에 체크하고 상황에 따라 회의실 세팅은 어떻게 할지도 생각해보는 게 좋다.

회의 업무 분담　회의 진행과 결과를 기록하는 사람은 누구인지, 분배된 시간을 조절하는 사람은 누구인지, 사회자는 누구를 할 것인지 등을 생각해야 한다.

평가 방법　다음 회의의 효율성을 높이기 위해 회의가 끝나면 꼭 회의 자체를 스스로 평가해 보는 것이 좋다.

커뮤니케이션의 십계명

다음과 같은 방법으로 커뮤니케이션을 꼭 해야 한다.

1. 신뢰를 심어줄 것. 신뢰는 저절로 생기는 게 아니고 노력해야만 쌓일 수 있다.
2. 자기만 알거나 자기의 필요에 의해서만 하는 커뮤니케이션이 되어서는 안된다.
3. 말할 때는 상대방이 들을 수 있게 확실하고 또렷하게 얘기해라. 남들이 못 알아듣는 말투나 억양은 고쳐야한다.
4. 직원들이 업무를 위해 꼭 알아야 하는 정보나 이유에 대해서는 무엇이든 사전에 얘기를 해주어야 한다.
5. 솔직하게 얘기해 줄 것. 그렇다고 자기 자신이나 회사에 대해 부정적으로 얘기하는 것은 피해라.

6 정보 전달 뿐만 아니라 감정도 서로 공유할 수 있게 해야 한다.

7 부하 직원을 인격적으로 대해라.

8 항상 부하 직원이 자유롭게 아이디어, 제안, 반응들을 얘기할 수 있는 분위기를 만들자.

9 언제나 행동이 뒤따라야 한다. 예외는 절대 있을 수 없다.

10 어떤 순간에도 관리자의 업무는 장애물이나 부정적인 요소들을 없애는 것이라는 것을 명심하자.

잘못된 커뮤니케이션 열 가지

다음과 같은 사항을 유의해야 한다.

명령조의 말　일방적인 지시를 내리는 듯한 말투는 아무리 말단 직원이라 하더라도 거부감을 불러 올 수 있다. "당신말이야, 내가 말한데로 무조건 해야되, 알았어?"라는 어투로 말을 시작하면 듣는 사람은 기분이 나빠질 수 밖에 없고 속으로 "자기가 뭔데 이래라 저래라야! 너보다는 내가 훨씬 잘 안단 말이야"라고 생각한다.

위협적인 말　"내 말대로 하는게 좋을텐데"라거나 "안하고는 못베길걸"이라는 투의 말은 조직 체제를 무너뜨리거나 해를 가하게끔 만든다.

쓸데없는 참견이나 잔소리　대부분의 경우에 누구나 도움을 요청하거나 조언을 구했을 때 해주는 말을 진정한 충고나 조언으로 받아들인다. 그렇지 않고 물어보지도 않았는데 먼저 나서서 "이건 말이지 이렇게 해야되는거야”라는 식으로 말하면 “그냥 내식대로 할래. 신경 꺼”라는 반응을 보게 된다.

    밑도 끝도 없이 “좋게 잘해서 끝내자”라는 식의 말은 혼란감만 안겨준다. 밑에 직원들이 어떤 책임감을 가져야 되는지, 무슨 일을 해야 하는건지, 관리자가 뭘 말하고 있는 것인지 흐리멍텅하고 애매모호한 말은 대답없는 메아리만 들리게 할 것이다.

신경꺼라라는 식의 말   “그건 니가 상관할바 아니야, 상부 기밀 사항이야” 혹은 “당신은 몰라도 되” 또 다르게는 “얘기해줘도 괜찮은 문제면 벌써 얘기해줬지”라는 말은 직원들로 하여금 “저 사람은 우리를 별로 대수롭지 않게 여기나봐. 차라리 우리를 신경써주는 다른 관리자한테 가서 알아보는게 낫겠어”라는 식의 생각을 가지게 한다.

면박을 주지 말 것   직원을 앞에 두고 “조심성이 없어 맨날 사고만 치고”라거나 “너무 굼떠서 답답해 죽겠네”라는 식으로 얘기하면 상대방은 일단 방어적인 자세를 취하면서 속으로 “당신이 도대체 뭔데 나에 대해서 이러쿵 저러쿵이야. 나보다 더 게으르고 조심성이 없으면서”라는 식으로 생각한다.

선심을 쓰는 듯한 말투   형식적인 겉치레의 칭찬은 역효과를 불러올 수 있다. 관리자들과 이런 경험들을 많이 가지고 있을텐데 “드디어, 니가 일을 끝냈구나, 축하해 정말 다행이야”라는 말은 긍정적으로 들릴 수도 있지만 반대로 부정적으로도 들릴 수 있다. "정말 일 잘하네"라는 말은 아무런 구체적인 보상책없이 말뿐으로 계속 끝난다면 듣는 사람도 말버릇처럼 그냥 하는 말이구나라고 받아들인다.

정신과 의사가 상담하듯이　"당신의 문제는 말이야…"라는 말로 대화를 시작하면 이것 또한 역효과를 불러온다. 이것과 비슷한 말은 "당신이 이렇게 한 진짜 원인은 내가 보기에…"라는 말이 있다. 이런 말은 마치 개인의 성격이나 태도를 진찰하려는 아마추어 정신과 의사처럼 보일 수 있다.

회피하는 말투　이런 말투는 일반적으로 관리자들이 가장 많이 욕을 먹는 경우이다. 아주 밥먹듯이 자주 듣게 되는 말인데 "좀 살펴보고 줄게", "생각 좀 해보고 얘기해줄게", "지금은 상황이 별로 안좋아", "지금은 때가 아니야"라는 말들이다. 이럴 때 직원들은 보통 뒤에서 "또 시작이군 맨날 차일피일 미루기만 하고"라고 수근거린다.

빈정거리는 말투　직원에 대한 적절치 못한 유머는 오히려 적개심만 불러일으킨다. 예를 들어 지각한 직원을 향해 이 정도는 농담으로 받아줄거야라는 자기만의 착각에 빠져서 "이제라도 일하러 출근하니까 무척 반가운걸"이라는 식으로 말하는 것이다. 하지만 관리자들의 빈정거리는 듯한 말투가 직원들의 이직률을 높이고 생산성을 떨어뜨리며 사기를 땅에 곤두박칠하게 만든다는 사실을 알아야 한다.

지금까지 관리자로서 첫발을 내딛기 전에 먼저 알아야 하는 것들에 대해 살펴봤다. 이제부터 정말 고난의 연속인 관리자의 길에 들어서서 업무를 처리해 나가야 할 일만 남았다. 그렇게 힘들기만 한 업무만 잔뜩 기다리고 있다면 관리자가 되어서 나에게 남는 것은 무엇일까라고 걱정하는 독자도 있을 것이다.

관리자에 대한 보상은 핀볼 게임의 점수와 같아서 처음에는 5명 정도의 직원을 데리고 일을 잘 처리해 나간다면 다음에는 50명 정도의 직원이 있는 조직을 맡게 되고 계속 조직을 훌륭하게 이끌어 간다면 다음에는 500명, 5,000명...의 직원을 관리해야 되는 자리에까지 올라가게 될 수 있다. 그리고는 최후에는 전설적인 인물이 되어 자부심을 가지고 살아갈 수 있는 자리에까지 도달할 수 있게 된다. 물론 그것은 순전히 여러분 자신의 몫이다.

관리자들은 직원들이 원하는 것을 다 이루게 해줄 수는 없지만 대신 직원들 스스로가 원하는 목표가 무엇인지를 확실하게 알게끔 하거나 원하는 것을 이룰 수 있는 환경을 제공해주는 것이 관리자가 해야 할 몫이다.

Section I

The 5 Essentials for Succes

동기부여

동기부여의 원칙

동기부여는 꽤 많이 쓰이는 말 중 하나이다. 부정적인 의미로 많이 사용되는데 동기부여가 잘된 사람이나 팀이라는 말보다는 동기부여가 안되어 있다거나 동기가 부족하다는 말을 더 많이 들어봤을 것이다. "내가 데리고 있는 부하직원은 동기부여가 잘 안되" 혹은 "동기부여를 시킬려고 해도 너무 힘들어"라는 한탄조의 말들을 많은 관리자들이 한다. 그런 말들을 하는 오늘날의 관리자들은 직원들에게 동기의식을 고취시키는게 힘들다고 이해하고 있는데 사실 동기는 이미 모든 사람들에게 내재되어있다. 인간은 모두 원하는 것들을 가지고 있으며 그들이 원하는 것을 줄 수 있다면 그들에게 동기부여를 하게 되는 것이다.

관리자들은 직원들이 원하는 것을 다 이루게 해줄 수는 없지만 대신 직원들 스스로가 원하는 목표가 무엇인지를 확실하게 알게끔 하거나 원하는 것을 이룰 수 있는 환경을 제공해주는 것이 관리자가 해야 할 몫

이다. 필자가 전에 관리자 수업에 참석했던 학생들을 대상으로 실험을
한 적이 있었다. 약 20명의 학생들에게 동기부여를 정의해 보도록 하였
는데 딱 3명만이 제대로 된 대답을 하였다.

• 성취감을 느낄 수 있게 해주는 것
• 스스로 고무되어 발전적인 책임감을 가지고 결과를 만들게 하는 것
• 무엇인가를 이루어 나가는 시발점

　　나머지 학생들의 답은 모두 관리자들이 직원들에게 일을 하게끔 독
려하는 것으로 생각한다는 것뿐이었다. 마치 관리자들은 일을 하는 과정
에서 앞장서서 끌고 나가는 사람이고 직원들은 그냥 관리자의 말만 따르
면 되는 사람이라고 생각하는 모습처럼 보였다. 그렇기 때문에 관리자가
아무런 지시도 하지 않으면 가만히 앉아 있는 직원들을 보면 동기가 없
는 사람처럼 보인다고 생각할지도 모르겠다. 다음에 나오는 대답들은 주
제에 대해 정확하지는 않고 어렴풋이 이해를 하는 것들이었다.

• 직원들을 일에만 매달릴 수 있게 집중시키는 것
• 일에 대해 좋은 것만 생각할 수 있게 하고 회사의 미래를 좋게 보는 것
• 칭찬, 격려, 고무
• 직원들의 생산성을 높일 수 있게 하는 능력과 업무 완수 후 뿌듯함을
  주는 것
• 행복하게 만드는 것
• 가르침을 주는 것

- 직원들이 긍정적인 자세로 일을 할 수 있게 하는 것
- 나를 위해 더 좋은 기회를 만들 수 있도록 직원들과 함께 일하는 것
- 직원들이 최선을 다할 수 있도록 만드는 것
- 큰 뜻을 품으라고 다른 사람을 설득해서 효과적으로 일을 하게끔 만드는 것
- 가능한 한 일을 잘하게끔 만드는 것
- 칭찬하고 코치 역할도 하고 상담자가 되어주는 것

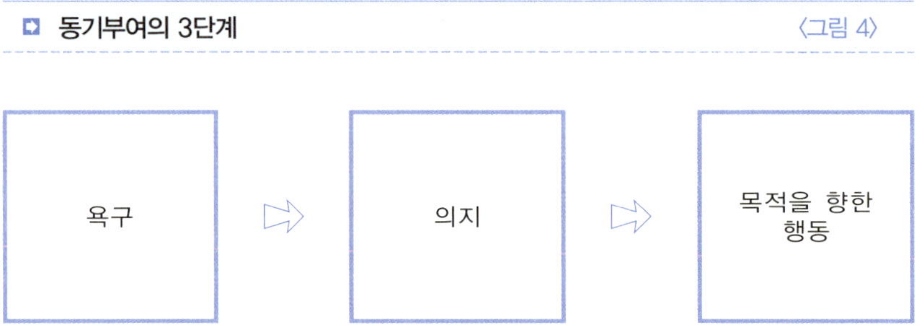

위에서 살펴보았듯이 대부분의 관리자들은 자신들이 무엇을 해야 하는지 그 답을 모르고 있다. 〈그림 4〉에서 보듯이 동기부여에는 아주 간단한 3단계 과정이 있다. 여기에 따르면

1 욕구 : 자신에게 부족한 부분이 느껴지게 되면 생겨난다.
2 의지 : 욕구는 처음에 갈등을 불러오다가 결국은 채우려고 하는 의지를 생기게 한다.
3 행동 : 욕구를 충족시키기 위한 방법을 모색하는 행동을 하게 된다.

근본적인 욕구가 언제 그리고 왜 생겨나는지는 아무도 정확히 모른다. 그렇기 때문에 관리자가 어떻게 해줄 수 있는 부분이 아니다. 예를 들어 어떤 예술가나 음악가, 댄서들이 최고가 되기 위해 왜 밤낮을 안가리면서까지 작업에 몰두하는지 정확히 알 수는 없다. 어쩌면 그런 사람조차 자신이 왜 그런지 알지 못하는 경우도 있다. 하지만 그것을 모른다고 문제가 될 것은 없다. 다만 그 사람이 그렇게 하고 싶은 욕구가 강하다는 사실만 알면 되고 나머지는 그냥 상상에 맡기면 된다. 그와 마찬가지로 관계자와 함께 일하는 직원들이 원하는게 무엇인지 그것만 알면 된다. 그 이상도 그 이하도 필요없다. 그래서 그 욕구를 채울 수 있도록 도움이 되는 환경을 제공해 준다면 그게 곧 관리자의 역할이고 직원들의 동기부여자가 되는 것이다.

흔히 사람의 행동을 보고 동기를 추론해 볼 수 있는데 정확히 관찰하기에는 힘든 부분이다. 그래서 일례로 어떤 사람이 회사 일이 끝나고 밤에 학원을 다닌다면 그것을 보고 무엇인가를 배우고자 하는 동기를 가졌다고 추측한다. 혹은 누군가가 회의 때 농담하는 것을 좋아한다면 그 사람은 주목을 받고 싶어하는 동기를 가졌다고 추측할 수 있다. 무엇이 됐던 어떤 이유로 그런 동기를 가지게 되었는지 전혀 궁금해 할 필요가 없다는 사실을 명심해라. 인간은 누구나 자기 자신을 이해하는 것도 힘든데 다른 사람이 어떻게 그런 동기를 가지게 되었는지 안다는 것은 말할 필요도 없이 어려운 일이다. 단지 밑에 직원의 동기를 추측해 볼 수 있다면 그 사람의 행동을 이해하는 수단이 될 수 있다. 때로 그런 추측이 맞을 수도, 틀릴 수도 있기 때문에 직원 개개인이 관리자에게 정확히 그들이 원하는게 무엇인지 말할 수 있는 분위기가 조성된다면 일이 수월해

질 수 있다. 그렇게 되면 직원들이 원하는 것을 얻을 수 있는 환경을 만들어 주는 게 더 쉬워진다.

요즘처럼 먹고 먹히는 경쟁이 끊임없이 벌어지고 있는 사업 풍토에서 생산성을 높이기 위한 업무가 먼저인지, 직원의 욕구를 충족시키기 위해 필요한 것이 먼저인지를 가리는 일은 무척 힘들다. 하지만 중요한 사실은 그 둘 사이를 지혜롭게 풀어나가는 자만이 살아 남을 수 있다는 것이다.

단순 반복 작업을 없애야만 최고의 생산성을 가질 수 있다는 이론은 과학적 관리의 기본이며 제조 공정 라인에서 산업 혁명 당시 도입되기도 했었다. 품질 관리 검사 역활을 하는 관리자와 관료층들은 공장 종업원들의 실수가 일어나지 않도록 일일이 검사하는 역할을 했다. 종업원들은 폭군처럼 구는 관리자들로부터 자신들을 보호하기 위해 노조를 결성했고 생산단가는 높아져만 갔다. 그런 업무 공정이 수십년 동안 이어져왔으며 그로인해 종업원들은 세세한 것들까지 통제 받았고 반대급부로 돈이나 기타 이점들의 형태로 보상을 받았다.

오늘날의 종업원들에 대한 동기부여는 전혀 다른 것들이 필요하게 됐다. 첫 번째로 직원들 사이에도 서로 다른 차이점을 보이기 시작했으며 사람들이 만족감을 얻기 위해 노력하는 것들이 서로 다르다는 것을 알게 되었다. 그래서 관리자들이 이런 다양한 욕구들을 업무에 많이 적용시킬수록 직원들의 생산성이 높아지게 되었으며 그래서 일부 창의적인 관리자들은 개개인의 만족감과 업무의 높은 효율성을 얻기 위해 다양한 방법을 찾으려고 하고 있으며 그것들은 인정받고 싶어하는 마음, 성취감과 같은 욕구들과 자율적인 분위기를 제공하면서 채워 줄 수 있는 방법들이 주를 이루고 있다.

관리자들은 필히 직원들에 대한 동기부여에 관심을 기울여야 하는데 그 이유는 회사의 목표를 위해 직원들이 질 높은 업무력을 발휘하게끔 만드는게 관리자들의 주 업무이기 때문이다. 오늘날의 회사에서는 관리자가 직원들의 동기부여에 소홀하게 되면 혹독한 대가를 치러야하는데 그러한 대가는 직원들과의 갈등, 제품의 질의 하락, 형편없는 능률, 태업, 이직률을 말한다. 반대로 동기부여가 잘된 직원들은 창의적으로 일하고, 열정적이고, 단순히 목표를 채우는게 아니라 초과하려고 노력하며, 동료들에게 긍정적인 자극을 주고, 고객에게 책임을 다해서 회사가 글로벌 마켓에서 경쟁적인 우위를 점할 수 있도록 하게 한다.

많은 관리자들은 동기부여를 시키고 있다고 생각하고 있지만 가장 중요한 것은 무엇이고 직원들이 원하는 것은 무엇인지 제대로 알고 있을까? 발전적인 방향으로 삼을 수 있을까? 양방향 커뮤니케이션은 되고 있을까? 물론 직원들에게 모든 것을 다 해줄 수는 없지만 그들이 가장 중요하게 생각하는 것은 무엇인지 그리고 그들이 가장 아쉬워하는 것은 무엇인지 심지어 직원들 사이에도 차이점이 있다는 사실만큼은 알고 있어야 하지 않을까 싶다.

대부분의 전문가들은 직원들이 바라는 것은 대개 일반적인 것으로 돈을 벌고 싶거나, 자신이 중요한 사람이다라는 것을 느끼고 싶어하거나, 자신의 값어치를 높이고 싶어하거나, 성취감을 느끼고 싶어하거나, 조직의 한 일원으로서 공동체 의식을 느끼고 싶어하거나 등이라고 말한다.

이러한 욕구들이 일에 얼마나 잘 녹아 들어가냐에 따라 헌신적으로 일을 할 수 있는 밑바탕이 되는 에너지와 책임감을 불러 일으키게끔 만든다. 타고난 재능은 중요치 않다. 동기부여가 아주 높게 고취된 사람은 커다란 재능을 가진 사람을 능가하기도 한다. 역사상 가장 위한 발명가인 토마스 에디슨조차도 자신의 재능이 부족하다고 말했다. "나는 성공하지 못했다고 생각한다. 단지 다른 사람보다 더 많은 실험을 했을 뿐이다"라고 말했듯이 그는 거의 밤잠을 잊은 채 실험에만 매달렸기 때문에 경쟁자들을 앞지를 수 있었다. 어떤 분야에서든 타고난 재능을 가진 사람보다는 책임의식을 가지고 더 열심히 노력하는 사람이 항상 앞서 나갔다는 사실이 중요하다. 물론 가장 이상적인 사람은 엄청난 재능을 가지고 엄청난 노력을 하는 사람이다. 하지만 그런 사람은 거의 않다는 것이 문제다.

직원들이 직장에서 원하는 것은 무엇인가?

직장은 대부분의 직장인들이 욕구를 충족시킬 수 있는 곳 중 하나이다. 만약 직원 관리를 통해 회사 내 중요한 일원으로서 생각하게 만들고 그 직원의 욕구가 충족될 수 있도록 하는 제반 여건을 어느 정도 마련할 수 있다면 회사가 원하는 결과를 얻을 수 있게된다. 최고의 성과를 보이는 회사나 부서를 살펴보면 특별한 뭔가가 있다는 것을 알 수 있다. 그러한 일들은 아주 눈 깜짝할 사이에 벌어지기도 하는데 어떤 프로젝트 팀이 주말동안 기적처럼 발전적인 변혁을 가져오기도 하고 또 때로는 어떤 조직은 짧은 시간 안에 폭발적인 성장을 보여주기도 하며 어떤 경우는 아주 오랜 시간동안 꾸준한 성장세를 보여주기도 한다. 즉, 성공이 성공을 낳듯이 말이다. 직원들은 누구나 잘 나가는 조직의 일원이 되고 싶어한다. 여러분의 팀이나 부서 혹은 회사가 잘나가고 있다는 말이 돌기 시작하면 최고의 직원들이 합류하고 싶어하기 시작할 것이다. 최고의 직원들을 모을 수 있게 되면 성공을 보장받는 셈이다.

위와 같이 되는 모든 열쇠는 관리자의 손에 달려있다. 조직의 목표를 정하고 개개인의 업무를 정하고 그에 따라 업무 능률이 향상되어 생산성이 높아지면 그에 따른 보상책과 성과급을 나눌 수 있게 된다. 이 때 어려운 점은 욕구와 동기라는 게 눈에 보이지도 않고 가늠하기도 힘들다는 사실이다. 직원 입장에서 자신들에게 가장 중요한 게 무엇이다라고 말하는 게 무척 어렵다. 그렇기 때문에 관리자는 직원들의 움직임을 살펴보면서 추측해 낼 수 밖에 없다. 그렇다고 관리자들이 전체 직원의 개별적인 상황을 전반적으로 다 살펴보기는 힘들기 때문에 때로는 그런 추측들이 틀릴 수도 있다. 그래서 관리자들은 정기적으로 시간을 내어 직원들에게 다음과 같은 질문을 해보면서 그들의 동기가 무엇인지를 알아볼 수 있는 시간을 가져야 한다.

- 당신이 원하는 것 중 이루어진 것은?(유지시켜 줄것)
- 당신이 원치 않았던 것 중 어쩔 수 없이 떠안게 된 것은?(감소시켜 줄 것)
- 당신이 원하는 것 중 아직 이루어지지 않은 것은?(증가시켜 줄 것)
- 당신이 앞으로도 안했으면 하고 바라는 것은?(유지시켜 줄 것)

가장 좋은 결과는 직원들이 자신의 욕구가 충족되었을 때 나올 수 있다. 업무 효율성이 낮다면 관리자는 직원들이 어느 정도까지 욕구 충족에 대한 불만이 있는지 살펴야 한다. 직원들을 협박하거나 처벌하는 것은 적개심만 불러오고 보상책을 아무리 내건다 하더라도 원하는 성과를 이루기 힘들어 진다. 예를 들어 경영진은 일반적으로 직원들이 위험 부담이 있더라도 목표를 향해 돌진하는 모습을 보길 원한다. 하지만 위험 부담이 많다는 것은 보나마나 실패로 끝날 확률이 높은 일이어서 나중에 처벌 받는 것이 뻔하기 때문에 서로 피하려고 한다. 그래서 대부분의 직원들은 아주 쉬운 업무를 부여받는다 해도 "내게 할당된 업무를 다 끝냈어"라고 말하기보다는 "일이 너무 어려워서 도저히 끝낼 수 없을 것 같은데"라고 습관처럼 말한다.

관리자의 역할은 직원들이 아주 쉬운 일도 어렵게 끝내도록 하는 게 아니라 설령 실패로 끝난다 하더라도 어려운 일에 도전해 보게끔 만드는 것이다. 그리고 그런 직원에게 분명한 보상책을 주는 것 또한 잊지 말아야 한다.

우리가 흔히 생각할 수 있는 보상 체계 중 하나는 새로운 직원을 채용할 때 사용된다. 한정된 수의 인재를 놓고 다른 회사와 경합을 벌일 때 그쪽 회사에서 제시한 조건들과 경쟁을 벌여야 하며 실력이 입증된 사람에게 아주 낮은 연봉, 엄청나게 열악한 조건, 고용 보장이 거의 안되는 조건을 제시하다면 그것을 받아들일 사람은 거의 없을 것이다. 최초 연봉과 조건들이 동종 업계의 다른 업체들끼리 꽤 유사하다는 점은 위의 요소들에 회사들이 유의하고 있다는 사실을 말해주고 있다.

일단 직원이 입사를 하게되면 경영진은 그 직원이 업무를 잘하는지

지켜본다. 경영진은 그 직원이 지각없이 근태 상황이 좋고 최저 기준에만 미달되지 않게 일을 한다면 일단은 그 정도에 만족해한다. 그리고 그 후 일반적으로 회사 기준이나 규범에 따르는 업무를 계속하게 되면 정기적인 연봉 상승이나 근속에 따른 직급 상승 등의 보상책이 따른다. 회사에 노조가 존재하든, 안하든 회사 자체적으로 그런 보상 시스템을 가지고 있다.

일부 경영자나 관리자는 직원들이 하는 일에 대해 만족해 하지 못하면서 직원들이 지금보다 훨씬 더 잘 할 수 있을텐데 안하는 건지, 못하는 건지 모르겠다고 말하기도 한다. 하지만 좀 더 일을 잘하고, 좀 더 솔선수범하고, 좀 더 나은 팀워크를 보이고, 창의적인 직원의 모습을 보고 싶다면 아무런 동기부여나 보상 시스템없이는 불가능에 가깝다고 할 수 있다. 모든 직원들이 경영자들이 바라는 모습으로 일을 하는 그런 근무 환경을 만들기 위해서는 직원들 개개인에 맞는 개별적인 보상 시스템이 만들어져야 하고 그때 필요한 관리자의 역활은 직원들이 가장 중요하게 생각하는 게 무엇인지 귀담아 듣고 기억해야 하며, 회사의 목표와 기대치를 벗어나지 않는 범위 내에서 직원들의 바람이 이루어질 수 있게끔 끊임없이 노력해야 한다.

관리자들은 직원 개개인과 지속적인 흥정과 거래의 과정을 거치며 그들이 소중한 기회를 얻었다는 것을 느낄 수 있도록 해주면서 서로에게 도움이 되는 상황을 계속 만들어가야 한다.

다음에는 동기부여에 대한 중요한 이론 몇가지를 살펴볼 것이다.

호손 효과 Hawthorne Effect

수세기동안 어느 누구도 동기부여, 생산성, 노동자의 감정 등에 관심을 갖지 않았다. 자신보다 낮은 위치에 있는 사람을 때릴 수도 있고, 고문을 시키는 등 온갖 가혹한 행위를 할 수도 있었다. 분명 그런 시기는 경영진에게는 황금시대라고 할만 했다. 밑에 있는 사람이 그만두고 나가는 것을 걱정할 필요도 없었고 누군가 죽게되면 일을 대신 할 사람을 구하기 위해 밖에 가서 포로로 잡힌 노예들을 데리고 오면 그만이었다.

그러다가 우연치 않게 어떤 한 실험 결과를 통해 중요한 사실이 밝혀지게 된다. 시카고 외곽에 위치했던 호손웍스는 웨스턴일렉트릭 사에 소속된 미국에서 가장 큰 전구 제조공장이었는데 1927년 하버드 대학교의 엘튼 메이요 교수에게 공장 내 조명의 밝기와 작업 생산성의 연관성을 알아내기 위한 실험을 부탁했다. 그래서 실험에 착수했으나 조명 밝기와 생산성이 전혀 관련이 없다는 것을 밝혀냈으며 이것은 예상치 못한 결과였다. 그래서 이번에는 종업원들의 작업 시간을 가지고 다시 실험을 해보았다. 중간에 휴식시간을 더 늘려주거나, 줄이거나 또 한 시간 일찍 퇴근을 시켜주거나 늦게 퇴근을 시켜주거나 해도 생산성에는 큰 변화가 없다는 사실을 알게 되었다. 그로 인해 생산성은 작업 환경이나 작업 조건에 거의 상관이 없다는 사실을 밝혀내게 되었다. 기존의 생각들을 완전히 뒤엎는 결과여서 그 뒤로 계속 실험이 이어지게 되었으며 그로인해 알게 된 하나의 결론은 종업원들이 실험 기간동안 자신들에게 누군가가 계속 관심을 가져주고 있다는 사실을 좋아한다는 점을 알게 되었다. 즉,

자신이 필요한 사람이고 중요한 사람이다라는 것을 느끼게 되어 좋아했다는 것이며 이것을 통해 종업원의 감정적 요인이 더 중요하다는 것을 알게 되었다.

하지만 불행하게도 1932년까지 계속된 그 실험은 그 당시 발생한 경제 대공황의 영향으로 제대로 빛을 보지 못했다. 우울한 시대의 희생물이 되었던 것이다. 하지만 호손 효과는 행동 과학분야의 태동을 가져왔다.

매슬로우 Maslow 의 욕구 위계 이론

심리학자인 아브라함 매슬로우는 인간의 동기를 설명하기 위해 방대한 자료를 수집하면서 이론을 발전시켜 나갔는데 매슬로우 이론의 핵심은 "위계적 욕구"이다. 가장 낮은 단계에는 기본적인 생리학적 욕구가

◘ **매슬로우의 욕구 위계** 〈그림 5〉

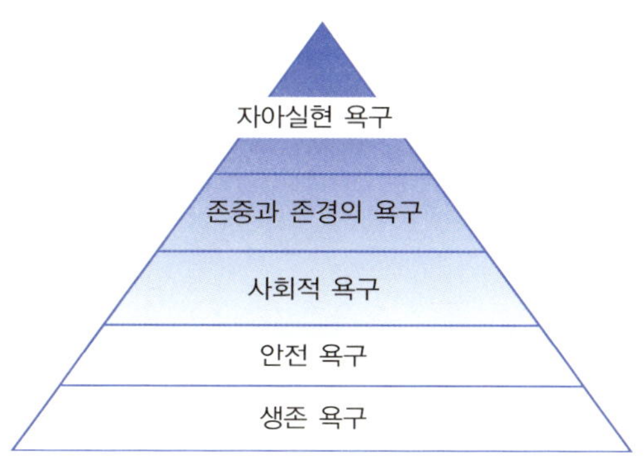

있으며 높은 단계에는 동료나 친구에게 인정받고 싶어하는 욕구가 있다라는 것이다. 그리고 인간의 행동은 낮은 단계의 욕구가 충족되어야만 높은 단계의 욕구를 위해 행동하기 시작한다는 것이다.

매슬로우의 이론에 나오는 인간 욕구는 크게 다섯 가지 단계로 나뉘는데 〈그림 5〉와 같다.

생존 욕구   가장 낮은 단계로 생존과 관련된 욕구 즉, 인간 생활의 기본을 이루는 음식, 잠, 보금자리, 번식 등과 관련된다. 인간은 생존하기 위한 동기를 기본적으로 가지며 그래서 살아남기 위해 필요한 것들을 얻기 위해 일자리를 찾는다. 이 단계의 욕구가 충족되고 나면 그 다음에는 더 높은 단계의 욕구를 충족시키려는 방향으로 일을 하게된다.

안전 욕구   두 번째 단계인 안전에 대한 욕구는 위험이나 위협으로부터 자유로워지고 싶은 것으로 기본적인 생존 욕구가 미래에도 계속적으로 충족될 수 있는 상황을 보장받고 싶어하는 것이다. 오늘날에는 생명 보험, 의료 보험, 상해 보험, 재해 보상 등과 같은 것들이 두 번째 단계의 욕구와 관련이 있는 아이템들이다.

사회적 욕구   개개인이 소속감을 가지고 싶어하고, 다른 사람과 친분을 쌓고 싶어하고, 동료에게 인정받고 싶어하고, 우정과 사랑을 주고받고 싶어하는 사회적 욕구를 말한다. 많은 사회적 욕구는 직장 동료와 연계되어 충족되거나 일에서도 충족된다. 사회적 욕구가 충분히 충족되었다고 느끼게 되면 뿌듯함을 느끼게 되면서 다음 단계로 넘어간다.

자부심과 존경의 욕구　　이 단계는 자부심과 평판과 관련된 욕구이다. 그 중 자부심과 관련된 욕구는 자신감, 독립적 주체성, 성취감, 일에 대한 해박한 지식 등과 관련되어 있고 평판에 대한 욕구는 지위, 인정, 존경과 존중 등이다.

자아 실현의 욕구　　이 단계는 자신의 잠재 능력을 실현하고 싶어하고 계속적으로 발전, 성장해나가면서 창의적인 모습을 띄고 싶어하는 욕구이다. 한마디로 완벽한 인간이 되고 싶어하는 욕구로 충족되기에 가장 힘든 단계이고 네 번째 단계를 충족한 사람들에게만 해당되는 욕구이다.

허츠버그 Herzberg 의 2요인 이론

프레드릭 허츠버그가 말한 '2요인 이론'은 동기부여에 대한 이론 중 가장 널리 알려진 것 중 하나로 "사람들이 일을 하는 이유가 무엇일까?"라는 의문점에서 출발을 하게됐다. 허츠버그는 사람들이 두 가지의 서로 다른 욕구를 충족시키기 위해 일을 한다고 주장했다.

그는 첫 번째 욕구들을 '유지의 욕구'라고 불렀는데 모든 개개인은 매슬로우가 말한 생존의 욕구와 유사하게 음식, 보금자리, 옷, 안전, 소속감, 유대감 등에 대한 기본적인 욕구를 충족시키기 위해 일을 한다. 이런 개인적인 욕구들은 끝이 없어 결코 만족을 모른다고 하며 욕구가 충족되면 일시적으로 만족감을 느끼지만 얼마못가 더 많은 음식, 더 많은 옷 등에 대한 욕구가 발생하게 된다고 한다. 유지의 욕구는 일 그 자체와는 별 연관성을 가지고 있지 않다.

또 다른 욕구는 일 그 자체와 관계가 있다고 했는데 사람은 음식과 옷과 보금자리에 충분히 만족하더라도 일을 계속 하려고 하고 그것을 즐길 수도 있게된다고 한다. 왜 그러냐고 물어본다면 "또 다른 도전을 할 수 있는 기회니까", "내가 할 수 있는지 보고 싶어서", "매일 똑같으면 재미없으니까" 등의 말을 한다고 한다. 만약 일에서 이런 욕구에 대한 만족을 찾을 수 없다면 그 사람은 일이 아닌 다른 것을 통해서라도 어느 정도의 만족감을 찾으려고 할 것이다. 물론 이런 욕구를 충족시키려고 애쓰지 않는 사람도 있지만 평균적인 사람들은 유지의 욕구와는 별도로 일에 대한 욕구를 가지고 있다. 그 동기부여의 욕구는 개인적인 성장과 성공을 위해 노력하려는 바탕이 깔려있다.

허츠버그는 다음 세 가지 의문점에 대한 해답을 찾으려고 했는데

1. 높은 레벨에 있는 동기부여를 불러 일으키는 요인은 무엇인가?
2. 높은 업무 만족도를 갖게끔 하는 요인과 낮은 업무 만족도나 불만을 갖게 하는 요인의 차이점은 무엇인가?
3. 업무에 대한 태도를 바꾸게 되면 어떤 일이 벌어지게 될까?

허츠버그의 연구 데이터는 약 200명의 엔지니어와 회계사를 대상으로 하는 개별적 면담 과정을 통해 수집되었다. 첫 번째 질문과 관련되어 약 열 가지의 요소가 태도 변화를 일으키는데 중요한 영향을 끼친다는 사실을 발견했다.

성취감　성공에 관련된 것들이 여기에 속하며 예를 들어 업무를 성
공적으로 완수하거나, 문제를 해결하거나, 작업의 결과를 보려고 하는
것들이다. 여기에는 성취감의 반대로 실패나 성취감의 결여를 포함한다.

인정감　이 요소의 주요 척도는 어느정도까지 다른 사람에게 인정
을 받고 싶어 하는 모습을 보이느냐이다. 관리자나 경영진, 고객, 동료 혹
은 이웃들에게 주목받고, 칭찬을 받거나 비난에 관련된 행동을 포함한다.

일 그 자체　일을 하거나 어떤 과업을 수행하거나 그것을 통해서
좋게 혹은 나쁘게 느끼는 것이다. 그래서 이 범주에 속하는 것들은 업무
그 자체나 혹은 보상 또는 성취감이나 인정받는 것의 존재 여부에 따라
관련된다. 예를 들어 창의적이거나 도전적인 일, 변화무쌍한 일, 처음부
터 끝까지 일을 마무리 지을 수 있는 기회 등이 있다.

책임감　사람들은 누군가가 감독하지 않는 상태에서 일을 하는 것
을 좋아하고 자발적으로 일을 할 때 느끼게 되는 책임감을 가지고 싶어
하고 새로운 직무를 맡았을 때 등에서 만족감을 가지게 된다. 이 범주에
는 책임감이 결여되었다는 것을 느끼게 될 때 일어나는 업무에 대한 불
만족 또한 포함된다.

승진　회사 내에서 직위나 직급이 변할 때를 말하는 요인으로 승진
이 아닌 한 부서에서 다른 부서로 수평 이동을 할 시에는 책임감만 증가
한다는 것을 유념해야 한다.

회사 정책과 경영　회사의 전체적인 모습을 나타내는 요인으로 두 가지 종류의 특징이 있다. 하나는 회사의 조직과 경영이 적절한지, 아닌지를 말한다. 예를 들어 프로젝트를 위해 파견 근무를 온 사람이 서로 다른 직원들과 마찰을 빚을 때를 보면 누구의 지시를 받아야 되는지 혼란스러워 할 것이고, 비효율적으로 일이 진행되면서 노력은 두 배로 하면서 결과는 더 안좋고, 또 파워게임으로 인해 업무 차질만 빚게 된다. 두 번째의 특징은 회사 정책이 개인에게 이롭게 작용하는지 아니면 해롭게 작용하는지를 말한다. 예를 들어 연봉 정책이 공평하지 못하다고 받아들여져서 악영향을 줄 수도 있다.

관리 감독과 기술적 지식　관리자의 자질이 있는지, 없는지 혹은 공정한지 그렇지 않은지에 대한 중요한 특징들이 이 범주에 속한다. 관리자가 이러한 범주에 속하는 것들을 관리자가 터득하려고 하는 의지가 중요하지만 무엇보다 가장 근본적인 것은 관리자가 맡은 업무에 대해 전문적 지식을 탁월하게 알고 있어야 한다는 점이다.

상호관계/감독　업무를 수행할 때 관리자들과 직원 사이에서 일어나는 상호적인 인간관계를 말한다. 관리자가 직원들에게 보이는 친근성과 정직성, 경청하는 자세, 배려와 업무에 대한 칭찬에 대한 말들이다.

급여　개개인의 역할에 따른 보상을 말하는 것으로 급여에 대한 단순한 불만뿐만 아니라 기대에 못미치는 급여 인상까지 포함된다. 급여 때문에 안좋은 업무 태도가 생겨날 때는 현재 받고 있는 급여에 대한 실

질적인 액수보다는 경영진이 공평하지 못하거나 연봉 인상 가이드라인
이 충분치 못하다거나 하는 쪽으로 생각하려는 경향이 있다. 일반적으로
이 범주에서 발생하는 문제들은 마지못해 연봉이 인상되었다거나, 너무
늦게 인상되거나, 새로 입사한 직원과 기존에 있던 직원 사이에 연봉이
별로 차이가 나지 않거나, 연봉 인상은 없고 승진만 되는 경우들이다.

근무 조건 마지막 범주로 작업 환경, 작업량, 근무 편의 시설 등을
말하는데 환기 시설, 조명, 작업 도구, 공간과 그 밖의 다른 환경적 요인
들이 충분한가, 아닌가가 여기에 속한다. 한 가지 재밌는 사실은 허츠버
그의 최초 연구 시 대상이었던 노동자들은 일이 너무 많아서 불만이 아
니라 너무 없어서 불만이라고 말했다는 점이다. 오늘날의 모든 회사에서
종업원들 입에서 이런 말이 나왔으면 하고 바라는 바로 그 말이다.

허츠버그의 두 번째 질문에 대한 대답을 바탕으로 더 많은 결과가
나왔는데 업무에 대한 부정적인 자세를 만들게 하는 요인보다는 업무에
대한 만족감을 느끼게 하는 요인들에 대해 강조했다. 허츠버그는 다음과
같이 다섯 가지 요인을 만족 요인이라고 불렀다.

- 성취감
- 인정
- 일 자체
- 책임감
- 승진

또 다른 다섯 가지 요인으로 불만족 요인이라고 말한 것들이 있는데 다음과 같다.

- 회사 정책과 경영 방식
- 감독
- 급여
- 상호 인간관계
- 근무 조건

허츠버그는 이들 두 가지 요인 사이에 근본적인 차이에 대해 유념해야 한다고 말했다. 만족요인은 업무에 대한 성취감, 성취 후에 받는 인정, 업무 자체, 업무에 대한 책임감, 업무 수행에 따른 개인적인 성장과 승진을 말하고 반대로 불만족 요인은 회사의 정책과 경영 방식, 업무 시 받게되는 관리 감독의 형태, 업무시 근무 조건의 질, 일에 따라 받게되는 급여를 말한다.

허츠버그는 불만족 요인은 긍정적인 업무 태도에 영향을 미치기보다는 불만을 막는 정도로 역할을 하고 환경을 제공하는 정도이므로 유지 요인이라고 언급을 했다. 반면 만족 요인은 개개인에게 최고의 성과와 노력을 불러 일으키게끔 만들기 때문에 동기 요인이라고 불렀다.

허츠버그의 세 번째 질문에 대한 답을 바탕으로 세 가지의 효과를 주는 측면을 발견했는데 다음과 같다.

| 성과

- 연구 결과 60% 이상의 사람들에게서 열의가 높은 태도는 높은 성과를 보이고 반대의 경우는 낮은 성과를 보이는 것을 알게 되었다.
- 업무에 별로 관심이 없는 태도는 비판적인 태도보다 업무 결과에 더 큰 영향을 주는 경향을 가진다.
- 업무 태도가 좋아져서 성과의 향상을 불러오게 되면 생산성은 기준치를 훨씬 더 상회하게 된다.

| 이직률

- 열의가 없는 태도를 가진 사람 중 13%는 일년 안에 회사를 그만둔다.
- 8%는 회사를 떠나려고 하는 단계를 밟으며 구인 광고를 보거나 인력 알선 업체를 찾아가고 다른 회사와 면접을 보기도 한다.
- 다른 17%는 회사를 그만두려고 생각하고 있다고 말한다.
- 전체적으로 업무에 대한 불만이 많으면 38% 정도는 회사를 그만두게 된다.

| 회사에 대한 태도

- 업무에 대한 만족이 높으면 그중 절반정도는 대체적으로 회사에 대해 호의적인 태도를 가지고 있다.
- 업무에 대한 불만이 많으면 회사에 대해서도 좋지 않게 생각한다.
- 그렇기 때문에 회사에 대한 충성도를 높이기 위해서는 업무에 대한 만족도를 높이는 방향을 모색해야 한다는 결론을 도출 해 낼 수도 있다.

　　허츠버그는 연구를 통해서 직원들의 사기를 높이려면 소극적인 접근 방법보다는 적극적인 접근 방법을 택해야 한다고 강조했다. 많은 관리자들이 이직률과 잦은 결근 그리고 낮은 생산성을 없애기 위해 유지 요인을 좋게 바꾸려고 하지만 그렇게 유지 요인을 개선시키려 하는 것에만 초점을 맞추지는 말라고 했다. 유지 요인이 좋아지면 낮은 사기로 인해 벌어지는 안좋은 결과만 방지할 뿐이라고 언급했다.

　　물론 좋은 유지 요인이 출발점이 되어야 하는 것은 분명하지만 그것이 꼭 업무에 대한 만족감을 만들어내는 것은 아니라고 강조했다. 오히려 동기 요인을 강화하는 게 더 중요하다고 역설했다. 유지 요인에 해당하는 것은 아무리 좋아진다 해도 계속적으로 부족하다고 느낄 수밖에 없기 때문이다. 일에 대한 동기부여는 더 큰 자아실현을 이루려고 할 때 강해진다. 허츠버그는 이러한 점들에 대해 언급만 하고 어떻게 이루어갈 수 있는지 자세히 설명을 하지 않았다. 그래서 그 부분들은 필자가 별도로 책 안에서 설명할 예정이다.

매클랜드 McClelland 의 사회적 동기

데이비드 매클랜드가 말한 동기 이론은 다음과 같이 요약할 수 있다.

- 사람은 모두 내적인 잠재 에너지를 가지고 있으며 그것의 차이에 따라 동기 부여의 정도가 결정짓게 되는데 그 사실을 간과하고 있다.
- 모든 사람은 내적으로 조절될 수 있는 잠재력에 따르는 동기와 욕구를

가지고 있다.

- 대부분의 사람이 동일한 문화에서 같은 동기와 욕구를 가지고 있다 할
지라도 상대적으로 강약의 차이가 크고 준비성 또한 다르다. 동기가
강하면 잠재력을 쉽게 발휘하고, 집중하게 되며 동기가 약하면 잠재력
을 쉽게 발휘하지 못하고 최소한만 발휘한다.

이 동기 모델에 따라서 매클랜드는 세 가지의 기본적인 동기를 기
술하고 있으며 업무와 관련된 행동 양식을 결정하는 데 중요하게 작용한
다는 것을 보이고 있다.

성취 욕구

개인적인 성취감에 대한 욕구로서 누군가에게 많은 칭찬을 하게 되
면 "더 잘 할 수 있을 것 같아"라고 생각하게 만드는 것과 같다. 성취 욕
구가 강한 사람은 도전적이고 경쟁적인 상황을 찾으려는 경향이 있고 어
떤 리스크도 헤쳐 나가서 목표를 이루려고 한다. 성취감의 욕구가 어느
정도인지를 가지고 다음과 같이 다섯 가지 범주로 나눌 수 있다.

독창적인 기여　　평범한 과업이상의 것에서 성취감을 얻으려고 하
는 사람으로 독창적이고 혁신적인 방법을 사용해서 성공하려는 경향을
보인다.

다른 사람을 능가하고픈　　다른 사람과의 경쟁에서 이기거나 능가하
려는 행동을 보이는 사람으로 다른 사람보다 일을 더 잘하거나 빨리 할

수 있다는 것을 보여주고 싶어하는 경향이 있다.

  이 경우는 다른 사람과의 경쟁이 아니 본인 스스로 세워놓은 기준을 얼마나 높게 달성하느냐에 관심을 가지고 있다. 전형적인 예로는 무슨 일을 할 때 더 좋은 방법은 없는지 찾아보거나, 새로운 계획을 신중하게 세워서 일하거나, 과거의 업무 성과를 증진시키는 것을 모색해 보는 경우를 말한다.

  과장된 성취 욕구를 가진 사람은 장기적인 목표를 성가신 존재처럼 별로 중요하게 생각하지 않는다. 그래서 몇 년 후에는 다 거짓말이 되어 버린다.

  성취도가 높은 사람들은 자신의 목표를 이루는데 있어 방해가 될만한 요소들에 대한 예상을 신중하게 미리 계획한다.

친화 욕구

친화 욕구는 다른 사람과 함께 하면서 정신적인 교감을 나누고 싶어하는 동기이다. 이 욕구가 강한 사람에 대한 최고의 말은 "나는 정말 함께 일하는 사람들이 좋아"라는 것이다. 친화 욕구는 다음과 같다.

  팀의 일원이 되어 팀을 위해 자신의 욕구까지 희생하는 것도 좋아하며 그룹 활동을 하면서 생기는 친분이나 동료애를 좋아한다. 친화적인 행동은 모임이나 여가 시간에 여럿이 함께 하는 활동들도 포함된다.

관심을 주고받는 사이 다른 사람들과의 우호적인 관계를 맺거나 좀 더 긴밀한 관계를 유지하면서 더 굳건히 하거나 새롭게 갖고 싶어한다. 이 관계는 우정(친교)이라는 말로 가장 잘 표현될 수 있다.

다른 사람과 같이 일하는 직장 생활의 최고 관심사는 사람들과 어울려 일하는 것이라고 말한다.

갈등의 최소화 분열을 막기 위한 단계로 편하지 않은 상호 관계를 부드럽게 풀어보려고 노력하는 것이다.

영향력 욕구 권력의 욕구

이 욕구는 다른 사람에게 영향력을 행사하거나 통제하려고 하는 동기이다. 이 욕구를 많이 가지고 있는 사람이 제일 좋아하는 말은 "우리는 경쟁자를 박살냈어"일 것이다.

이 욕구가 많은 사람은 흔히 스포츠와 군대 용어를 사용하는데 권력의 욕구가 어느 정도 되는지를 보기 위해서는 다음 사항들을 살펴보면 된다.

강력한 모습으로 다른 사람에게 영향을 주려는지 다른 사람에게 대한 강제적인 행동을 얼마나 보이는가에 따라 권력의 욕구를 가늠하게 해준다. 예를 들어 비방과 위협, 질책 그리고 정책을 통해 통제하려고 하거나, 쓸데없는 참견이나 아무 때나 끼어드는 것 등이다.

다른 사람에 대한 긍정적 혹은 부정적인 감정이 강하게 생긴다

다른 사람에게 강한 감정(두려움, 환희, 경외심, 분노 등)으로 대하면서 권력을 행사하려고 하는 경우이다. 권력의 욕구가 강할수록 그 사람의 행동이나 말은 상대로 하여금 강한 반응을 일으키게 만들고 자신의 말대로 꼭 하게끔 만들려고 한다. 하지만 단순히 다른 사람의 관심이나 주목을 받고 싶어하는 것은 권력의 욕구와는 상관없다.

명성이나 지위를 얻고 싶어한다

공적인 평가에 관심을 가지는 경우로 자신의 명성과 높은 지위를 다른 사람에게 내보이고 싶어한다. 높은 자리에 오르는 것에 관심을 보이고 반대로 낮은 사회적 지위를 갖게 되면 실망을 하게 된다.

통제권을 가지고 싶어한다

사람과 상황을 통제하려고 하며 그런 통제력을 가지기 위한 지위와 환경을 얻으려고 애쓴다.

어느 조직에서나 위에 나온 세 가지 사회적 동기를 볼 수 있지만 기술적인 업무(엔지니어, 정보관련 업무, 회계, 재정 등)에서는 성취 욕구가 높은 사람이 좋을 것이고 인사 담당 업무나 관리 업무, 고개 서비스 파트 등과 같이 지원 부서에서는 친화 욕구가 높은 사람이 그리고 마지막으로 영업, 마케팅 그리고 최고 경영자 층에서는 권력 욕구가 높은 사람이 어울릴 수 있을 것이다. 이 이론을 실제로 활용하고 싶다면 직원들마다 어떤 사회적 동기가 강한지를 알아야 하고 그 다음에 그 욕구에 맞는 업무를 부여해야 한다.

▣ 매클랜드의 동기 이론에 따른 업무 분장

	추천	비추천
성취 욕구	독립적으로 할 수 있는 업무	그룹으로 같이 일을 하라고 요청
친화 욕구	협동심을 발휘할 수 있는 일	독립적으로 해야 하는 일
권력 욕구	지위나 인정을 대표할 수 있는 상징물을 줄 것	다른 사람과 협상이나 흥정을 할 수 없는 자리에 앉히는 것

맥그리거 Dougls McGregor 의 X, Y 이론

맥그리거는 인간의 본성에는 두 가지 다른 면이 있다는 가설을 제시했고 그 가설을 바탕으로 관리에 대한 접근 방법을 만들어냈다. 첫 번째는 X 이론으로 다음과 같다.

- 일반적인 종업원은 태생적으로 일하기를 싫어하고 될 수 있으면 일을 하지 않으려고 한다.
- 종업원이 노력을 하게끔 만들기 위해서는 강제적, 통제적, 위협적인 처벌이 있어야 한다.
- 종업원은 책임을 회피하고 싶어하며 지시를 받고 싶어하고 별다른 야

망도 없이 안전에 대한 욕구에 의해서만 동기부여를 갖게된다.

많은 회사 내에서 오래동안 행해져 내려오는 규범이나 정책, 처벌, 징계 등은 X 이론을 바탕으로 하고 있다. 그에 반해 Y 이론은 다음과 같이 언급하고 있다.

- 일할 때 들이는 신체적, 정신적 노력은 어린 시절 놀면서 들였던 것과 본질적으로 같다.
- 종업원은 조직의 목표에 대한 책임을 맡게 되면 자기 지향과 자기 통제를 하게 될 것이다.
- 목표에 대해 할당된 책임은 성취도에 따라 받게되는 보상과 관련이 있다.
- 타당한 조건하에서는 종업원들은 자신에게 맡겨진 책임을 받아들일 뿐아니라 스스로 찾으려 할 것이다.
- 종업원들은 회사의 문제를 해결하려고 할 때 상상력이나 독창성, 창의성을 발휘하려고 한다.
- 종업원의 지적인 잠재력은 일반적으로 일부분만 이용된다.

Y 이론을 받아들이는 관리자라면 밑에 직원에게 정보와 책임감을 전달해 주어야 한다. 직원들에게 왜 이 일을 해야하는지 이유를 설명해 주고 더 좋게 일을 할 수 있는 방법은 없는지 아이디어와 제안을 내보라고 요청하고 그리고 그에 따라 어떤 대우를 받게 될지에 대해서도 말해 주어야한다. 앞으로 이 책안에서 살펴볼 주된 내용은 모두 Y 이론에 바

탕을 두고 있다.

스키너 B. F. Skinner 의 긍정적 강화 이론

스키너는 사람이 어떤 일을 하고 그에 따른 보상을 받게되면 다시 반복해서 그 일을 하게된다는 사실을 발표했다. 조작적 조건화, 긍정적 강화, 행동 수정이라고도 불리는 이것은 행동에 따르는 보상책을 조절함으로써 그 사람의 행동 자체를 조절 할 수 있다는 것이다. 이 이론은 행동 뒤에 내재된 근본적인 원인을 밝히고자 하는 것은 아니다.

행동 수정은 처음에 경영 관리 이론으로 만들어진 것이 아니라 심리학 실험에서 발전된 것으로 이 실험들은 행동이 외부 환경의 어떤 요인들에 의해 강하게 영향을 받는지를 관찰해 보고자 하는 것이었으며 파블로프의 조건 반사의 법칙이 처음으로 대중들에게 널리 알려졌었다. 파블로프는 실험을 통해 개에게 종소리와 같은 어떤 외부적 자극을 주고 난 후 음식을 보여 주게 되면 반사적으로 침을 흘리는 행동을 하게 만들었으며 나중에는 외부적 자극 그 자체만으로 반사적 행동을 일으키게 할 수 있다는 것을 보였다. 종소리만 들어도 개가 침을 흘리게끔 하게 말이다.

스키너는 한발 더 나아가 고전적인 조건과 조작적인 조건 두 가지에 따르는 조건 반사의 개념을 재정의했다. 고전적인 조건은 파블로프의 개처럼 무의식적인 반사로 생각할 수 있고 조작적인 조건은 자발적인 행동으로 이루어지며 계속적으로 하게끔 영향을 준다. 이런 조작적 조건에서 대상자가 행동을 하게끔 만드는 것은 원하는 결과물을 얻게 될 것이라고 생각하는 대상자의 의도라는 것이다.

부정적 강화나 행동을 무시하는 것은 바람직하지 못한 행동을 못하게 하는데 좋을지는 몰라도 원치않는 부작용이 계속 생길 수 있다. 긴장감은 처벌할 때 생기지만 흔히 적개심이나 공격적으로 발전된다. 그래서 이러한 결과는 상황을 더 악화시키게 만든다. 문제를 외면하면 부작용은 좀 덜 생길 수는 있으나 한계가 있는 것은 비슷하다.

즉, 바람직하지 않은 행동을 조절할 수는 있지만 더 긍정적인 방향으로 만들 수는 없다. 그렇기 때문에 스키너는 긍정적 강화가 장기적으로 봤을 때 최상의 결과를 만들어 낼 수 있고 행동 수정 프로그램이 그렇게 되도록 만드는데 도움이 된다고 말했다.

긍정적 강화는 돈, 인정, 근무 중 휴식 시간, 칭찬과 같은 많은 형태가 포함될 수 있으며 다음과 같이 강화의 개념과 연관된 중요한 몇 가지 사항들도 있다.

- 요청받은 행동과 강화된 행동 중 강화된 행동이 반복되어 나타나는 경향이 있다. 관리자나 경영자의 백마디 말보다 행동 뒤에 보상을 받게 되면 반복적으로 일어난다.
- 업무에 도움이 되지 못한다고 생각하거나 끝난 뒤 아무런 결과가 없는 행동은 더 이상 하지 않으려고 한다. 아무리 일해도 보상이 없다면 늦게까지 남아서 야근을 하려고 하지 않는다.
- 행동을 하고 난 다음에 제때에 무엇을 받지 못한다면 행동을 하게끔 만드는 보상책은 별로 중요하게 작용하지 않는다. 강화의 효과를 극대화

시키려면 행동 뒤에 최대한 빠른 시간 내에 보상책이 뒤따라야 한다.

긍정적 강화는 관리자가 직원의 업무 수행에 있어 긍정적인 측면을 체계적으로 강화시켜 나가야 한다는 점에서 진행형의 과정이 되어야 한다. 관리자들은 필히 직원들의 업무 공헌도를 높게 평가하거나 반대로 평가 절하하는 일 없이 정확히 중요도에 따라 보상을 해줘야 한다.

브룸 Victor Vroom 의 기대 이론

브룸에 의해 최초로 개발된 기대 이론은 노력, 성과, 보상의 세 가지 변수의 조합이 바탕을 이루고 있다. 〈그림 6〉처럼 이들 변수는 다음과 같은 방법으로 정의된다.

1 **노력** – 성과의 기대감은 노력하면 높은 성과를 보일 수 있다고 믿는 정도이다.
2 **성과** – 보상의 기대감은 성과가 높으면 원하는 만큼의 보상을 받게 할 것이라고 믿는 정도이다.
3 **보상의 가치**는 성과에 대해 받게 되는 보상이 얼마나 매력적인지 하는 것이다. 이 경우 대부분은 개개인이 만족하지 못하고 있는 욕구에 따른다. 예를 들어 가난한 사람에게는 돈이 최고로 중요하지만 백만 장자에게는 돈이 별 가치가 없을 수 있다.

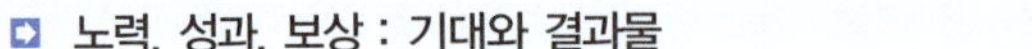

기대 이론에서는 성과 후 보상에 대한 기대가 자신에게 중요하거나 꼭 필요한 욕구에 따라 결정되므로 욕구가 최우선 고려 사항이다. 기대 이론은 관리자가 가장 중요하게 생각해야 하는 부분이 동기부여라고 얘기하고 있으며 관리자들은 직원들이 가진 두 가지의 기대감을 분명히 가질 수 있도록 해서 더 높은 동기부여를 가지게끔 해야 한다고 말한다. 개개인별로 매력적인 보상이 분명 있어야 하는데 예를 들어 어떤 직원은 큰 회의나 거래와 관련된 미팅에 참석하는 게 기회로 다가설 수 있지만 다른 직원에게는 부담만 안겨줄 수도 있다.

아담스 J. Stacy Adams 의 공정성 이론

이 이론에서 말하는 공정하다라는 것은 어떤 한 직원이 일에 들이는 노력과 그것으로부터 얻게 되는 만족감의 가치를 다른 사람과 비교해서 주로 판단한다라는 것이다. 아담스에 의해 주창된 공정성 이론은 위와 같은 내용을 공식화 했다. 〈그림 7〉에 있는 것처럼 아담스의 모델은 일에 투입한 양과 비례해서 얻게 되는 부산물을 유사한 환경에 있는 다른 직원의 것과 비교하는 것이다. 비교된 비율이 비슷하다면 사람들은 그들이 받은 보상에 대해 만족스럽게 생각할 것이고 비율이 다르다면 다른 사람의 것과 균형을 맞추는 방향으로 행동을 하게 된다고 한다.

예를 들어 다른 사람에 비해 상대적으로 봉급을 적게 받는다고 생각하면 일을 적게 하려고 하거나 늦게 출근해서 일찍 퇴근하는 모습을 보이기도 한다. 반대로 다른 사람에 비해 상대적으로 봉급이 높다고 생각하면 미안함 때문에라도 더 열심히 늦게까지 일하는 모습을 보이게 된다고 한다.

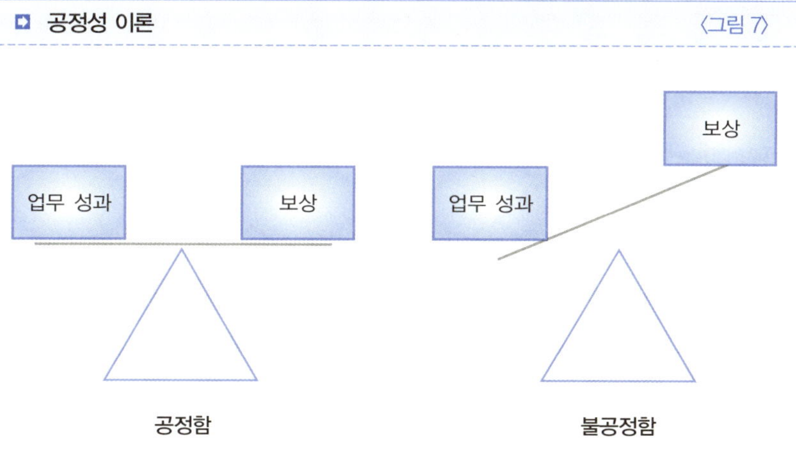

공정하다라는 관점에 두 가지 중요한 요소가 있는데 첫 번째로 상대적인 보상은 절대적인 양이 중요하고, 두 번째로 경영자는 보상을 할 때 형평성에 맞게 공정하게 해야만 한다는 것이다. 그렇다고 모두에게 똑같은 보상이 돌아가게 하라는 것은 아니다. 높은 성과를 보인 사람에게는 일관성있는 보상을 해야만 하고 낮은 성과를 보인 사람에게는 높은 성과를 보인 사람이 느끼는 만족감만큼의 보상을 해서는 절대 안된다.

동기부여 이론에서 배울점

관리자는 직원들의 욕구가 충족되는 업무 만족도를 얻을 수 있는 환경을 만들어 주어야 한다. 좋은 근무 환경을 위해 고려해야 할 사항은 다음 두 가지이다.

- 일 자체가 판에 박히거나 지루하게 느껴지도록 하지는 않은지 혹은 진취적이고 도전적인 생각이 드는 일인지
- 관리자가 어느 정도 자율성을 주고 사기를 북돋아주고 인정을 받고 있다라는 생각을 할 수 있게 하는지

널리 알려진 동기부여 이론은 서로간의 갈등에 주안점을 두고 있지 않다. 오히려 개개인이 가지고 있는 욕구를 어떻게 하면 충족시켜서 그 결과로 평균 이상의 노력과 성과를 끌어낼 수 있는지에 대한 관점을 가지고 있다. 지금까지 알아본 서로 다른 이론들을 종합해보면 다음과 같이 관리자가 직원들의 업무 능률을 향상시키기 위해 어떻게 동기부여를 해야 하는지 가이드라인을 제시해준다.

- 직원들은 자신이 하고 있는 일에 대해 누구나 명분과 이유를 가지고

있다. 직원들의 행동은 보상책을 받기 위한 쪽으로 움직이는 경향이 있다. 어떤 직원의 근무 방식을 이해하기 위해서는 그 사람이 그런 근무 방식을 보임으로써 결국 얻게 되는게 무엇인지를 보면 알 수 있다. 그냥 아무 생각없이 일을 하는 것이 아니라 직원은 모두 욕구를 가지고 있으며 그 욕구를 채우기 위해 일을 한다.

- 직원은 모두 자신이 받게 되는 대가를 따진 후 행동에 옮기거나 의사 결정을 한다. 대게는 자신이 원하는 것을 가장 많이 얻을 수 있다고 생각하는 쪽으로 업무와 직장을 결정한다. 자신의 개인적인 목표나 보상책을 바라보는 경우가 많기 때문에 관리자는 그 사람들이 얻을 수 있는 올바른 방식의 보상을 해줌으로써 그들의 행동 방식에 영향을 미칠 수 있다.

- 쉽게 받을 수 있는 보상책과 그렇지 못한 보상책이 있다면 대부분의 직원은 쉽게 얻을 수 있는 보상쪽으로 움직이려 한다. 직원들은 대게 모험적인 일은 꺼리는 경향이 있기 때문에 어떤 일을 할 때 결과가 불확실하거나 위험스럽다고 생각하면 보상을 받게 되는 부분도 불안하다고 생각해서 다른 일을 하려고 한다. 그래서 결과가 예측 가능한 일을 맡으려고 한다. 프로젝트에 투입되거나, 새로운 직장을 찾으려고 알아볼 때나, 후배 사원에게 조언을 해줄 때나 언제든지 빠짐없이 들어가는 생각은 보상책을 받기 쉬운 쪽으로 행동을 한다는 사실이다. 직원들이 심각하게 생각하는 것 중 하나는 "내가 노력할만한 가치가 있는 일인가?"이다. 자신의 성공을 보장 해 줄 수 있는지에 대한 의문점을 흔히 갖기 때문에 관리자들은 개개인이 노력만 한다면 중분히 성공 할 수 있다는 것을 말이 아닌 사실로 보여 줄 수 있도록 해야 한다.

많은 관리자들은 부하 직원들이 더 열심히 일하고, 더 현명해지고, 더 뛰어나지길 바라지만 현실적으로 많은 어려움을 겪는다. 왜냐하면 부하 직원들의 눈높이에 맞출 생각을 하지 않기 때문이다. 관리자들이 흔히 "이렇게 했으면 하는데…", "부탁하나만 하자…", "넌 정말 이 일을 맘에 들어 할거야" 등의 말을 할 때 밑에 직원들도 자신과 똑같은 생각과 마음을 가지고 있다고 착각을 한다. 그런 착각은 밑에 직원이 아닌 관리자만의 입장을 생각하기 때문에 일어나며 동기부여의 정의를 제대로 이해하지 못해 발생한다. 관리자는 분명히 밑에 직원의 눈높이를 잘 파악하고 있어야 한다.

스커너가 보여줬듯이 직원들에게 관리자가 바라는 게 무엇인지 분명히 알려주고 그 일을 하고난 다음에는 충분한 보상이 뒤따른다면 좋은 성과가 계속 일어날 수 있다. 최악의 경우에도 보상을 하지 않는 것보다 보상을 하는 것이 현상 유지정도라도 할 수 있을지 모른다.

우리 주위를 한번 둘러보자. 관리자들은 항상 바쁘다고 핑계를 대거나 따로 놀고 보상에 대해서는 관심이 없거나 가끔 잊을만 하면 해주거나 부하 직원에게 떠드는 말의 대부분이 앞뒤가 안맞는 말뿐이다. 직원들은 일을 통해 무엇인가를 얻기를 바라며 그것이 곧 자신들의 의무라고 생각한다. 만약 관리자가 직장에서 이러한 점을 간과하거나 생각하는 것조차 꺼려한다면 평범한 직원과 그저그런 성과만 얻게 될 것이다.

직원이 정말로 바라는 것

앞 장에서는 일반적인 근로자에 초점을 맞추어 동기부여 이론을 살펴보았다. 이번 장에서는 일할 때 바라는 희망 사항이 정확이 무엇인지 또 어느 정도 만족을 하고 있는지 알아볼 것이다. 그리고 직원이 관리자들에게 바라는 것은 무엇이며 어느 정도 만족하고 있는지에 대해서도 알아볼 예정이다. 그 다음에는 다양한 수준으로 분포되어 있는 직원들의 차이점에서도 알아보자. 일반적으로 자기와 다른 레벨에 있는 사람들을 비난할 때 "걔네들은 우릴 잘 이해 못 한다니까", "도저히 그 사람들은 이해하기 힘들어", "그 사람들은 자기밖에 모른다니까"라고 말한다.

세 가지 그룹으로 직원들을 분류하고 그에 따라 업무 만족도나 관리자와의 융화관계에 대해 조사를 했고 저연봉 근로자, 고연봉의 전문가 집단 그리고 관리자들에게 설문 조사를 한 결과 몇 가지 해답을 찾을 수 있었다. 그 세 가지 그룹은 같을까 아니면 다를까? 만약 다르다고 하면 차이점은 무엇인가?

2006년 미국 내 25개의 회사에서 근무하는 813명을 대상으로 업무 만족도에서 무엇이 중요하다고 생각하는지를 알아보기 위해 20가지 항목으로 된 설문지를 돌렸고 가장 중요하다고 생각하는 것에 1을 기입하라고 했고 현재 자신의 만족도는 어느 정도인지 1~5(5가 가장 높은 만족도)까지 안에서 매겨보라고 했다. 그리고 일 자체에서 느끼는 만족도는 어느 정도인지도 순위를 매겨보라고 했다. 그 다음에는 사장에 대한 만족도를 그룹별로 나누어 물어봤다.

업무 만족도에 대한 설문 조사

▣ 업무 만족도에 대한 설문 조사	현재 업무에서 중요하다고 생각하는 것은? (1~20까지 순위를 매길 것)	만족도는? (1~5까지, 5가 가장 높은 만족도로)
성취감		
인정받는 것		
어려운 일을 해내는 것		
봉급		
적성		
지위		
재능 발휘		
복리후생		
개인성장		
소속감		

결단력	
승진	
성공	
다른 사람으로부터 받는 존중감	
책임감	
고용 보장	
자신감	
일에 대한 친밀도	
의미있는 일	
근무 환경	
전반적으로 업무에 대한 만족도는?	

▣ 상사에게 있었으면 하고 바라는 점은?

	상사에게 중요하다고 생각하는 것은? (1~10까지 순위를 매길 것)	만족도는? (1~5까지, 5가 가장 높은 만족도로)
발전성		
목표설정		
긍정적인 피드백		
가능성		
신뢰		
건설적인 비평		
정보 제공		
의사 결정 참여		
능력 개발		
원활한 의사소통		
상사에 대한 전반적인 만족도는?		
하위직 :	고소득 전문가 :	관리자 :

위와 같은 질문에 대한 답을 가지고 분석할 때 다름과 같은 분석치를 적용했다.

순위	업무에서 중요도	상사에서 중요도
중대함	상위에 있는 5가지	상위에 있는 3가지 요소
매우 중요	다음 5가지	다음 2가지
어느 정도 중요	다음 5가지	다음 2가지
별로 중요치 않다	최하위에 있는 5가지	마지막에 있는 3가지

만족도

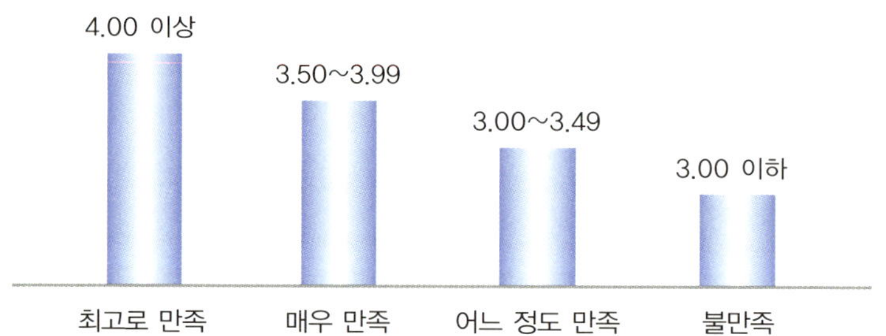

결과 분석

위와 같은 분석치로 다음과 같은 결과를 얻을 수 있었다.

▣ 업무에서 중요하다고 생각하는 순위 및 만족도의 조사 결과

순위	내용		가장 중요한 것은? (1이 가장 높은 순위)	만족도는? (1~5 까지, 5.00 만점)
1	성취감	(가장 중요, 아주 만족)	4.16	3.82
2	도전 의식	(가장 중요, 아주 만족)	6.08	3.55
3	인정받는 것	(가장 중요, 어느정도 만족)	7.36	3.21
4	성공	(가장 중요, 아주 만족)	7.51	3.57
5	재능 발휘	(가장 중요, 어느정도 만족)	7.64	3.37
6	봉급	(많이 중요, 어느정도 만족)	8.46	3.28
7	개인 성장	(많이 중요, 아주 만족)	8.89	3.77
8	적성	(많이 중요, 아주 만족)	9.24	3.92
9	의미있는 일	(많이 중요, 아주 만족)	9.54	3.62
10	승진	(많이 중요, 어느정도 만족)	9.67	3.00
11	책임감	(약간 중요, 어느정도 만족)	10.14	3.73
12	자신감	(약간 중요, 아주 만족)	10.29	3.92
13	고용보장	(약간 중요, 어느정도 만족)	11.52	3.31
14	다른 사람으로 부터 받는 존중감 (약간 중요, 아주 만족)		12.20	3.55
15	결단력	(약간 중요, 어느정도 만족)	12.57	3.30
16	복리후생	(중요치 않음, 어느정도 만족)	13.82	3.41
17	소속감	(중요치 않음, 아주 만족)	14.00	3.59
18	근무환경	(중요치 않음, 아주 만족)	15.80	3.56
19	지위	(중요치 않음, 어느정도 만족)	15.38	3.12
20	일에 대한 친밀도 (중요치 않음, 아주 만족)		16.50	3.66
	전반적으로 업무에 대한 만족도는?			**3.64**

순위	내용		가장 중요한 것은? (1이 가장 높은 순위)	만족도는? (1~5까지, 5.00 만점)
1	신뢰	(가장 중요, 아주 만족)	3.34	3.68
2	긍정적 피드백	(가장 중요, 약간 만족)	3.61	3.07
3	원활한 의사소통	(가장 중요, 약간 만족)	3.95	3.35
4	발전성	(중요, 아주 만족)	4.69	3.50
5	정보 제공	(중요, 어느정도 만족)	5.43	3.31
6	목표 설정	(약간 중요, 전혀 만족 못함)	5.72	2.95
7	의사 결정 참여	(약간 중요, 약간 만족)	6.13	3.13
8	가능성	(중요치 않음, 약간 만족)	7.05	3.43
9	능력 개발	(중요치 않음, 불만족)	7.21	2.90
10	건설적인 비평	(중요치 않음, 약간 만족)	7.87	3.06
상사에 대한 전반적인 만족도는?				**3.41**

결과 요약

전체적으로 살펴봤을 때 저소득 하위직 근로자와 고소득의 전문가 그리고 관리자 세 그룹이 각각 일과 상사에게 바라는 것에는 유사성이 있다는 것을 발견할 수 있었다.

가장 중요한 요소들

가장 중요한 요소들은 봉급을 제외하고는 동일하게 각각의 그룹에서 나타나고 있다. 이 점은 저소득 하위직 근로자들이 상대적으로 나머지 두 그룹에 비해서 더 적은 급여를 받기 때문이라고 볼 수 있다.

▶ 일에서 중요하게 생각하는 것

저소득 하위직	고소득 전문가	관리자
① 성취감	① 성취감	① 성취감
② 급여	② 도전의식	② 도전의식
③ 도전의식	③ 성과	③ 인정
④ 능력발휘	④ 인정	④ 능력발휘
⑤ 인정	⑤ 능력발휘	⑤ 성과

▶ 상사에게 중요한 것

저소득 하위직	고소득 전문가	관리자
① 긍정적인 피드백	① 긍정적인 피드백	① 신뢰
② 신뢰	② 신뢰	② 원활한 의사소통
③ 원활한 의사소통	③ 원활한 의사소통	③ 긍정적인 피드백

가장 중요한 요소들은 서로 하나가 되어 잘 융화가 이루어져야 한다. 관리자가 업무 만족도를 높이기 위해서 꼭 알아야 하는 것들이며 매슬로우의 욕구 위계이론에서 가장 높이 자리잡고 있는 것들이기도 하다. 그래서 평범한 관리자에서 유능한 관리자로 가기 위한 열쇠와 같다고 할 수 있다.

별로 중요치 않은 요소들

이들 요소들도 가장 중요한 요소처럼 각각의 그룹에서 비슷하게 나타난다.

▣ 일에서 중요치 않게 생각하는 것

저소득 하위직	고소득 전문가	관리자
① 의사결정	① 소속감	① 복리후생
② 근무환경	② 동료애	② 소속감
③ 소속감	③ 지위	③ 지위
④ 동료애	④ 복리후생	④ 근무환경
⑤ 지위	⑤ 근무환경	⑤ 동료애

▣ 상사에게 중요치 않은 것

저소득 하위직	고소득 전문가	관리자
① 가능성	① 능력개발	① 가능성
② 능력개발	② 가능성	② 건설적인 비평
③ 건설적인 비평	③ 건설적인 비평	③ 능력개발

이들 요소들도 하나로 묶여져 인식되며 업무 외적인 일로 받아들여진다. 매슬로우의 욕구 위계 이론에서 낮은 단계의 욕구로 분류되는 것들이며 허츠버그가 유지의 요소들로 말했던 것들이다. 전형적으로 관리자들이 집중해왔던 부분들이지만 업무 효율성과 성과를 강화시키는데 크게 영향을 주지는 못하는 요소들이다.

업무 만족도의 증가

밑에 직원들에게 업무와 관리자에 대한 만족도를 어떻게 하면 더 높일 수 있는지 알아보기 위해서는 그들의 생각을 정확하게 파악하고 있어야 하며 그러기 위해서는 올바른 질문을 해봐야 한다. 다음에 나오는 질문들이 100% 좋다고 얘기할 수는 없지만 어느 정도는 그들에게 생각을 해볼 수 있게끔 하는 질문들이다.

업무 만족도에 관련된 질문

- 책임감과 지시를 잘 이행하기위해서는 무엇이 선행되었으면 하는가?
- 업무 지시를 받기 전에 미리 알았으면 하는 것들은 무엇인가?(예를 들어 예산 경비, 전체적인 프로젝트 플랜, 요구 사항 제시 가능성, 승인 여부 등)
- 임무 완수 후에 있었으면 하는 일들은 무엇인가?(예를 들어 결과에 대한 평가 방식, 성취도 분석, 경영자에게 결과 보고 등)
- 주어진 업무에 대한 집중도를 더 높이기 위해서는? 혹시 부족한 부분이나 바라는 게 있는지?
- 업무를 위해서 더 알아야 한다고 생각하는게 있는지? 풀어야 할 문제가 있는지?
- 다른 직원들과 함께 할 때의 문제점은 무엇인지?
- 누군가 갑자기 회사를 그만둔다면 그 사람이 맡고 있던 일까지 처리할 수 있는지?
- 기한 엄수나 우선 순위 그리고 업무 스케줄을 좀 더 효율적으로 운영할 수 있는지?

- 자신이 하는 일에 대한 성과 분석을 효과적으로 할 수 있는지?

- 지금보다 더 관리 감독이 철저해진다면 어떨지? 혹시 지금 윗사람에게 너무 많은 참견을 받고 있다고 생각하고 있지는 않은지?

- 관리자가 도움을 줄 수 있는 일은 무엇인지?

- 혹시 관리자가 여러 가지 이유로 잠시 자리를 비웠을 때 어느 정도까지 권한 부여를 받았으면 하는지?

- 충고나 조언이 어느 정도까지 의사 결정에 반영되고 있다고 생각하는지?

- 새롭게 배우고 싶은게 있는지? 아니면 회사 내에서 다른 직원에게 가르쳐 주고 싶은게 있는지?

- 관리자가 짜증나게 하거나 방해하고 있지는 않은지?

- 직원이 가지고 있는 능력 중 좀 더 발휘해보고 싶은 건 없는지? 그래서 다른 직원들한테도 도움을 주고 싶은 것은 없는지?

- 지금까지 어느 정도 인정을 받고 있다고 생각하는지? 지금보다 더 높게 평가받을 수 있게 하려면? 관리자나 다른 직원들에게 인정받고 있다고 느끼는지?

직원들은 자신들의 업무 만족도를 높일 수 있는 요인들을 애타게 바라지만 반대로 관리자들은 흔히 그런 요인들을 직원에게 제대로 제공하고 있는지조차 잘 모른다. 그래서 여기 몇 가지 관리자들이 여러 보상책을 통해 효과를 극대화 시킬 수 있는 방법을 소개한다.

개개인의 특성에 맞게 보상책을 써아 한다　수줍음이 많은 직원같은 경우는 여러 사람들에게 알려지는 것을 꺼려한다. 그러므로 그들에게는 공공연히 얘기하고 주는 것보다는 자신만이 만족감을 얻을 수 있게 주는 게 좋다.

보상을 해줄 거면 최대한 빨리 해줄 것　보상을 해주는 시간이 늦춰질수록 효과도 떨어지고 오히려 부정적인 반응을 불러 올 수도 있다. "위에서는 몇 년째 똑같은 얘기만 하고 직원들이 아무리 얘기해도 소용도 없어"라는 식의 말을 들을 수도 있다.

직원들이 특별한 사람으로 인정받고 있다는 사실을 확신시켜 줄 것　이달의 우수사원으로 누군가를 뽑는다는 것은 의도와 다르게 부작용을 발생시킬 수도 있다.

독창적인 방법으로 칭찬을 해라　전혀 기대도 하지 않거나 생각도 못하고 있을 때의 작은 관심은 더 큰 반응을 불러 올 수 있다. 예를 들어 칭찬의 말을 재밌는 애니메이션 메일을 통해 보내면 더 가깝게 다가설 수도 있으며 칭찬의 깊이를 더 할 수도 있다.

직원에게 그들의 존재 가치에 대해 말해 주어라　관리자는 직원에게 변치않는 신뢰감을 심어주었을 때 진심이 전달될 수 있다. "당신은 내게 정말 소중한 사람이고 어느 정도 소중한지를 분명히 보여주겠다"라고 말하는 게 좋다.

직원들의 능력 강화를 위한 단계

직원들의 능력을 배가시키려면 관리자가 먼저 직원들이 원하는 것이 무엇인지 알아야 하고 그에따라 원하는 것을 가질 수 있게끔 최선을 다해 지원해야 한다. 직원들이 원하는 것을 분명히 말할 수 있게 한다면 책임감을 느끼게 해 줄 수도 있다. 다음에 나오는 몇 가지 단계는 직원의 능력을 증진시키는데 도움되는 방법들이다.

원하는 것이 무엇인지 확실하게 할 것   이것은 다른 사람을 비난하거나 불평하거나 방어적인 소극적인 태도를 보일 때 효과적으로 써먹을 수 있다. 그냥 "당신이 원하는게 무엇이야?"라는 말로 상기시켜줌으로써 태도 전환을 불러 올 수 있다.

일에 대한 주체 의식을 가지게 할 것   직원에게 확고한 주체 의식을 심어주어야 하며 그에 따른 의무와 책임을 주어야 한다. 그래서 결과를 달성하기 위해 직원 스스로 어느 정도의 자율권을 가질 수 있게 해줘야 한다. 경영자에 의해 일방적으로 정해지는 결정은 일반적으로 악영향을 준다. 설령 경영자의 생각과 똑같은 결정이라 하더라도 직원들 스스로에 의해 만들어지는 결정이 더 좋은 결과를 만들어 낼 수 있다. 또한 그런 과정을 거쳐 나온 결과를 관리자가 동의하면 직원들의 의견에 빠르게 동조하는 자상한 면을 갖춘 관리자의 모습으로 비춰진다.

수동적인 자세를 타파할 것   끝맺음이 확실치 않은 작업 태도는 일종의 관리자에 대해 도전하는 형태라고 볼 수도 있다. 수동적인 사람들은 흔히 복수의 칼날을 갈며 조용히 침묵으로 일관하는 경향이 있다. 어떠한 상황에서도 시간과 노력과 에너지와 열정을 보이지 않는다면 관리자는 그들이 많은 기회를 가져 볼 수 있다는 사실을 계속적으로 주지시켜 일을 하도록 만드는 것이 제일 좋다. 부서나 팀의 성공을 위해 그런 직원의 힘이 절실히 필요할 수 있다. 그렇기 때문에 관리자의 지시를 잘 따라서 일을 무사히 마쳤다면 칭찬과 감사의 말을 아끼지 말아야 한다.

미래에 대한 비전을 제시할 것　직원들은 자신들이 바라는 것이 이루어질 수 있는 좋은 방법과 현명한 생각을 가지고 있는 관리자를 좋아하며 따른다. 미래에 대한 비전 제시를 확실히 해주면 최고의 결과를 보이기 위해 노력하며 어떠한 장애물도 극복할 수 있는 힘을 가지게 할 수 있다.

돈은 훌륭한 보상책이다. X 이론에서 사람들이 일을 하는 가장 근본적인 이유는 경제적인 문제 때문이며 Y 이론에서는 돈 이상의 것이 더 중요하다고 했다. 때로 직원들은 돈과 관련된 보상책이 관리자가 자신을 위해 할 수 있는 가장 쉬운 방법이라고 생각하기도 한다. 경제적인 보상을 해줄 때는 좀 더 의미있고 깊게 받아들일 수 있도록 해야 한다. 급여는 전체적인 업무 만족도에서 6번째로 높은 순위에 있었고 특히 저소득 하위직에게는 두 번째로 중요한 요소로 있음을 볼 수 있었다. 그것은 경제적인 의미와 심리적인 의미 둘 다를 가지고 있는 보상책으로 물질적과 안정에 대한 욕구를 채워줄뿐 아니라 권력과 지위, 자부심, 인정, 성공 심리를 만족시키는데도 일조를 한다. 그래서 직원들은 자기와 비슷한 위치에 있는 다른 직원이 받는 급여를 비교하면서 단순한 액수를 떠나 더 중요한 무엇인가를 찾으려 하는지도 모른다.

돈은 분명 업무 만족도에서 중요한 요소임에 틀림없다. 누군가가 쥐꼬리만한 월급을 받고 있다고 생각한다면 그 사람은 불만으로 가득할 것이고 그렇다고 급여를 만족할 만한 수준으로 주기위해서는 그만큼의 비용이 더 소요된다. 게다가 급여를 더 올려준다고 해서 그것이 꼭 업무 만족도를 높게 만들어줄지도 미지수이다.

지금부터 관리자가 직원들의 업무 만족도를 높일 수 있는 몇 가지 예를 살펴보도록 하겠다. 뛰어난 관리자가 되기 위해서는 각각의 직원이 최고의 능률을 올릴 수 있는 여러 접근 방법을 조합해보는 다양한 시도들을 해보는 노력이 필요하다. 일반적으로 부서나 팀에 새로운 업무가 주어지면 관리자는 먼저 "누가 이 일에 제일 적합하지?"라고 물어본다. 그러면 직원들은 대게 "내게 좋은 기회가 될 수 있는 건가?"라고 생각한다. 관리자가 직원들의 업무 만족도를 향상시키고 싶다면 다음에 나오는 사항들을 유념하기 바란다.

일을 맡겼으면 너무 간섭하지 마라　서로 합의된 결과 목표치와 실행 전략이 세워진 후에는 그들만의 방식으로 일을 처리 할 수 있도록 자율권을 보장해줄 것.

책임감을 느낄 수 있게 주체 의식을 심어줘라　업무 수행 과정중에 필요한 권한을 주기도 하고 임무를 확인시켜주며 의사소통을 원할히 해서 적극적으로 일에 임할 수 있도록 격려해 주어야 한다.

　　단순한 부속품이 아닌 회사의 중요한 일원이라는 생각을 가지게끔 할 것　전체 프로젝트의 종결 시점이라든가 아니면 더 큰 프로젝트와의 연계성 그리고 최종 목표까지 알려주어서 관리자를 믿고 따를 수 있게 해주어야 한다.

　　업무에 필요하다면 그에 맞는 권한을 줄 것　직원 개개인만의 방법으로 일을 훌륭히 마무리 지을 수 있는 방향으로 능력 발휘를 할 수 있게 해주어야 한다.

　　정기적으로 직원에게 도움이 될 만한 정보를 제공해 줄 것　평소에는 관리자만이 알고 있는 정보들을 직원에게도 전달할 것

　　새롭고 진취적인 업무를 도입하라　직원에게 도전 의식을 심어줄 수 있는 업무를 부여할 때는 꼭 필요한 교육이나 세심한 지도가 있어야 업무를 성공적으로 끝낼 수 있다는 사실을 명심하기 바란다.

　　직원들의 기술력을 향상시킬 수 있는 전문적인 업무를 맡겨라　직원들의 희망 여부와 득실을 따져본 후에 업무를 주되 과도한 부담감은 주지말아야 한다.

　　인정해주는 모습을 보일 것　대부분의 직원은 중요한 업무를 완수한 후에는 그 사실을 다른 사람들이 모두 알아주기를 바란다. 관리자는 윗상사에게 보고해서 회사 홈페이지에 그 직원에 대한 특별한 언급을 해

주거나 사보에 소개를 하거나 아니면 전체 회의 석상에서라도 따뜻한 격려의 말을 아끼지 말아야 한다.

잠시 동안이라도 일을 객관적으로 살펴볼 수 있는 시간을 줄 것
누가 옆에서 조언을 해주는 것보다 때로는 본인 스스로 자신의 일에 대해 객관적으로 살펴볼 수 있는 시간을 가지는 것이 좋다.

관리자와 함께한다는 상징성을 부여해라　정말 소중한 직원이라면 중요한 미팅에 합석하거나 출장을 같이 데리고 가는 것도 좋다. 하다못해 중요한 거래처나 고객과의 점심 약속에 같이 나가는 것도 좋은 방법이다. 단순히 옆에서 구경꾼의 모습으로 앉아 있는다 해도 그런 경험을 통해 중요한 것을 배워나갈 수 있으며 좀 더 관리자를 깊이 이해할 수 있는 계기도 될 수 있다.

때로는 회의 주관자나 발표 진행자가 되게 하라　단순하게 회의나 발표장에 참석하는 것보다는 발표 주제에 따르는 자료를 만들면서 더 많은 것을 배울 수 있다. 그렇기 때문에 좀 더 숙련된 직원을 만들려면 발표 주제에 대한 심층적인 분석과 작성 업무가 필요하기도 하다.

업무의 넓이를 더 키워줘라　자신이 가진 기술력과 재능의 레퍼토리를 좀 더 폭넓게 이용할 수 있는 기회를 주는 것도 중요하다.

권한 대행의 역할을 맡길 것　관리자나 최고 선임이 출장이나 휴가로 자리를 비웠을 시 임시적으로 그 역할을 할 수 있게 만들어주자. 그럴 때는 다른 직원들에게 그 사실을 명확히 해야한다.

일을 더 많이 주어라　　양적인 일을 말하는 것이 아니라 더 도전적이며 더 흥미롭고, 책임감을 더 많이 가질 수 있고, 보상책이 더 많이 뒤따르는 일을 말한다. 이때는 관리자가 충분한 보상책을 전달해줄 수 있는 자신의 권한 범주에 속하는 일인지를 고려해봐야 하고 관리자의 입장을 확실하게 전달해줘야 한다. 직원들이 지금까지 일을 잘 해왔기 때문에 좀 더 클 수 있는 기회가 있는 업무를 준다는 점을 확실히 해야 한다.

교육과 연습을 시켜라　　불행하게도 대부분의 회사에서 교육은 부정적인 의미로 받아들여지기 때문에 교육을 받아야 하는 사람은 대게 뭔가 부족하고 모자라서 교육이 필요하다라고 생각한다. 하지만 교육은 자기계발의 한부분으로서 꼭 필요하다. 교육을 통해서 직원들은 폭넓은 관점과 새로운 시각을 가질 수 있게 되고 회사와 함께한다는 의식을 더 깊게 가질 수 있게된다. 그래서 좀 더 깨어있는 회사에서는 잠재력이 풍부한 직원 위주로 개발 프로그램에 참여시켜 능력을 키우는데 심혈을 쏟고 있다.

좀 더 밀접한 관계를 만들어라　　이 말은 좀 더 가까이 달라붙어서 일거수일투족을 감시하라는 말이 절대 아니다. 훌륭한 직원은 관리 감독이 없어도 자기 할 일을 한다. 일을 떠나서 서로 존경하고, 존경받는 사이를 만드는 게 좋다. 그래서 서로의 생각을 자유롭게 주고받으며 그 속에서 어쩌면 직원에게 배울 수 있는 것도 생길 것이다. 항상 기억해야하는 것은 누구에게나 인정받는 최고의 직원이 관리자에게 바라는 것은 믿음이라는 사실이다. 인간적인 믿음이 바탕에 깔리는 인간관계를 만드는 것에 절대 소홀하면 안된다.

  일을 잘하는 직원을 인정해 주는 말에 인색하지 말아야 한다. 일을 아주 잘하는 직원에게는 관리자가 생각하는 것보다 몇 배 더한 칭찬을 해줘도 모자르다. 칭찬과 총애는 일할 때 관리자가 가질 수 있는 특권 중 하나이다.

효과적인 권한 위임

직원의 능력 강화와 권한 위임은 관리자가 일부 업무로부터 해방될 수 있게 해주기도 하고 직원의 업무력을 배가시키며 업무 만족도를 증가시키는 요인으로 될 수도 있다. 관리자가 직원을 믿고 일부 권한을 위임한다는 말은 그만큼 직원의 업무력 강화가 이루어졌다는 말이다.

권한 위임은 직원에게 긍정적인 피드백을 가지고 커뮤니케이션할 수 있는 하나의 방법이기도 하다. 다양한 방식으로 이루어지는 권한 위임들은 관리자가 직원을 신뢰하고 때로는 존중하며 직원들이 회사를 위해 더 큰 일을 해낼 수 있는 잠재력과 능력을 가지고 있다는 확신이 전제가 되어야 한다. 효과적인 권한 위임은 관리자와 직원간에 양방향의 커뮤니케이션이 이루어지는 과정을 먼저 거쳐야 하며 그래야만 서로의 의견을 허심탄회하게 교환할 수 있다. 하지만 대부분은 권한 위임이 제 역할을 하지 못하고 오히려 나쁜 의미로 사용되고 있다. 흔히 관리자들은 자신이 하기 싫거나 귀찮은 일을 아래 직원에게 대신 시킬 때 자신의 권

어떻게 보면 관리자가 직원에게 자신의 일부 권한을 넘겨주는 것은 권력이나 권위, 업적, 지배력이 줄어든다는 느낌을 가지게 해줄 수도 있다. 그래서 권한 위임의 과정은 관리자의 권한이 줄어들면서 역할은 줄어들지 몰라도 직원에게는 그만큼 업무 만족도가 높아지거나 승진의 기회를 주게 될 수도 있다. 하지만 관리자가 아무리 직원 개개인을 발전시켜야 한다는 당위성을 알고 있고 권한 위임의 과정 속에서 자신이 무엇을 어떻게 해야하는지 알고 있다 하더라도 최고 경영자가 그런 점을 별로 중요하게 생각하지 않는다면 직원의 능력 개발은 절대 이루어지지 않을 수도 있다.

직원 개개인의 능력 개발을 위해서든 아니면 다른 이유에서든 효과적인 권한 위임은 쉽지 않은 일임에는 분명하다. 특정한 목표와 특별한 교육하에 전체적인 계획을 세우고 조직화를 하고 컨트롤할 수 있는 능력이 필요하다. 그렇기 때문에 권한 위임은 쉽게 이루어질 수도 없고 자연스럽게 만들어지지도 않는다. 또 관리자가 굳이 권한 위임이라는 것을 하지 않아도 직원의 업무 만족도나 관리자에 대한 만족도는 중간 수준은 유지한다.

최고의 수준을 얻기 위해 필요한 것이 권한 위임이다.

실천편 _Just Do It

동기 부여를 해줄 수 있는 능력을 키워보자

동기 부여를 해주려면

자신이 관리하고 있는 직원들에게 마음 속에서 우러나오는 매너와 업무 결과에 대한 측정과 평가를 하고 피드백을 주며 결과에 대해 정확히 알고 인정을 해주는 모습을 보여줄 수 있도록 집중하자.

- 자신이 맡고 있는 부서나 팀의 직원들에게 책임감을 보여주고 직원들이 잘한 일에 대해서는 칭찬을 하자.

- 새로운 프로젝트를 맡게 되면 혼자만 생각하지말고 전체 부서원이나 팀원이 모여 공동 목표에 대해 어떻게 대처해 나갈지 충분한 시간을 가지고 설명해라. 직원들이 자신이 해야 하는 일에 대해 완벽히 이해를 하고 있을 때 일에 대한 열의는 더 많아진다.

• 반드시 개개인의 업무 공헌도와 가치의 중요성을 수시로 얘기해 줄 것

• 높은 성과를 만들어 낼 수 있는 환경을 만들 것
    - 목표에 집중할 수 있게 하라.
    - 도전적인 업무
    - 직원들이 인정받고 있다고 느끼게끔 할 것
    - 방해물은 최소화 시킬 것
    - 언제든 활용할 수 있는 리소스를 가지고 있을 것
    - 직원간의 협동심

• 오늘보다 나은 내일이 될 수 있으려면 어떻게 해야 하는지에 대해 직원들은 어떤 생각을 하고 있는지 꿰뚫고 있어라. 다음과 같은 몇가지 질문을 해보면 직원들의 생각과 바람을 쉽게 알 수 있다.
    - 최근에 했던 일 중 가장 자랑스럽게 생각하는 일은 무엇인지?
    - 최고의 업무 만족도를 느끼게 하는 것은 무엇인지?
    - 앞으로 도전해 보고 싶은 일이 있다면 무엇인지?
    - 현재하고 있는 일의 방해물은 무엇인가?
    - 현재 자신이 활용하는 리소스는 무엇이며 앞으로 활용하길 바라는 리소스는 무엇인가?

• 개개인의 직원별로 그들의 욕구와 적정하다고 생각하는 보상을 메모해보자.

- 각각의 직원을 알아가기 위한 면담 시간을 가져보고 어느 정도의 만족도를 가지고 있는지 체크해보자. 그리고 자신이 생각했던 것과 직원이 생각하고 있는 정도를 비교해 보면서 서로의 이해도를 높여가자.

- 직원들을 오래 시간 유심히 관찰해보면서 앞서 작성했던 직원의 욕구에 대한 리스트를 수정해가야 한다. 예를 들어 어떤 직원은 자신이 오해받게 되는 경우를 당하게 될지도 몰라서 일부러 말을 안하는 경우도 있으므로 그런 경우를 늦게라도 발견하게 된다면 바로 그 내용을 첨가해야 한다. 너무 자주 인정받는 모습을 남들에게 보이는 것을 싫어하는 사람도 있는데 왜냐하면 다른 사람들에게 승진에만 눈이 먼 사람처럼 오해를 살 수도 있기 때문이다.

- 어느 때 직원들에 보상책을 주는 게 최적기인지 파악하고 있어야 한다. 어떤 직원은 프로젝트 기간 내내 격려와 관심을 자주 보여주면 업무 능률이 향상되는가 하면 또 다른 직원은 프로젝트가 종결된 후에 칭찬과 격려를 받아야 제일 좋아하기도 한다.

- 비슷한 위치에 있는 주위 동료들에게 동기 부여의 재능을 보고 배울 수 있는지 찾아보고 있다면 자신의 능력이 커질 수 있도록 보고 배워라.

- 다양한 기술력을 넓힐 수 있는 새로운 업무를 직원들에게 주도록 해라. 이런 방법은 매너리즘에 빠지지 않도록 해서 더 많은 동기 부여를 해줄 수 있다.

- 직원의 권한과 책임 의식을 키워주자. 관리자가 용인한 테두리 안에서 독단적인 의사 결정을 할 수 있게 해줘야 한다.

- 직원이 회사 내에서 곳곳에 보이게 하자. 예를 들어 보고서를 작성해서 제출할 때 준비한 직원의 이름이 같이 포함될 수 있도록 하거나 단순히 프리젠테이션 자료만 작성하게 만들 것이 아니라 직접 발표할 수 있는 기회를 주자.

- 회사나 부서의 대표성을 띠고 컨퍼런스나 미팅에 참석할 수 있는 기회를 주도록 한다.

- 할당된 업무에서 의미를 가질 수 있게 만들어주는 게 좋다. 전체 일에서 작은 한 부분으로 느끼는 존재감보다는 일의 처음부터 끝까지 혼자 하거나 다른 사람과 같이 한다는 것을 느끼게 된다면 일이 끝나고 완성된 결과물을 보면서 만족감을 가지게 될 것이다.

- 업무 수행에 대한 피드백을 확실히 해줘야 한다. 피드백은 관리자를 통하거나 혹은 본인 스스로 받을 수 있다. 예를 들어 A/S 파트에 근무하는 기술자들은 자리를 비운 사이에 남겨진 서비스 요청 전화에 얼마나 잘 후속 조치를 하는지 매달 통계를 내서 잘잘못을 알려주는게 좋다.

- 주기적으로 직원이 아닌 관리자 자신을 위한 도전적이고 가시적인 새로운 프로젝트를 해야한다.

　　유능한 직원을 뽑는 일은 나를 보호해주는 아군이 되느냐
아니면 다른 회사에 들어가 나를 향해 총을 겨누는 적군이 되느
냐 하는 문제이다.
　　관리자의 잘못으로 회사에서 뛰어난 인재를 붙잡지 못하
고 다른 회사로 옮기게 만든다면 그건 가장 큰 업무 태만이고
범죄 행위에 가깝다.

Section II

The 5 Essentials for Success

재능이 넘치는 직원의 채용과 관리

The 5 Essentials for Succes

옥석을 가리는 면접 방법

업무 수행 시 문제가 많은 직원은 일반적으로 보면 채용 과정에서부터 뭔가 잘못되었다는 것을 발견할 수 있다. 관리자가 직원들을 향해 손가락질을 해대며 "이거 하나 제대로 못해!"라고 소리 칠 때 나머지 세 손가락은 관리자 자신을 향하고 있음을 알아야 한다. 직원들을 탓하기 전에 그런 직원을 잘못 채용한 관리자 자신에게 문제가 더 많다는 사실을 알아야 한다. 조직 내에서 벌어지는 일들이 잘못된 방향으로 흘러가면 전임 관리자나 전전임 관리자의 문제가 계속 남아있다고 핑계라도 댈 수 있지만 직원 채용 시의 실수는 순전히 현재 관리자의 문제이다. 잘못된 사람을 잘못된 일에 집어 넣고는 그 직원에게만 모든 책임을 돌린다면 그건 올바르지 못한 짓이다.

많은 관리자들은 면접을 소홀하게 생각하고 시간낭비만 하는 식으로 지나친다. 그냥 단순 작업을 반복할 수 있는 그런 사람을 뽑겠다라고 하면 그렇게 해도 상관은 없지만 유능한 인재를 채용하는 것은 사람들이 일반적으로 생각하는 것보다 훨씬 많은 비용이 투자되는 중요한 문제이다. 예를 들어 연봉이 5천만 원인 프로그래머를 채용해서 10년동안 일을 한다고 가정해보면 기본 급여 외에 각종 부대비용과 제경비가 추가되고 매년 정기적인 급여 인상까지 포함해서 생각한다면 총 10억 원 이상의 비용이 지출된다.

한번 생각해보자. 회사에서 10억 원짜리 일을 추진할 때 보통 어느 정도 깊게 고민하고 결정하는지. 누구나 엄청나게 오랫동안 심사숙고하고 각종 자료와 분석 데이터를 찾아보고 나서야 결정할게 뻔한 일이다. 그것처럼 입사 지원자를 면접하는 일도 고민에 고민을 거듭하고 신중하게 결정해야 하는 일이다. 지원자 중 마음에 드는 사람이 없다면 굳이 뽑을 필요없이 시간을 가지고 천천히 찾아보는 게 좋다. 급하다고 아무나 덜컥 채용했다가는 오히려 전체 팀이나 부서에서 정신적인 해이가 일어날 확률이 높기 때문에 임시직을 고용하거나 컨설팅 업체에 의뢰를 하거나 그 밖의 방법을 써서라도 유능한 인재를 채용하기 전까지 서두르지 않는 게 훨씬 좋다. 그렇지 않고 급한 마음에 채용을 서두르다 보면 분명히 혹독한 대가를 치루 게 될 것이다.

흔하게 하는 실수들

많은 관리자들은 입사 지원자가 면접장에서 말을 얼마나 잘 하는지 그 부분만 고려해서 채용한다. 그렇기 때문에 입사 지원자가 업무 능력과 상관없이 달변에 문장력이 뛰어나고 면접 준비만 잘하면 어느 곳이나 입사하는 게 수월해 질 수 밖에 없다. 그래서 관리자들이 흔히 하는 말들이

"그 사람 우리 회사 홈페이지에 들어와 봤더라고 그리고 회사에 대해서도 사전 조사를 많이 한 것 같고 그래서 아주 마음에 들어",
"이 사람 경력이 마음에 들어 다른 사람은 보통 3년을 넘기기 힘들어하는데 5년씩이나 했으니",
"그 사람은 내가 듣고 싶어하는 말들만 기가 막히게 하더라고"

이다. 그런 게 과연 정답일까? 면접을 얼마나 잘보고, 준비를 얼마나 철저히 했으며, 경력이 얼마나 되는지는 전혀 중요한 게 아니다. 오히려 핵심과는 완전히 동떨어진 것일 수도 있다. 물론 그렇다고 면접볼 때 대답도 잘못하고, 준비도 안 해오고, 업무와 연관된 경력도 전혀 없는 게 좋다는 말은 아니다. 여기서 말하고자 하는 핵심은 성공적으로 일을 처리할 수 있는 유능한 인재를 원한다면 누가 얼마나 일을 잘 처리해 나갈 수 있는지 그리고 누가 그 업무에 잘 맞을지에 초점을 두어야 한다는 점이다. 만약에 5년짜리 경력자가 그 기간동안 일을 제대로 하지 못한 채 시간만 때운 사람이라면 경력은 짧아도 일을 성공적으로 해왔던 사람이 더 낫다는 말이다.

"말을 잘들을 것 같은데", "코드가 잘맞을 것 같은데", "회사 분위기하고 잘 맞을지도 모르겠는데"라는 생각은 빨리 지워버려라. 주위에서 일을 잘하는 사람들을 보면 위에 해당하는 사람보다는 그렇지 않은 사람

이 더 많다. 병원에 가서 중대한 수술을 받아야 하는데 의사가 착한 사람이고, 모범적인 시민이고, 모든 사람과 잘 어울리는 그런 사람이라는 이유만으로 그 의사에게 수술 집도를 맡기지는 않을 것이다. 직원을 채용할 때는 그 사람의 경력과 지나온 날들을 유심히 봐야 한다. 그 안에 그 사람이 관리자가 원하는 만큼 일을 훌륭히 처리해 나갈 수 있는지 여부가 담겨있다.

예전에 필자에게 전산 담당 관리자가 찾아와서 고민을 털어 놓은 적이 있었다. 자신의 밑에 있는 직원 하나가 툭하면 멍하니 창밖을 바라보기만 한다고 경영자한테 된통 깨져서 짜증이 난다고 했었다. 도대체 일은 언제하냐고 말이다. 그래서 그 직원의 실력은 어느 정도나 되냐고 물었더니 부서 내에서 아무도 처리 못하는 문제를 그 직원이 혼자 다 처리할 정도로 뛰어나다고 했다. 그래서 필자가 그 관리자에게 말하길 "차라리 그 직원에게 더 큰 창문을 하나 만들어주세요. 아인슈타인이 양말을 짝짝이로 신고 다닌다고 바보라고 놀리지 못하는 것처럼 일도 못하면서 창문만 바라보는 게 문제지 자기 할 일은 다 하면서 그러는건 전혀 문제가 아닙니다"라고 했다.

여러분이 유망 골프 선수에게 투자한다라고 가정해보자. 면접을 가장 잘 본 선수나 어떻게 하면 골프공을 잘 칠 수 있는지에 대한 해박한 이론을 가진 선수 중 누구를 선택해서 투자를 하는 게 나을까요? 필자같으면 타이거 우즈에게 투자할 것이다. 왜냐하면 타이거 우즈는 골프시합에서 우승하는 법을 알고 있기 때문이다. 그것보다 더 완벽한 투자 대상은 없다. 어떻게 하던지, 왜 그런지, 동기가 무엇인지 그런 게 중요한 것도 아니고 아마추어 심리학자가 되어 그런 것들을 따져볼 필요도 없고 이것저것 생각할 필요없이 그냥 단순하게 타이거 우즈는 골프시합에 나가서 어떻게 하면 이기는지를 알고 있는 선수라는 사실이다. 그게 핵심이다. 타이거 우즈와 같은 선수에게 투자한다는 것은 그가 지금까지 해온 업적들이나 성과들이 여러분이 원하는 것들이기 때문이다.

이번에는 경마장에가서 베팅을 할 때 예를 들어보자. 경마에 관해서는 잘 모르는 채로 경마장에 갔다면 베팅할 경주마를 고를 때 완전히 엉뚱한 이유로 선택을 하게 된다. 경주마에 대해서는 전혀 모른 채 내가 좋아하는 숫자가 5번이라는 이유만으로 5번 말을 고르거나 말이 이뻐 보여서, 말 이름이 재밌어서, 빨리 달릴 것같은 근거없는 예감이 들어서 등의 이유로 선택을 한다. 그래서 운좋게 몇 번은 이길지 몰라도 결국 남게 되는 건 빈 지갑뿐이다.

전문 도박사들이라면 다르게 했을 것이다. 베팅할 말을 고를 때 우승에 필요한 요소들을 살펴봤을 것이다. 혈통이 어떤지, 트랙 상태는 어떤지, 오늘같은 조건에서 전적은 어떻게 되는지, 장거리에서 잘 뛰는지, 단거리에서 잘 뛰는지, 조련사가 누구인지, 기수는 또 누구인지 그리고 마지막으로 지금까지의 전체 승률이 어느 정도 되는지를 유심히 살펴본다. 그렇게 하는 것이 객관적이고 현실적이다. 그런 전문 도박사는 말을 고를 때 말을 잘하는지, 좋은 시민인지, 경주관련 웹사이트를 조사해봤는지 그런 것을 전혀 신경쓰지 않는다. 단지 자신이 베팅한 말이 우승을 할 수 있는지를 바라볼 뿐이며 관리자 역시 이렇게 해야 한다. 특히 업무와 관련된 최근 실적이 어땠는지를 유심히 살펴야 한다. 도박사가 베팅하기 전 마지막으로 현재의 말 상태를 유심히 체크하고 경주에 앞서 예시장에서 사람들에게 상태를 보여줄 때 더 많은 정보들을 수집하는 것처럼 말이다.

상대방의 외모나 자신의 개인적 취향에 따라 입사 지원자를 평가하면 절대 안된다. 지난 다섯 번의 경주에서 모두 1등을 한 경주마라면 분명 주저없이 그 말에 베팅을 할 것이다. 하지만 지난 다섯 번의 경주에서 결승선만 간신히 통과한 경주마라면 그 말이 얼마나 오랫동안 경주를 한 경험이 있는지, 얼마나 잘 준비해왔는지, 비록 1등은 못했지만 좋은 게임이었다고 말할 수 있을지라도 그런 것에 상관없이 그 말에는 쉽게 베팅을 하지 못한다. 아마 여러분 모두 똑같을 것이다. 짧은 기간이라도 큰 실적을 나타낸 사람보다 오랜 시간동안의 경력만 가지고 있는 사람이 더 나을 것이라는 생각은 버려야 한다. 하지만 놀랍게도 많은 관리자들은 경력이 많은 사람을 더 선호하는 경향이 있다.

지원자들에 대해 관심을 가지고 살펴봐야 하는 것 중 하나는 배움에 대한 자세이다. 괜찮다라고 여겨지는 사람들은 하나를 취해서 둘을 만들거나 더 좋게 만들려고 하는 자세를 가지고 있어 꾸준한 발전성을 보인다. 하지만 반대의 사람들(별로 고용하고 싶은 않은 사람들)은 그냥 있는 그대로만을 받아들여서 항상 그 자리에 머무른다. 그런 사람에게 있어 일이란 지시받은 데로만 움직이는 행동일 뿐이다. 그들은 결코 자신을 발전시킨다거나 프로젝트, 과업, 과제에 혼신을 다하지 않는다. 그리고는 일이 잘못되면 항상 다른 사람을 비난한다. "거봐! 내 말을 들었어야

해. 내말 안듣다가 그렇게 된거야!"라고 말이다. 지위고하와 업무의 종류에 상관없이 그런 사람들은 항상 그렇게 행동한다. 그런 사람들의 발전성은 항상 수평선 형태로 나타나기 때문에 병원에서 심장박동기가 멈추면 나타나는 그래프와 같이 죽은 상태나 마찬가지이다. 그래서 필자는 오랜 경험이 있더라도 발전성이 제로 상태인 수평선의 그래프를 띄는 사람보다는 발전성의 그래프가 수직선의 모습을 띄는 사람을 채용한다. 발전성이 없는 경력은 전혀 가치가 없다.

훌륭한 성과를 가지고 있는 사람을 우선적으로 찾아라

만약 해당 업무에 적합한 조건이 무엇인지 확실히 모르겠다면 주위에서 그 업무를 하고 있는 직원들 중에 능력이 있다고 평가받는 직원들에게 자문을 구해보는 것도 한 방법이다. 일을 잘하는 사람을 뽑아야만 자기들의 일이 좀 더 수월해 질 수 있기 때문에 더 적극적으로 도와주려고 할 수도 있다. 그래서 어떤 사람이 적합한지 물어보면 공통된 의견들이 나올 것이다. 그것도 힘들다면 그냥 단순하게 일을 잘하고 있는 직원들과 일을 못하는 직원들의 이력서와 지원서를 비교 검토해보면 각각에서 찾아야 할 것과 피해야 할 것들을 알게 될 수도 있다. 약간의 비교 분석만으로도 채용이라는 부담감을 어느 정도는 떨쳐 버릴 수 있다.

고용과 관련된 문제 중 필자가 가장 소중하게 생각하는 것은 어떻게 보면 약간 상식을 뛰어넘거나 평범하지 않은 것들일 수도 있다. 예를 들어 예전에 고객 콜 센터 관리자로 적합한 사람을 찾아봐 달라는 부탁을 받은 적이 있었는데 기술적인 문제(컴퓨터나 전화 시스템 등)까지 처리할 수 있는 그런 사람을 원한다는 것이었다. 그래서 이리저리 찾아보던 중 스키 리조트에서 근무하고 있는 사람을 발견하고 소개했다. 하지만 회사 담당자가 그 사람은 자기네가 찾는 사람과는 거리가 멀다고 하면서(동종 업계에서의 경력이 없다고) 면접조차 보고 싶지 않다고 했고 몇 번이나 걸친 필자의 설득 작업 즉, 그 사람은 충분히 새로운 업무를 빨리 익힐만한 능력을 가지고 있고 고객 응대 요령이나 부하 직원들을 잘 관리할 수 있을 만큼 자질이 풍부하고 빠른 시간 내에 기술적인 부분까지 배우려고 하는 자세가 남다르다는 점을 계속 강조한 끝에 마침내 회사 담당자와 면접까지 보고 채용이 되었다. 지금은 모두에게 사랑받는 관리자가 되어 승진을 했다.

"어떤 일이든 책임감을 가지고 성실히 임할 것입니다"라고 말하는 사람에게 깊은 인상을 받기 쉽다. 대부분 새로 입사한 사람들 입에서 나오는 가장 흔한 말 중 하나가 아닐까 싶다. 물론 좋은 말이지만 너무 뻔한 교과서적인 말이다. 그런 말을 한다고 입사 지원자가 일을 잘한다는 의미로 받아들여서도 안되고 반대로 또 뻔한 말이라고 무조건 나쁘다고 생각해서도 안된다. 그 말은 단순히 면접 때 흔하게 하는 말이고 또 그렇게 하는 게 무난하다고 생각을 하기 때문에 하는 말이다. 그래서 그런 말을 지원자가 하게 되면 반대로 "정말 책임감이 많다고 생각한다면 실제로 책임감을 보여줬었던 일을 얘기해보세요?"라거나 혹은 "최근에 있었던 위기 상황에서 책임감을 어떻게 발휘했었나요?"라고 물어봐야 한다. 누구에게 물어봐도 뻔한 대답이 나올 수밖에 없는 질문은 하지 않도록 하

자. 예를 들어 "당신의 장점과 단점에 대해 말해주세요", "한 단어로 당신 자신을 표현한다면?" 등의 질문은 삼가해야 한다. 그런 뻔한 질문말고 지원자가 실제로 이루었던 성과의 직접적인 예를 물어보는 게 좋다.

또 한 가지 좋은 질문의 유형은 좋은 점보다 나빴거나 실패했던 경험담에 대해 물어보는 것이다. 먼저 과거에 잘했었던 일들에 대해 물어보고 난 후에 실패했거나 후회되는 일들에 대해 물어보는 것이다. 성공적이었던 경험보다는 열심히는 했지만 실패했었던 일을 듣게 되면 전혀 다른 모습을 발견할 수 있다. 이 때 주의할 점은 너무 부정적이거나 안좋은 경우만을 물어보게 되면 상대방이 모욕당하는 느낌을 받을 수도 있기 때문에 꼭 성공 사례나 좋았던 부분을 물어보고 난 다음에 반대의 경우를 물어봐야 한다. 그래서 잘만 하면 관리자가 찾고싶어 하는 그런 사람을 더 쉽게 발견할 수도 있다. 처음에는 "고객과 문제가 생겼을 때 어느 정도 유연하게 대처했었는지 경험을 말해보세요"라고 물어보고 그 다음에 "나는 항상 협상 테이블에 앉으면 내 입장만 내세우는 경향이 있어서 문젠데… ○○씨는 어때요? 나랑 반대로 너무 유연하게 나가서 많은 걸 너무 쉽게 내준적은 없나요?"라고 물어보면 된다.

흔히 면접 때 관리자들은 표면적으로 겉에 드러나는 문제들만 훑고 지나가려고 한다. 그래서 막연한 질문만 해댄다. "자기소개를 해보세요", "전 직장에서 했던 업무는 무엇이죠?" 등 이런 막연한 질문 몇 가지 던져보고는 면접을 끝낸다. 점쟁이도 아니고 입사 지원자에 대해 무엇을 알 수 있을까? 면접 시간을 헛되이 보내지 않으려면 지원자에게 어떤 좋은 점이 있는지를 알아야 하는데 그런 막연한 질문만으로는 전혀 알 수가 없다. 가장 좋은 방법은 면접의 포커스를 그 사람이 했던 프로젝트와 업무, 성과에 집중시켜 물어보는 것이다. 그래서 일할 때 얼마나 노력을 했었고, 장애물들은 어떻게 극복을 했으며 최종 결과는 어땠는지를 중점적으로 파고 들어갈 수 있는 질문을 해야한다.

누군가를 판단할 때는 보통 한 가지 행동을 가지고 나머지 일도 미루어 짐작해서 예측하게 된다. 그러므로 어려운 상황을 잘 헤쳐나온 경험을 가진 사람은 다른 위기가 닥친다해도 그런 경험을 바탕으로 잘 이겨낼 수 있을 것이라고 판단할 수 있다. 볼링 에버러지가 110인 사람이 300점을 맞을 확률은 거의 없지만 에버러지가 285인 사람은 300점을 맞을 수 있는 확률이 높다. 볼링을 칠 때마다 에버러지에 따르는 점수가 비슷하게 나오듯이 사람의 행동 습관은 크게 달라지는 것이 없이 비슷한 형태를 띠게 된다.

학교를 갓 졸업한 신입 사원을 채용했다면 원하는 만큼의 결과를 이루어 내기까지 무궁한 인내심을 가지고 기다려야 하는 인고의 시간이 있어야 한다. 그들에게는 가능성만을 바라봐야 하고 좀 더 낮은 급여를 줘도 된다는 이점이 있을 뿐이다. 반대로 단점은 면접 때 아무리 좋은 모습을 보였다 하더라도 예측 불가능한 위험성이 많이 내포되어 있다는 것이다.

최고가 모이게 만들자

관리자의 주위에 최고의 인재가 모이게 만드는 것만큼 중요한 것은 없다. 그렇게 하는 것이 어떻게 보면 자기 자신이나 회사를 위해 마땅히 해야 할 일인지도 모른다. 그러나 대부분의 관리자는 그런 부분에 있어 무신경하다. 무엇이 우선인지조차 모르고 생활하는 것처럼 보이기도 한다. 내가 뽑고 싶어 하는 지원자는 다른 사람 역시 뽑고 싶어 하는 인재이다. 그렇기 때문에 최고의 연봉을 제시할 수 없는 형편이라면 다른 곳보다 더 깊이 배려하는 듯한 인상이라도 심어줘야 한다. 면접 시간보다 늦게 나타나서 다음 면접 시간 때문에 일찍 끝내야 한다고 자리를 서둘러 떠나는듯한 인상은 주지 마라. 지원자들과 한 약속은 반드시 지켜야 하며 임시방편의 얕은 거짓말은 하지 않아야 한다. 지원자들은 면접관들의 말에 대해 상당히 예민하고 민감하게 반응하므로 자신이 한말에 대해서는 반드시 책임을 지는 모습을 보여야한다. 면접 도중 말했던 언질이 이루어지지 않는다면 지원자는 그 회사에 입사하기는 틀렸다고 생각한다.

정말 뛰어난 인재라고 생각된다면 "지금은 1차 면접 기간이니까 다 끝나고 나서 검토한 후에 연락드리겠습니다"라는 바보같은 말로 꾸물거리다가 인재를 놓치는 짓은 하지 마라. 영업 사원이 물건을 팔 때 몸을 던지는 것처럼 그들에게도 그렇게 해야한다. 정말 마음에 드는 지원자를 발견했다면 우물쭈물 거리거나 형식적인 멘트를 날리지 말고 솔직하게 자신의 심정을 얘기해라. 이 때 주의할 점은 자신의 권한을 넘어서는 범위까지 함부로 약속을 남발해서는 절대 안된다. 예를 들어 바로 그 자리에서 지원자에게 "사장님도 오케이할 것 같네요"라는 식의 입사에 대한 최종 결정이 이루어지기도 전에 확신을 심어주는듯한 말은 하지 말아야 한다. 지원자가 그런 말을 듣고 돌아가서 다니던 직장을 무턱대고 그만두는 경우도 생길 수 있기 때문이다. 면접관이 무심코 던진 말 한마디도 지원자에게는 전혀 다르게 들릴 수 있다는 사실을 명심해야 한다. 지원자가 마음에 들면 그 사실만을 확실하게 얘기해줘라. 애인과 데이트할 때와 비슷하게 좋아하면서도 좋아한다는 말을 안하면 상대가 오해를 해서 다른 사람과 결혼을 하게 되는 경우처럼 말이다. 최소한 지원자의 경력에 대해 어느 정도까지 깊은 인상을 받았는지에 대해서만이라도 말해주는 게 좋다.

완전 마음에 드는 지원자가 있다면 최대한 우호적이고 배려심 깊은 모습을 보여줘야 한다. 면접이 끝나고 돌아간 후에도 이메일이나 전화를 주는 것도 좋은 방법 중 하나이다. 그리고 그 지원자가 혹시 다른 회사에서 제안 받은 게 있는지도 물어보는 것이 좋다. 급여, 스톡 옵션, 상여금, 기타 복리 후생비 등에 대해서 자세히 알아야 도움이 된다. 하지만 일반적으로 지원자들이 그런 사실에 대해 솔직하게 얘기하는 편이 아니므로 단도직입적으로 물어는 것이 좋다. "이 정도 조건이면 받아들이겠요?", "우리 회사에서 제안한 조건이 제일 좋나요?", "입사할 회사를 알아볼 때 제일 신경 쓰는 부분이 뭐죠?"라는 식으로 말이다. 그리고 지원자에 대한 이력 사항과 면접 때 받았던 느낌, 조건들을 가지고 입사 결정권자에게 최대한 빨리 보고를 해야 한다. 복잡한 보고 절차 때문에 시간이 늦춰진다면 유능한 인재는 다른 회사로 발길을 돌린다는 사실을 명심해야 한다. 내가 원하는 사람은 다른 사람도 원하는 사람이기 때문에 업계 최고의 급여를 주지 못한다면 다른 곳보다 더 빠르게 움직여야 한다. 만약 그 지원자가 이미 다른 곳에서 제안을 받은 상태라면 한번 더 생각을 해줄 수 없냐고 부탁하는 일이 손해보는 장사는 아니므로 그렇게 하기 바란다. 더 이상 잃을 것도 없는데 마지막이라고 생각하고 그렇게라도 얘기해 보는 게 좋다. 솔직하게 "우리가 최종 결정을 할 때까지 다른 곳에서 받은 제안을 잠시 연기시켜 주시면 감사하겠습니다"라고 말이다. 유능한 직원을 뽑는 일은 나를 보호해주는 아군이 되느냐 아니면 다른 회사에 들어가 나를 향해 총을 겨누는 적군이 되느냐 하는 문제이다.

일을 홍보해라

대부분의 관리자는 면접을 볼 때 업무에 관한 얘기는 회사나 인사부서에서 하는 일이라고 생각하고 넘어가는 경향이 있다. 하지만 업계 최고의 급여를 주지 못한다면 업무에 관한한 최고라는 식의 홍보라도 해야한다.

지원자에게는 솔직하게 사실을 얘기하는 것을 원칙으로 하되 과장해서도 안되고 그렇다고 너무 말을 아껴서도 안된다. 지원자 한사람에게만 국한된 문제가 아니라 몇 주 혹은 몇 달 뒤에 전혀 생각지도 못한 결과를 얻을 수도 있기 때문이다. 그렇기 때문에 지원자에게 회사나 업무에 관해 긍정적인 생각을 심어 줄 수 있도록 하자는 것이다. 업무가 얼마나 매력적인지, 회사가 얼마나 긍정적이고 발전성을 가지고 있는지 면접때 말해주지 못한다면 그런 사람은 면접관으로서 자격이 없을 수도 있다. 면접관과 반대로 지원자는 속으로 "이 회사에 들어와서 당신과 일하면 왜, 무엇이 좋은지 알려주세요"라고 생각한다. 그렇기에 그런 생각에 대해 만족할만한 답변을 주어야 한다.

자신의 속 얘기를 해라　자기 자신에 대해 얘기하는 게 좋은 결과를 보이는 경우가 많은데 이럴 때는 자신이 왜 이 회사에 들어왔는지, 들어오고 나서 하고 있는 일은 무엇인지, 현재의 업무가 얼마나 자신을 만족시키고 앞으로의 가능성은 어떤지 등에 대해서 얘기해라. "내게 이런 기회가 찾아올지는 정말 몰랐어요..."라는 식으로 말하는 것도 좋다.

본질을 말해라　애매모호하고 이론적인 얘기만 듣는 것을 좋아하는 사람은 아무도 없다. 그렇기 때문에 면접볼 때도 그렇게 얘기해서는 안된다. 면접관이 "이 회사에는 직원 개개인이 성장할 수 있는 무한한 기회가..."라는 식으로 말한다면 별로 깊은 인상은 못받을 것이다. 너무 교과서적인 얘기이므로 차라리 면접관이 "저희 회사는 올해 들어 지금까지 몇 명이 특별 승진을 했으며..."라는 식으로 구체적으로 말해준다면 분명 깊은 인상을 받게된다. 실제로 일어난 본질을 얘기하자.

때로는 이야기꾼처럼　회사에서 있었던 특별한 사람이나 특별한 일에 대해 얘기를 해주자. 모든 회사에는 영웅시되는 사람들이 있기 마련인데 그들의 얘기를 들려주는 것도 좋은 방법이다. 단, 그 사람이 경영진이 아닌 특별한 일을 해낸 일반 직원의 이야기라면 더 좋다.

승진의 기회를 알려주어라　지원자가 맡게 될 업무를 하고 있던 직원이 지금은 부사장의 자리까지 올라갔다고 얘기해 줄 수 있다면 엄청나게 매력적으로 들리게 된다. 평직원으로 출발한 사람이 높은 위치까지 올라갔던 구체적인 사례를 들려줄 수 있다면 그렇게 하는 게 좋다.

귀를 기울이자　다른 사람의 말에 귀를 기울이는 게 어렵긴 하지만 여러모로 도움이 많이 된다. 지원자에게 여러 가지 질문을 한 후에 메모를 꼭 해놓는 습관을 가져야 한다. 그리고 업무에 관해 얘기할 때 지원자가 했던 얘기를 포함시켜 말을 하면 상대에게 강한 인상을 심어 줄 수 있다. 예를 들어 "당신은...에 관심이 있다고 말했었는데...", "당신이 ...라고 말했었듯이", "당신이 지적했었듯이..."라는 식으로 말이다.

성공에 관한 얘기　회사나 직원 중 최고로 여겨지는 게 있으면 자랑을 해라. '최초', '유일한' 이라는 단어를 써서 설명할 수 있다면 좋다. 예를 들어 "업계에서 우리 회사의 이직률이 가장 낮다"라고 말하면 굉장히 강한 인상을 심어 줄 수 있다. 사람들은 언제나 최고의 회사와 함께 일하고 싶어한다.

고객을 상대하듯이 지원자를 대우하라　입사 합격 여부에 상관없이 모든 지원자가 특별한 대우를 받았다는 느낌을 가지도록 해야한다. 면접 후에 친구, 친척이나 주위 사람들에게 어떤 식으로든 자신이 면접볼 때 받았던 대우에 대해 얘기할 게 분명하기 때문이다. 회사나 면접관에 대한 좋은 평판은 고객과의 끈끈한 유대 관계처럼 새로운 유대 관계를 만들어 줄 수도 있다. 누구나 데려가고 싶은 유능한 인재와 함께 일하고 싶다면 무엇보다 중요한 것이 관리자의 평판이 좋아야 한다. 평판이 좋다고 알려진다면 그 때는 유능한 인재가 함께 일하고 싶다고 제발로 찾아오는 경우도 생길 것이다.

내부에서 찾아보자

외부에서 인재를 찾아보기 전에 회사 내에 있는 직원 중에서 적임자를 먼저 찾아보는 것을 잊지 않아야 한다. 모든 회사는 기본적으로 신입 사원을 뽑은 후 그들을 승진시키는 기본 방침을 가지고 있다. 그런데 외부에서 사람을 채용하게 되면 내부에 있는 직원에게는 "당신들은 그 사람만큼 능력이 없는 거야"라는 소리로 들릴 수 있다. 그렇기 때문에 직원 채용에 있어서 외부에서 적임자를 알아보는 것만큼 내부에서 찾아보는 것도 소홀히 해서는 안된다.

필자가 예전에 인원 충원 문제로 골치 아파하고 있었을 때 총 관리자가 필자에게 왜 굳이 외부에서 사람을 찾으려고 기를 쓰냐고 나무라면서 자격 조건이 어느 정도면 되냐고 물어왔다. 그래서 필자가 회계나 재무와 관련된 전공을 가지고 있는 신입도 상관없다고 말했다. 그러자 그 관리자가 말하길 "나랑 같이 사내를 한바퀴 돌아보지 않을래? 회계 업무를 좋아할만한 직원을 쉽게 찾을 수 있을거 같은데, 기회를 못가져서 그렇지 그 일을 정말 잘 해낼 수 있는데도 재능을 썩혀두고 있는 사람이 있을거야. 모르긴 몰라도 엄청 많을 걸"이라고 했다. 그런 말을 듣고 나자 내부 직원들에게 기회조차 주지 않고 외부에서 사람을 찾고 다녔다는게 왠지 양심의 가책까지 받게 되었다. 그 관리자가 나를 보며 "자네, 계속 외부에서 사람 찾아볼거야?"라고 물어봤고 난 그 자리에서 바로 "아니요 더 이상 그럴 필요 없을 것 같습니다. 이제 무슨 말씀하시는지 이해했습니다"라고 했다. 그날 이후 난 그 관리자에게 받았던 중요한 가르침을 결코 잊을 수 없었다.

새로운 직원을 채용하려는 계획이 있다면 먼저 내부에서 선발을 하는 것이 제일 좋다. 대부분 뛰어난 인재는 외부에 있다는 편견을 가지고 있는데 만약 경쟁사로부터 인재를 빼온다면 더도 없이 좋은 일이지만 만에 하나 경쟁사로부터 형편없는 사람을 데리고 온다면 경쟁사가 만세를 부르며 좋아하게 될 것이다. 또 다른 선입견은 큰 회사에서 일하고 있는 직원들은 전부 일을 잘하는 사람들이고 조그만 회사에서 근무하는 직원은 하나같이 일을 못한다고 생각하는 것이다. 말도 안되는 생각이다. 사람을 뽑는 거지 회사를 뽑는게 아니다. 열악한 회사에서 일을 잘 하고 있는 직원도 얼마든지 많고 반대로 큰 회사에서 일을 잘못하고 있는 직원도 부지기수로 많다. 일을 잘하는 직원이 해고되는 경우도 많고 일을 못하는 직원들이 그렇게 해고당하는 직원들을 보면서 그 틈을 이용해 승진의 사다리를 타고 올라가는 경우도 많다.

새로 영입한 직원과의 좋은 출발을 위해

일단 직원이 새로 출근을 하게 되면 그를 최대한 따듯하게 맞이하는 모습을 보이는 게 중요하다. 출근 첫날부터 경비원이 회사 안으로 들어가지 못하게 제지를 하는 것처럼 기분 나쁜 것은 없다. 그렇기 때문에 출근 전에 그런 일이 없도록 만반의 준비를 미리 다 해놓아야 한다. 회사 내 지리도 모르고 직원들 얼굴도 모르는 상태에서 첫날부터 정문 밖에서 잡상인 취급을 받게 해서는 안된다.

출근 첫날이 가장 중요하다는 사실을 잊지 말자. 그리고 일반적으로 부서나 팀에 새로운 직원이 입사하게 되면 계속 같은 말을 물어보는 경우가 많다. "이름이 뭐에요?", "전에 어디 있었어요?" 등 개인 신상명세서와 경력 사항은 사전에 모든 직원이 알 수 있도록 통지를 하거나 게시판에 붙여 놓아야 한다. 첫 일주일 동안은 사수 역할을 하는 직원을 하나 붙여서 회사 전반에 대해 알 수 있도록 도와 주어야 하며 절대 점심 시간에 혼자 먹게 해서는 안된다.

여러분의 회사에서는 새로 출근한 직원을 위한 오리엔테이션 프로그램을 만들어 놓고 있습니까? 새로온 직원을 향해 "이봐 자네, 이름이 뭐였지? 다른 직원이 자네가 해야 할 일을 알려줄거야. 그때까지 기다리고 있어!"라고 말하는 너무 흔한 모습에 당신도 포함되고 있지는 않은지 생각해봐야 한다.

들뜬 기분으로 새로운 직원이 출근을 했는데 전화기도 없고, 컴퓨터도 없고, 사무용품도 하나도 준비해 놓지 않고는 회사 사규집이나 던져주면서 읽고 있으라고 한다면 그것도 일주일 내내 그렇다면 어떤 생각이 들까? 아마 누군가 윗사람이 불러주기 전까지는 유령처럼 의자에 가만히 앉아 멍하게 책을 보면서 내가 과연 이 회사에 잘 들어온 걸까라는 걱정을 하게 될 것이다.

인재를 떠나지 않게 하려면

대부분의 직원은 직속 상사나 관리자들이 꼴보기 싫어 회사를 그만두고 새로운 회사를 찾아 들어간다. 회사에 새로 들어온 직원들을 위한 오리엔테이션 과정에서 보면 대부분은 기쁨에 차있다. 그런 직원들은 자신이 너무 좋은 회사에 입사하게 됐다고 좋아하면서 생각 이상으로 열정적이며 활기차고 긍정적인 자세를 보여준다.

반대로 회사를 떠나려는 직원을 상대로 얘기를 해보면 대부분 진저리를 치면서 자신들의 상사나 관리자에 대해 생각하는 것조차도 싫다는 식으로 굉장히 부정적인 모습을 보여준다. 회사를 떠나려는 직원들이 가장 많이 하는 말 중 하나는 "나는 이번에 내가 좀 더 클 수 있는 좋은 기회를 얻게 되어서 떠난다고 말은 하지만 솔직히 말하면 지금 있는 상사(혹은 관리자)가 나갈 때까지 기다리기 힘들어서 내가 먼저 나가는거야. 그 사람하고 함께 일했던 시간이 내 생애에서 가장 우울한 때였던 것같아.

제발 남아 있는 직원들한테는 그러지 않았으면 좋겠는데"식의 말이다.

매년 이직률이 엄청나게 높은 회사들의 관계자들과 애기를 하면서 문제가 뭐냐고 물어보면 그들은 대게 "이쪽 업계에서는 다 그래요. 그래서 어쩔 수 없어요"라고 대답을 한다. 그런 애기를 들을 때마다 만약 당신네 회사가 매년 100% 넘게 고객이 빠져나간다면 분명히 원인 조사에 들어갈 것이고, 그로 인해 누군가는 책임을 지게 될 것이라고 말했다. 거의 모든 회사의 인사 담당 부서에서 일하는 직원들이 하나같이 하는 말은 언젠가는 최고 경영자가 왜 직원들이 회사를 그만두는지 궁금해 할 것이라고 말한다. 하지만 유감스럽게도 그런 날은 절대 오지 않을 것이다.

직원의 이직에 따르는 비용 손실은 대단히 크지만 직원에 대한 배려는 돈이 들어가질 않는다. 이직률이 제로가 될 수는 없지만 말 한마디로 10%만이라도 낮출 수 있다면 마진이 꽤 많이 남는 장사이다. 그렇게 되기 위해서는 앞을 내다본 준비를 하고 발생 가능성이 있는 문제를 미연에 방지해야 한다. 좀 더 쉽게 말해서 배송이 늦어서 화가 잔뜩 난 고객을 상대하는 법을 가르치는 것보다 배송이 늦게 되는 일이 없도록 준비시키는 게 더 좋은 방법이다.

이직률이 문제가 되기 시작하면 관리자는 재빠르게 직원들 사이에 불만이 가중되고 있다는 적색 경고로 받아들여야 한다. 그래서 남아 있는 직원에게까지 이직 바이러스가 넓게 퍼지기 전에 재빨리 방제 작업을 해야한다. 생산성이 떨어지기 시작하고, 지각이나 결근률이 높아지고, 프로젝트나 새로운 업무를 서로 미루려고 하고, 회사를 그만 둔 직원을 계속 언급하거나, 직원들이 혼자 따로있는 시간이 많아지고, 작은 일에도 짜증을 잘내고, 피곤하다는 얘기를 자주하게 되면 이직의 경고 신호라고 생각해야 한다.

면담 과정을 통해 개개인의 상태를 어느 정도는 파악해 볼 수 있는데 직속 상사나 관리자에게 무시당하거나 하찮은 존재로 여겨진다고 생각하고 있다면 그 직원은 옮길 곳을 찾고 있다고 봐야 한다. 새로 부임한 관리자가 밑에 직원에게 경력이 대단히 인상깊다라고 얘기했는데 그 직원이 "그럼 뭐해요, 여기에서는 써먹질 못하는 걸"이라고 말한다면 "아니에요. 앞으로는 절대 그런 일 없을 거에요. 당신같은 사람이 회사를 위해 오래 동안 일을 해야 하는 사람이에요"라는 말 한마디만으로도 그 직원의 마음을 어느 정도는 붙잡을 수 있게 된다. 하지만 이미 다른 회사와 면접을 보고 다니고 있거나 회사를 떠날 마음이 굳어진 사람에게는 별로 와닿지 않는 말일 수도 있다. 일단 그렇게 마음을 먹은 사람이라면 이미 한 쪽 다리는 회사 밖으로 나가 있는 상태이기 때문에 붙잡기는 힘들다.

직원들의 사기가 떨어진 모습을 감지하게 되면 일단은 마주보고 앉은 것이 중요하다. 그리고 그들에게 당신이 얼마나 가치가 있는지, 나와 부서를 위해 얼마나 소중한 사람인지를 얘기해줘야 한다. 그리고 요즘 들어 불안한 모습을 많이 봤다는 얘기를 해주면서 어느 정도까지 심각한 상태냐고 물어봐야 한다. 직원들이 무슨 말을 하든지 중간에 말을 가로막지 말고 끝까지 경청해야 하고 그 말에 따라 관리자와 직원이 취할 수 있는 행동으로 옮겨야 한다. 관리자는 항상 자신과 부서나 팀을 위해 직원들이 얼마나 소중한 사람인지를 인식시켜줘야 하고 직원들에게 고맙게 생각하는 마음을 가져야 한다. 미팅 시간을 자주 가지면서 많은 얘기를 해야 하며 그렇게 해서 아무런 문제가 없다고 강하게 부정한다면 그

때는 경고 신호음이 약해진 것이라고 보면된다. 아주 조그마한 관심만으로도 좋은 직원과 함께 오래동안 일 할 수 있는 기회를 가질 수 있거나 최소한 관리자가 자신들에게 관심을 가지고 있구나라는 생각을 심어줄 수 있어야 한다.

일 잘하는 직원이 그만둔다고 할 때

관리자의 의도와 상관없이 어느 날 갑자기 직원이 사직서를 들고 찾아온다면 발만 동동 구르지 말고 재빨리 그 직원과 얘기를 해라. 기다릴 시간이 없다. 시간이 흐를수록 그 직원을 놓칠 확률이 더 커진다. 그 직원에게 절대 떠나지 않았으면 좋겠다라는 식으로 "이제 겨우 2년 동안 같이 일을 했는데, 갑자기 이렇게 그만둔다고 하니 너무 충격이다. 당신은 정말 최고의 인재로 회사에서 꼭 필요한 사람인데 왜 다른 곳으로 가려고 하는지 그 이유를 알고싶다. 괜찮다면 당신이 옮기려고 하는 곳에 대해 얘기해줬으면 좋겠다. 그래서 내가 어떻게 하든 최선을 다해 당신이 옮기지 않아도 되는 방법을 찾아보겠다"라는 식으로 말하는 것이 좋다. 절대 순순히 조용하게 아무런 노력도 해보지 않고 나가게 해서는 안된다.

다행히 그 직원의 마음이 열려서 생각하고 있는 사실들을 솔직하게 말한다면 그 중 일부는 임원진의 결재가 필요한 사항이 필요할 것이고 그렇다면 최대한 빠르게 위에 보고해서 결과를 알려줄테니 그동안 다른 곳에서 제안을 받아 나간다는 얘기를 다른 직원에게는 말하지 말아달라고 부탁을 해야 한다. 자신이 나가려고 한다는 것을 다른 많은 직원들이 알게 될수록 마음을 돌리기 더 힘들어진다. "당신처럼 일 잘하는 사람을 잃는 것은 나나 부서나 회사 모두에게 마음 아픈 일이다. 다른 회사에서 제안받은 조건의 수준과 같은 대우를 해줄 수 있도록 노력해 보겠다"라고 말하자. 그래야 어쩔 수 없이 직원이 떠나게 되더라도 관리자가 최선을 다해 노력했으며 그 직원에게 진심어린 관심을 보였다는 점이라도 인식시켜 줄 수 있게 된다.

더 많은 급여를 주면 떠나지 않겠지라는 단순한 생각은 버려야 한다. 설령 급여를 인상해 줄테니 옮기지 말라는 제안을 받아들이는 직원이 있다하더라도 얼마 못가 그만 두는 경우도 많이 볼 수 있다. 왜냐하면 다른 직장을 알아보려고 마음먹은 이유가 돈이 아닌 다른 문제일 경우가 더 많기 때문이다. 돈은 임시방편의 수단일 뿐이다. 게다가 그 직원의 월급을 올려주게 되면 자기도 다른 회사에서 스카웃 제의를 받았는데 월급을 올려 주지 않으면 당장 다른 회사로 옮기겠다고 으름장을 놓는 직원들이 줄을 서서 기다릴게 뻔하다. 그게 월급을 더 받아 내는데 제일 쉬운 방법이라고 직원들이 잘못된 생각을 가지게 만들 수 있다. 직원들이 회사를 그만두는 이유는 돈 때문이 다가 아니고 일반적으로 관리자 때문에 생기는 불만 때문이다. 그렇다고 평균 이하의 직원들까지 떠받들고 살라는 얘기는 아니지만 일을 잘하는 직원은 그만큼의 대우를 해줘야 하며, 특히 일은 잘하는데 받는 월급은 동종 업계에서도 최하의 수준을 받고 있다면 소 잃고 외양간 고치지 말고 빠른 시간 내에 적정한 대우를 해줘야 한다.

돈으로 나가려고 하는 직원의 마음을 돌리려고 하는 단순한 생각은 때로 전혀 엉뚱한 반응을 불러오기도 한다. 예를 들어 "또 거짓말하고 있구나. 왜 지금까지는 가만있다가 이제서야 월급을 올려준다고 하는거야. 올려 줄거면 진작 줬어야지. 맨 날 회사에 돈이 없다고 징징거리더니 갑자기 내가 나간다고 하니까 돈이 생겼나보지. 짜증나네"라는 식으로 생각할 수도 있다.

그러한 일이 발생된다면 필히 회사 차원의 원인 조사가 들어가야 한다. 무엇을 잘못했는지, 미리 사전에 막을 수는 없었는지를 알아봐야 한다. 만약 그런 관리자가 필자의 밑에서 근무하고 있다면 "두번 다시 이런 일이 발생한다면 절대 그냥 넘어가지 않겠다"라고 말할 것이다. 밑에 있는 직원 하나가 그만둔다는 것은 단순히 한사람의 모습이 보이지 않는 문제가 아니라 그 직원들이 가졌던 열정과 에너지를 잃어버리는 게 더 큰 문제이다. 물론 어떤 직원은 눈 앞에서 사라지는게 여러 사람을 도와주는 일이 될 수도 있다. 그렇게 되면 일 잘하는 다른 직원으로 그 자리를 메꿀 수 있는 기회가 생기므로 하지만 일 잘하는 직원이 떠난다는 것은 그들이 가진 모든 것을 놓치게 된다는 사실을 항상 명심해야 한다.

일 잘하는 사람들의 특징

일 잘하는 직원들은 다음 세 가지 중 최소 한 가지에서는 남다른 강점을 가지고 있다. 가장 최고이며, 가장 최선이고, 가장 강한 한 가지를 말이다.

1 **동기** : 누구보다 더 열심히 일한다.
2 **재능** : 어떤 일이든 남보다 쉽게 마무리한다.
3 **경험** : 자신이 언제, 어떤 일을, 어떻게 해야하는지 잘 알고 있다.

뛰어난 직원은 어느 회사에서나 지위고하를 막론하고 찾아 볼 수 있다. 필자가 예전에 경험했던 일화를 하나 소개하자면 어느 날 일 때문에 어느 회사의 공장들을 차례로 방문한 적이 있었다. 그러던 중 세 번째 공장에 들어서자마자 깜짝 놀랐었다. 그 곳은 최고의 공장이라고 불리는 곳이었는데 하나의 거대한 전시물처럼 마치 관람용으로 만들어진 것처럼 보였다. 공정 과정에 따라 구획이 분명하게 나뉘어져 있었고 일반적으로 흔히 보는 그런 공장의 모습이 아니라 견학용으로 만들어진 것처럼 너무나 훌륭히 운영되고 있었다. 산업 재해를 막기 위한 작업 안전 시스템이 돌아가고 있었지만 무용지물이나 마찬가지일 정도로 어떤 문제도 발생하지 않았고, 그래서 다른 공장들을 위한 훌륭한 모범사례를 보여주는 모델의 역할을 하고 있었다.

공장 사무실 안으로 들어가자마자 곳곳에 퍼져있는 열정과 에너지를 느낄 수 있었는데 실수로 필자가 서류뭉치를 떨어뜨리자 여기저기서 그것을 주워주려고 직원들이 몰려들었다. 그런데 한 가지 특이한 점을 발견할 수 있었는데 그것은 곳곳에 사람이 직접 펜으로 쓴 표어와 문구가 여기저기 붙어있는 것을 보게 되었다. 그래서 이상해서 그곳 직원에게 "이거, 누가 다 이렇게 한 거에요?"라고 물어보자. 직원이 "조지가 책임자에요!"라고 대답했다. 당연히 필자는 조지라는 사람이 총 책임자이겠구나 했는데 직원들이 크게 웃으면서 총 관리자가 아니라고 말했다. 그럼 부서장 정도 되나 싶었는데 그것도 아니라고 하면서 "조지는 보수 관리일을 하고 있어요"라고 말하는 것이었다. 그들이 말해준 조지는 취업비자를 받아 시급을 받으며 일하고 있는 사람이었다. 한마디로 잡역부일을 하는 사람이었다.

그 말을 듣고 당장 조지를 만나보기 위해 달려갔다. 조지를 보자마자 들었던 첫인상은 다른 사람에게 "프리젠테이션 준비는 잘되고 있어? 금요일까지 해야 된다고 했지? 오늘 밤에 당신만 괜찮다면 연습할 때 같이 있어 줄 수 있는데..."라고 말을 할 것같은 사람처럼 보였고, 또 다른 사람에게 "다음번 보고서를 만들 때는 소수점 빼먹지 말고 잘 해야되!" 그리고 누군가 아파서 결근을 했던 사람이 출근하면 반갑게 맞이하면서 "좀 어때? 어제 정말 걱정 많이 했어. 괜찮아진 것 같아서 너무 다행이야!"라고 말할 것같아 보였다.

조지는 내게 왜 그런 슬로건과 배너를 만들게 되었는지 설명해주었다. "사람들이 판에 박힌 일만 하다보면 게을러지거나 불만이 많아질 수 있거든요. 그래서 그냥 조금이라도 도움이 될까하고 한겁니다. 그런거 붙이는 장소는 내가 다 관리하는 곳이거든요"

조지와 같은 생각으로 일을 하는 사람이라면 최고의 직원임에 틀림

없다. 그래서 지금보다 더 좋은 대우를 받을 수 있을텐데 왜 그러지 않냐고 물어봤더니 "당연히 회사에서 직급을 높여주겠다고 항상 말했지만 그럴 때마다 난 지금 하는 일이 너무 좋아서 다른 것은 관심없다고 했어요. 누구한테 일일이 지시를 받지 않아도 되고 내 스케줄은 내가 알아서 짜면 되고 나를 감시하는 상사도 없고 이 얼마나 완벽한 일입니까?"라고 말했다. 여러분의 주위에 있는 누군가가 "난 지금 하고 있는 일을 너무 사랑해요"라고 말한다면 그 사람은 분명 일을 잘하는 직원임에 틀림없다.

조지는 78세에 은퇴했는데 그의 은퇴 기념식에 3,500명이나 되는 사람들이 몰려들었다. 내가 가봤던 은퇴 기념식 중 가장 컸었다. 그가 입장하자 우레와 같은 기립박수가 쏟아져 나왔으며, 그 박수 소리는 내가 지금까지 참석했었던 어떤 대기업의 회장이나 사장의 은퇴 기념식에서 나왔던 박수 소리보다 더 뜨거웠다. 그 때의 분위기만 놓고 보면 조지는 그 어떤 회장이나 사장보다 더 큰 영향력을 행사했었던 경영진의 모습이었다. 한마디로 뛰어난 인재 그 자체의 모습이었다.

여러분도 조지와 같은 인재를 충분히 뽑을 수 있다. 최고로 높은 자리에 있는 사람 뿐 아니라 어디에서든 그런 사람은 존재한다. 모든 빌딩들이 땅 위에 세워지듯이 조직은 탄탄한 토대를 바탕으로 만들어진다. 만약 그런 토대가 없다면 빌딩이 무너지는 건 시간문제일 뿐이다.

여러분이 어쩌다 운좋게 뛰어난 인재를 채용했다면 그 다음에는 그런 사람에 맞는 대접을 해야 한다. "나는 그 직원만 특별하게 대해줄 수가 없어. 그러면 다른 직원들이 질투할 테니까"라는 말처럼 어리석은 말은 없다. 예전에 시카고 불스 농구팀의 한 선수가 필자에게 이런 얘기를 들려준 적이 있었다. 중요한 경기에 동점인 상황에서 마지막 작전 타임을 불렀는데 감독이 공을 돌리다가 마지막에 마이클 조던에게 슛을 던지라는 작전 지시를 내렸다. 그 팀이 항상 하던 그대로의 방식이었던 작전이었다. 그런데 그 순간 멋모르고 제멋대로 날뛰는 루키 하나가 "마이클에게 항상 마지막 슛을 쏘라고 하는데 이번에는 마이클에게 공을 넘기는 척하다가 내가 쏠께요"라고 말했다고 한다. 그 말을 듣고 감독이 화를 내면서 "네가 마이클 조던처럼 되면 그 때는 너보고 슛을 던지라고 할테니까 그때까지는 보고 배워"라고 소리쳤다고 한다.

결국 마이클 조던은 언제나처럼 승리를 확정짓는 슛을 던졌는데 그것처럼 뛰어난 인재는 승리를 위해 중요한 역할을 수행하는 사람이다. 마이클 조던처럼 말이다. 그런 마이클 조던을 루키 선수와 같이 취급한다면 결국 천하의 마이클 조던도 갓들어온 신입과 다름없어지게 되는 건 뻔한 사실이다. 혹시 지금이라도 주위에 멋모르고 날뛰는 신입 직원이 있다면 그들에게 일 잘하는 선배들을 보고 배우게 해서 언젠가는 그런 선배들처럼 되게 만들어야 한다.

만약 자신이 데리고 있는 직원 중 일 잘하는 직원에 대해 신경쓰지 않는다면 관리자나 회사나 똑같이 그렇게 대하고 있다면 그 직원은 이런 생각을 하게 된다. "내가 뭐하고 있는거지. 뭐 때문에 최고의 성과를 내기 위해 애를 써야 하는지 모르겠네. 이렇게 해서 얻는 게 아무것도 없는데 내 상사는 별로 신경쓰는 것 같지도 않고 그냥 평범하게 남들하는 만큼만 해야 겠다"라고 말이다.

일을 뛰어나게 잘하는 직원은 보통 다음과 같은 세 가지 특징을 갖는다.

뛰어난 평판을 가지고 있다　　보통 다른 직원들이 그런 사람들에게 찾아가 많은 도움과 조언을 구한다(회사 내부 뿐만아니라 다른 회사에서도 찾아온다). 그리고 일반적으로 가장 높은 연봉과 보너스를 받으며 스톡 옵션도 많이 받는다. 인사 고과 점수 또한 높다.

남들보다 뛰어난 결과를 보인다　　어떨 때보면 기적같은 일을 해내기도 한다. 자신이 할 수 없다고 판단되는 일까지도 처리할 수 있는 방법을 찾아낸다. 어떻게 그런 불가능한 일까지 해냈냐고 물어보면 보통 어렸을 때부터 불가능해 보이는 일을 해냈던 경험들을 가지고 있는 경우가 많다고 한다.

발전을 위해 끊임없이 노력한다　　현재에 절대 만족하고 안주하려고 하지 않는다. 항상 더 나은 자신을 만들기 위해 애쓴다. 이런 특징 때문에 평균이하의 관리자들에게 때로는 불평 불만자나 반항아로 낙인 찍힌다.

필자가 관리자라면 위에 열거한 특징들을 지닌 직원을 뽑아서 다른 사람들의 본보기로 삼게 한 다음 위의 세 가지 중 단 하나라도 그 특징을 본받았으면 하고 바랄 것이다.

뛰어난 관리자라면 대의명분을 가져야 한다

일반적으로 많은 사람들이 회사에 출근해 하루종일 근무를 하면서도 다른 직원들과 같이 일하고 있다는 생각을 하지못한다. 하루종일 일을 하면서도 팀을 이루어 일하고 있다는 사실에 대해 깊이 있게 인식하지 못한 채 그냥 일을 할 뿐이다. 그래서 뛰어난 관리자되기 위해서는 이런 사실에 대해 직시하고 있어야 한다.

하나의 공동체 안에 속한 구성원들은 모두 같은 방향을 동시에 바라보고 있어야 하는 게 마땅하지만 보통은 제각각의 방향을 바라보게 된다. 그렇다고 해서 그런 구성원들을 탓하는 것은 아니고 그들에게는 방향 제시가 필요하다는 점을 말하고 싶은 것이다.

그러므로 리더는 항상 어느 때나 우리가 가야할 방향은 이쪽이다라고 자신있게 알려줘야 한다. 설령 리더가 가리키는 방향이 틀릴 수도 있겠지만 그렇더라도 누군가가 앞장서서 책임감있게 끌고 가지 않는다면 직원들은 모두 제각각의 방향을 바라보며 오합지졸이 되기 싶다. 그래서 필자는 관리자가 "지금 막 새로운 정보를 접했는데 방향 설정을 다시 해야 될 것같아"라고 말하는 것은 잘못된 일이 아니라고 생각한다.

관리자라면 최소한 자신만의 입장과 방향성을 가지고 있어야 하기 때문이다. 그렇지 않고 "잠깐 기다려봐. 좀 알아보고 올께. 위에서 뭐라고 하는지 알아본 다음에 알려줄께"라고 말하는 관리자는 최악이다. 물론 그런 최악의 관리자들은 한결같이 알아보러 간다고 해놓고는 감감 무소식이다.

뛰어난 관리자가 되기 위해서는 누구나 존경할만한 대의명분을 가지고 있어야 한다. 때로는 그 무엇과 맞서는 모습을 보이기도 하고, 관리자가 푹빠져 몰입된 모습을 보이기도 할 때 직원들은 그 관리자에게 빠지게 된다. 직원들에게 자신있게 말할 수 있는 대의명분은 무엇일까?

뛰어난 관리자들은 의외로 아주 평범한 곳에서 그런 대의명분을 가지고 일을 하기도 하는데 예를 들어 연봉, 외상 매입금, 구매, 세금과 관련된 부분에서 말이다. 평범한 관리자와 뛰어난 관리자의 차이는 무언가와 정정당당이 맞서 싸우는 것이며 자신이 맡은 부서나 팀에게 특별한 무엇을 위해서 항상 애를 쓰려고 하는 점이다. 그들이 가지는 명분은 직원들을 자극시키며 최고의 인재를 끌어모으는 요소이기도 하다.

절대로 관리자는 직원들에게 허수아비나 앵무새같은 사람으로 보여서는 안된다. 그렇게 되면 아무도 열심히 일하려고 하지 않을뿐더러 아무 생각없이 출근해서 적당히 시간만 때우다가 월급을 받아가는 좀비처럼 만들 수도 있다. 그건 마치 12살짜리 아이에게 대여섯살짜리 아이들이나 할만한 놀이를 가르치는 것이다. 반대로 12살짜리 아이에게 고등학생이 해야하는 일을 하도록 만드는 것도 멍청한 일이다. 그렇게 된다면 아마 그 아이는 자신감을 잃어버려서 아무 일도 하지 못하게 될게 뻔하다.

필자는 이런 개념을 〈그림 8〉에 있는 '와우!' 그래프를 사용해 설명하곤 한다. 모든 직원마다 열정이 최고로 이르는 그 순간은 다르게 나타난다.

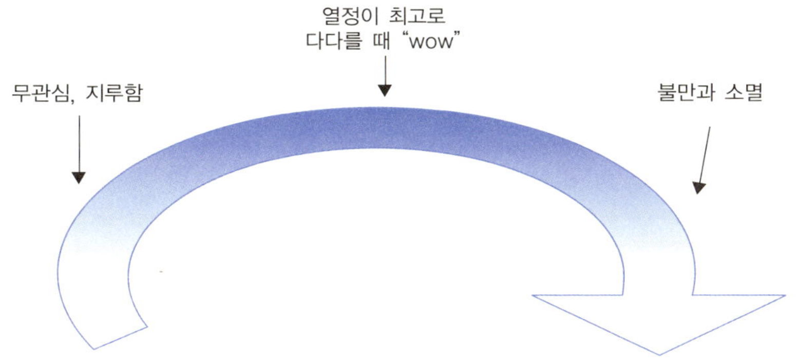

나폴레옹이 했던 말 중 "리더는 사람들에게 희망을 줘야한다"라는 말은 필자가 지금까지 설명한 말을 아주 잘 함축하고 있다. 사람은 누구나 자신이 품은 커다란 꿈이 실현되기 힘들다는 사실을 알고 있기 때문에 그 꿈으로 향하는 여정을 더 소중하게 생각할 필요도 있다. 예를 들어 올림픽 게임에 나가서 비록 금메달은 따지 못했더라도 최종 결승까지 진출해 당당히 세계 최고의 선수들과 겨뤄봤었다는 경험을 손자에게 자랑스럽게 얘기 해줄 수 있는 사람이 과연 몇 명이나 될까? 금메달을 따겠다는 목표를 가졌었기 때문에 가능한 일이 아닌가 싶다. 그렇기 때문에 아무도 하지 않았던 목표를 가지거나 전에 했던 사람들보다 더 좋게 하려는 목표를 가져야 한다. 누군가에게 기억되고 싶다면 목표를 크게 가져야 한다.

대의명분을 지녀라. 여러분이 열정을 다해 임할 수 있는 그런 대의

명분을 가져야 한다. 지금 당장 그렇게 해야 한다. 그런 대의명분은 밑에 있는 직원들이 관리자를 믿고 따를 수 있게 하는 것이어야 하고 그렇게 된다면 결국은 회사에게도 이득이 될 수밖에 없다. 반드시 자신이 한말에 책임을 지는 행동이 뒤따르는 모습을 보여줘야 한다. 말뿐인 말은 필요가 없다. 말에는 행동이 반드시 따라야 한다. 대의명분을 위해 자신을 희생시키는 모습을 보여주게되면 다른 직원들은 결국에는 관리자가 이끄는 데로 따라갈 수밖에 없게된다. 이때 경영진도 그런 관리자의 노력에 지지하는 모습을 보이는 게 중요하다. 직원들의 눈은 항상 경영진이 어떻게 나오는지 촉각을 곤두세우고 있기 때문에….

설득과 제휴

성과가 잘 안나오는 부서에서 일을 못한다고 생각되는 직원들을 데리고 일을 해야 할 경우가 생기면 무엇보다 먼저 동일한 목표를 향해 하나가 되어 나가게끔 분위기를 만들어야 한다. 그렇게 하는게 관리자의 임무이다. 그런 경우에 관리자가 "아직은 때가 아니야, 좀 더 시간을 가지고 기다려봐야 할 것 같아"라고 생각한다면 큰 오산이다. 지금 당장 방향 설정을 하는 것이 제일 좋다. 왜냐하면 방향 설정은 언제든 바꿀 수 있기 때문이다. 공동의 목표도 없이 그냥 내버려 두면 일 못하는 직원들은 자기 방식만을 고집하고 자기들끼리 싸우는 일이 태반으로 일어난다. 사공이 많으면 배가 산으로 가듯이 말이다. 만약에 관리자가 제시한 방향으로 가려고 하지 않고 자기 고집만 내세우는 직원이 있다면 "우리는 이렇게 가야한다. 정 내말을 안듣고 고집만 피운다면 그만두고 싶다는 뜻으로 알겠다”라고 강하게 얘기해야 한다.

관리자가 가지고 있는 명분과 비전과 미션과 같이 움직이려고 하는 직원과 그렇지 않은 직원의 차이점은 무엇일까? 그것은 다음과 같다.

◨ 관리자의 말을 듣는 직원과 듣지 않는 직원의 차이점	
관리자의 말을 들으려고 하지않는 경우	관리자의 말을 따르는 경우
오로지 돈만을 위해 일한다	명분을 가지고 일을 한다
업무 외적인 곳에서 만족을 갖는다	업무 그 자체에서 만족을 찾는다
시간만 때운다	자신의 시간과 에너지를 어떻게 사용할지를 중요하게 생각한다
회사에 대한 공헌도에 대해 깊이있게 생각하지 않는다	자신의 노력이 회사를 위해 어느 정도 필요한지에 대해 알고 싶어 한다
직장이라는 것은 단순히 일하는 곳이라고 생각한다	직장에서 일한다는 것은 반드시 결과가 있어야 한다고 생각한다

관리자가 정한 목표를 달성하기 위해서는 직원들에게도 특정한 목표를 가지도록 해야 한다. 필자가 하나의 방법을 추천한다면 부서나 팀의 공동 목표를 달성하는 것과 직접적인 관계가 있는 것을 ‘A’라고 하고, 일상적인 업무와 관련된 것은 ‘B’ 그리고 짧은 시간에 일을 얼마나 잘 처리하는지를 ‘C’라고 분류해서 직원들의 성적을 매기는 것이다. 그래서 ‘A’에 해당하는 점수는 가장 높은 5점, ‘B’는 3점, ‘C’는 1점을 줘서 매주 점수 집계를 해서 개개인별 그리고 부서나 팀 전체의 현황을 볼 수 있게 하는 것이다. 시간이 지나면서 전체적인 결과가 향상될 수 있을 것이라고 장담한다. 각각의 직원들에게는 시합같이 느껴질 수도 있는데

자연적인 경쟁이 벌어지게 된다면 더 좋은 결과를 이룰 수 있는데 도움이 된다.

같이 일하고 있는 직원들 외에 다른 사람들의 도움이 필요한 경우도 많은데 윗상사나 동료 관리자, 다른 부서에 있는 직원들로 아이디어나 정보, 리소스 등을 말해 줄 수 있는 사람들이다. 그런 사람과 협력관계를 확실히 하는게 좋다. 짬짬이 시간을 내어 그들과 미팅을 하고 근무 중 찾아가 보기도 하면서 아이디어를 공유해야 한다. 자기 일이 아니면 쉽게 잊어버리기도 하고 신경을 많이 못쓰기 때문에 계속적으로 알려줘야 한다.

한편으로 현상 유지가 최고라고 생각하는 직원들에게는 귀찮고 번거로운 일처럼 비춰질 수도 있다. 질투심이 많은 사람들이 일반적으로 그렇게 생각하기 때문에 강하게 반발하는 경우도 있고 불만으로 가득찬 동조 세력을 만들려고 하는 직원들도 있는데, 그런 사람들을 어떻게 처리해야 할지에 대한 계획을 분명히 가지고 있어야 한다. 절대 그런 사람들을 대수롭지 않게 생각해서는 안된다. 어떻게 하든 그런 사람을 동조자로 만들어야 하기 때문에 중요한 회의나 미팅 때 가급적 참석해서 구체적인 상황에 대해 알게끔 만들어야 한다.

필자가 예전에 군중 심리에 관한 실험에 한번 참여한 적이 있었는데 그 실험은 사람을 어두운 방안으로 데리고 간 다음 레이저 포인트를 이리저리 움직인 후 레이저 포인트가 움직인 거리가 얼마정도 되는지를 사람들에게 물어보는 것이었다. 하지만 사전에 그 실험 내용을 알고 있는 몇 명을 그 실험 대상자들 사이에 끼워넣고 같이 실험에 참여하게 만든 다음 그 사람들에게 큰 목소리로 실제 움직인 거리보다 더 많이 움직였다고 이구동성으로 말하게끔 시켰다. 그 결과 아무것도 모르는 실험 대상자들은 목소리 큰 몇 명이 말하는 게 다 맞다고 생각하고 그들과 같은 목소리를 내었다. 똑같은 실험을 몇 번이고 반복해도 결과는 항상 목소리 큰 사람들에 의해 조작되었다.

또 다른 비슷한 실험으로, 사람들을 모아놓고 미국의 초대 대통령이 누구냐고 물어봤을 때 이번에도 목소리 큰 사람들이 서로 나서서 토마스 제퍼슨이라고 하면 나머지도 수긍을 하는 모습을 보이면서 가만히 있는다. 나중에 그 실험 내용을 말해주고 사람들에게 왜 정답이 그게 아니라는 걸 알면서도 가만히 있었냐고 물어보면 대부분은 "정답이 조지 워싱턴이라는 건 알았지만 여러 사람 앞에서 혹시라도 바보가 되지 않을까 걱정되서 가만히 있었어요. 그래서 그냥 남들이 가는데로 따라갔는데요"라고 말했다. 그래서 리더는 항상 모든 사람들에게 확신을 심어주기 위해서 얼굴을 마주보며 얘기 할 수 있는 시간을 많이 가져야 한다. 그렇기 때문에 관리자가 좀 더 현명하다면 여럿이 모인자리나 미팅, 회의에 가급적이면 한사람이라도 빠짐없이(특히 불만이 많고 질투심이 많은 직원) 참석하도록 해야 한다. 그렇게 되면 불만이 많은 직원도 결국은 군중 심리에 의해 여럿이 가는 곳으로 따라가게 될 수도 있기 때문이다.

관리자의 대의명분과 비전과 사명을 좀 더 쉽게 달성하기 위해서는 회사가 어느 정도까지 힘을 실어줄 수 있는지, 바뀌어야 하는 회사 정책과 절차들이 어느 정도인지, 직원들이 꼭 배워야 할 기술이나 새로운 지식은 무엇인지 등에 대해서 신중히 고려해야 한다. 그러한 것들은 소잃고 외양간 고치기 전에 미리 생각을 하고 대비를 하고 있어야 한다. 전과는 다르게 하거거나 아니면 전혀 색다른 시도를 해야 된다고 생각한다면 사전에 필요한 것들에 대해서 어떻게 하든 조치를 취해놔야 한다.

뛰어난 관리자는 긍정적이며 희망적인 비전을 가지고 있어야 하며 공동의 관심사가 얼마나 충족되는지에 대해 신경을 쓴다. 관리자의 의무와 책임은 몇 번을 강조해도 모자를 정도로 가장 중요하다. 자신의 말을 책임지기 위해 어떤 것도 희생할 각오가 되어 있어야 하고 마치 대의명분을 위해 전쟁터에 나가 목숨을 걸고 싸우는 군인처럼 되어야 한다.

실천편 _Just Do It

최고의 인재를 뽑아서 관리

관리자는 자신의 업무 분야에서 발전적인 비전을 가지고 있어야 하며 그 비전은 회사와 직원 양측 모두에게 인정받아야 한다. 그리고 다른 부서나 회사, 관련 학교 등 도움을 받을 수 있는 곳에 지속적인 유대 관계를 형성하고 있어야 한다. 말은 가급적 짧으면서 요점만 말하는 것이 도움이 되는데 나이키의 광고에 나오는 "Just Do It"처럼 단 세 단어만으로도 상당히 많은 것을 얻을 수 있다는 것을 기억해야 한다.

- 정기적으로 직원들과 미팅 시간을 가지면서 관리자의 비전에 대해 심도있는 대화를 나누어야 하며, 그때마다 진행된 일들에 대한 평가와 새롭게 시작하려는 일들에 대한 아이디어 회의를 가져야 한다.

- 한번 뱉은 말은 반드시 실행에 옮겨라. 말에 대한 책임이 따르지 않는다면 상대방도 거기에 맞춰 성의없는 자세를 보이게 될 것이다. 실천 계획을 매일, 매주, 매달, 분기별로 나누어 하고 결과를 체크해야 한

다. 성공의 열쇠는 열의와 책임이라는 사실을 잊지말자.

• 중요한 핵심 직원을 먼저 자기 편으로 만들어라. 오피니언 리더와 기술적인 경험이 풍부한 직원들은 일반적으로 다른 직원들이 잘 따르기 때문에 그들에게 많은 도움을 받을 수 있는 여건을 만들어야 한다. 자기 편으로 만들 수 없을 때는 차라리 이직을 권하는 경우도 고려해 봐야한다.

• 관리자의 비전과 전략적인 목표를 향해 열심히 하는 직원들은 공개적으로 칭찬과 보상을 아끼지 말아야 한다. 때로는 영웅처럼 대해 줄 필요도 있다. 반대로 반대의 목소리를 내거나 관리자의 말에 잘 따르지 않는 직원은 관리자의 지시사항을 분명하게 명문화시켜 놓고 그것을 어겼을 시 합당한 징계 절차가 따라야 한다.

• 일 잘하는 직원과 그렇지 못한 직원의 유형을 잘 파악하고 있어야 똑같은 실수를 하지 않게 된다. 그리고 더 나아가 일 잘하는 직원만을 뽑을 수 있는 능력을 가지게 된다.

• 새로운 직원을 채용할 때 기존 직원들과 함께 고민해 보는 것도 좋다.

• 새로운 직원이 들어오면 오리엔테이션 과정을 좀 더 효율적으로 향상시킬 수 있는지 고민해 봐야한다. 뛰어난 직원으로 만들고 싶다면 좀 더 세심하게 신경을 써서 더 많은 관심을 보여야 하고 계획적인 업무

습득 스케줄을 만들어 놔야 한다. 그렇지 않으면 아무리 뛰어난 인재라 해도 평범한 직원처럼 될 가능성이 높다.

• 회사 내에서나 외부에서나 뛰어난 잠재 능력을 가지고 있는 사람이 있는지 항상 안테나를 세우고 다닐 것. 당장은 필요없더라도 누가 최고의 적임자 후보인지를 파악하고 있는 게 도움이 된다. 어쩌다가 너무 놓치기 싫은 인재를 만나게 되었다면 당장 빈자리가 없는 상태라 하더라도 채용을 하는 것도 심각하게 고려해 볼 필요가 있다. 그렇게 되면 만약의 사태가 벌어져 업무 공백이 생기는 것을 최소화 시킬 수 있는 방법이 될 수 있다. 또 순환 업무제를 도입하는 것도 한번 생각해보자.

　　최고의 관리자가 되기 위해서는 항상 두 가지 측면을 고려해야 한다. 하나는 회사의 요구 조건을 만족시켜야 하는 것이고 또 다른 하나는 직원의 요구 조건을 충족시켜야 한다는 것이다. 그 둘 중 하나만 잘해서는 절대 좋은 관리자가 될 수 없다. 둘 중 하나도 못한다면 다른 자리를 알아봐야 하고 정말로 아무짝에도 쓸모없는 관리자가 된다.

Section Ⅲ

업무능력과 책임감을 키우려면

필자가 예전에 한 회사의 인사 담당 부장으로 근무할 때 제조 공장을 방문한 적이 있었다. 그곳에서 공장 내 인사를 담당하는 관리자에게 최고의 사원으로 뽑힌 직원이 누구인지를 물었었는데 때마침 걸려온 전화 때문에 자세한 얘기를 하지 못하고 중간에 멈출 수밖에 없었다. 그래서 필자가 조급한 마음에 전화를 받고 있던 인사 담당 관리자에게 말도 안하고 그 직원에게 직접 축하한다는 말을 전하고 싶어 그 직원을 찾아 갔다. 역시나 일 잘하는 직원들처럼 그 직원도 똑같은 반응을 보였다. "정말이요? 뜻밖이네요. 생각도 못했는데. 다른 얘기는 못들으셨나 봐요?"라고 그 직원은 말을 했다. 이것저것 그 직원에게 물어보자 그는 자부심으로 가득찬 얼굴로 지금까지 일을 어떤 식으로 해왔는지 자세하게 설명해 주었다.

그래서 필자는 그 직원에게 앞으로도 계속 회사를 위해 열심히 일해달라고 당부의 말을 하고는 다시 그 공장의 인사 담당자에게 돌아갔다. 그리고 프레드를 만나고 왔다고 말하자, 그 인사 담당자는 황당해 하면서 "최고의 사원으로 뽑힌 사람은 프레드가 아니라 톰인데. 사람을 착각하셨네요. 더구나 프레드는 여기서 일을 제일 못한다고 소문난 직원이라 조만간 해고시킬려고 하는 사람인데…."라고 말을 했다. 거기에 더 이상 머무를 시간적인 여유가 없어서 할 수 없이 내가 사람을 착각했구나라는 생각만 하면서 본사로 돌아왔다.

그 일이 있고 난 뒤 3주 후쯤 그 공장의 인사 담당자에게 전화가 걸려왔다. 그녀의 첫마디는 프레드가 최악에서 최고로 변했다는 말이었다. "부장님! 프레드에게 뭐라고 말씀하셨어요? 뭐라고 하셨길래 사람이 그렇게 변할 수 있는거죠?" 그 말에 필자는 그냥 단순한 몇마디 해준 것밖에 없다고 말했지만 전화를 끊고 난 후 곰곰이 생각을 해봤다. 내가 한 일이라고는 프레드에게 가서 일을 너무 잘해서 최고의 사원으로 뽑힌 것을 축하한다는 말 뿐이었다. 프레드에게 호의를 가지고 칭찬을 해준 사람이 내가 처음이었기 때문에 가능한 일이었을까? 프레드가 했던 말을 기억해 봤지만 별다른 말이 없었다. 자신이 대접받는 그대로 반응을 보이는 것일까? 만약 그렇다면 마술같은 법칙들을 발견할 수 있을 것이라고 생각하고 자료를 찾아보기로 마음을 먹었었다. 그때 찾아봤던 자료들을 지금부터 같이 한번 살펴보도록 하자.

자기충족적 예언

정말 마술같은 일이었을까? 자기충족적 예언(Self-Fulfilling Prophecy)이라는 말은 미국의 사회학자 로버트 K. 머튼이 처음 사용했으며 '피그말리온 효과'라고도 하는데 이것은 그리스 로마신화에서 유래한다. 젊은 조각가였던 피그말리온(Pygmalion)은 결점이 하나도 없는 이상적인 여인상을 만들고 싶어서 수차례의 시도 끝에 갈라테아라는 아름다운 처녀 조각상을 만들었다. 그런데 그 조각상이 너무 눈부시게 아름다워 그만 피그말리온은 자신이 만든 그 조각상과 사랑에 빠지게 되었다. 그래서 하루는 비너스 여신에게 갈라테아에게 생명을 불어 넣어달라고 기도를 하였고 마침내 그 소원이 이루어져 그 둘은 행복하게 살게 되었다고 한다. 이 신화로부터 유래되어 타인의 기대나 관심으로 인하여 능률이 오르거나 결과가 좋아지는 현상을 피그말리온 효과라고 하며 심리학 용어로 로젠탈 효과, 자성적 예언, 자기 충족적 예언이라고도 한다.

그 후 영국의 극작가 버나드 쇼에 의해 피그말리온이라는 희극으로 만들어지기도 하고 다시 마이 페어 레이디라는 뮤지컬로 만들어졌다. 그 작품의 줄거리는 H. 히긴스라는 교수가 런던에서 꽃 파는 가난한 소녀 일라이자의 심한 사투리를 고쳐 귀부인으로 만들겠다고 장담하고, 억양을 바로잡아 사교계로 내보내는 데 성공한다. 그러나 일라이자는 히긴스가 학문적 실험의 성공에만 도취되어 자신을 이성으로 상대해 주지 않자 그의 곁을 떠난다는 간단한 줄거리이다.

여기서 알아야 할 중요한 사항은 그 작품 속에서 여 주인공이 했던 말이다. "사람들이 나를 꽃 파는 여자로만 대하면 꽃 파는 여자 밖에 될수 없다. 하지만 교양 있는 숙녀로 대한다면 교양있는 숙녀가 될 수도 있다"라는 것으로 여주인공이 한번 교양있는 숙녀로 대접받고 난 다음에는 계속 사람들에게 그런 대접을 받을 수 있도록 행동한다는 것이다.

피그말리온 효과를 통해 우리가 참고해야 할 것은 뛰어난 관리자가 되기 위해서는 직원들에게 긍정적인 자기 암시를 주어서 능력을 향상시킬 수 있도록 해야한다는 점이다.

- 능력이 없는 관리자는 직원들이 가지고 있는 자신감조차 잃어버리게 만든다.
- 괜찮은 관리자는 직원들에게 자신감을 불어 넣어준다.
- 뛰어난 관리자는 직원들에게 직원 스스로가 자신감을 가질 수 있게 해준다.

자기충족적 예언의 개념은 다음과 같이 크게 네 가지의 기본 원칙으로 요약할 수 있다.

1 어떤 사람이나 일을 내 자신이 바라는 대로 만들 수 있다.
2 다양한 암시를 통해 타인에게 자신이 원하는 것을 계속 전달해 줄 수 있다.
3 사람은 옆에서 계속 암시를 주게 되면 거기에 걸맞는 행동을 하려는 경향이 있다.
4 처음에 생각했던 결과를 결국은 얻게 된다.

지금까지 설명했던 것들에 대해 아직도 믿지 못하겠다면 또 다른 연구 결과를 한번 보자.

1968년 미국의 심리학자 로젠탈(Robert Rosenthal)과 제이콥슨 (Lenore Jacobson)은 한 초등학교에서 20%의 학생을 무작위로 선정해 추린 다음 교사들에게는 지능이 높은 아이들이라고 거짓으로 말하고 그들에게 아이들을 교육시키게 했다. 물론 교사들은 속사정을 모른 채 공부를 잘하는 아이들이라고만 생각하고 아이들을 가르치기 시작했고 교사들은 머리가 뛰어난 아이들이니까 학업 성적도 월등히 높아질 수 있을 것이라고 내심 기대를 했다. 약 1년 뒤 그 아이들의 지능검사를 다시 했을 때 다른 반에 있는 아이들보다 평균적으로 IQ가 4점이나 더 높게 나왔다. 무작위로 선정되었기 때문에 원래 공부를 잘하는 아이들로만 이루어진 것도 아니었고, IQ가 높은 아이들로만 이루어지지 않았음에도 1년 뒤 그런 결과가 나온 이유는 무엇일까? 머리가 똑똑한 학생이라고 생각하고 교사들이 그렇게 대했기 때문에 더 똑똑해졌던 것일까? 물론이다. 원래부터 똑똑한 아이들이라고 생각한 교사들이 그 학생들을 더 좋게 대하고, 더 많은 관심을 보이고, 더 크게 격려를 해주었기 때문이다. 학생들은 선생님으로부터 그런 대우를 받았기 때문에 선생님의 관심에 부응하기 위해 더 열심히 공부했으며 그로인해 더 좋은 결과를 보였던 것이다. 평범한 아이들을 똑똑하게 만드는 것은 그들을 대하는 선생님의 자세와 관심과 배려에 따라 그런 결과가 나온다는 것을 기억해야 한다.

로젠탈이 했던 또 다른 실험은 심리학 강의를 듣는 학생들에게 미로를 굉장히 빠르게 빠져나올 수 있을 정도로 지능이 높은 새로운 종의 쥐를 만들기 위해 연구중에 있다고 거짓으로 말하면서 학생들 중 절반에게는 미로에서 길을 잘 찾는 쥐라고 얘기하면서 줬고, 나머지 절반의 학생에게는 미로에서 길을 잘 잃어버리는 쥐라고 얘기하면서 주었다. 물론 양쪽 학생들에게 나누어준 쥐는 무작위로 뽑아서 준 실험용 쥐였다. 얼마 후 두 학생들이 실험하고 있던 쥐를 가지고 미로찾기를 했을 때 미로를 잘 찾는다고 하면서 주었던 쥐들에서는 11%, 미로에서 길을 잘 못찾는다고 하면서 주었던 쥐들에서는 29%가 미로 입구에조차 들어가지 못했다. 쥐들은 학생들이 어떤 태도를 가지고 실험에 임했냐에 따라 그대로 행동으로 보였을 뿐이었다. 미로를 잘 빠져나가는 쥐들이라고 알았던 학생들은 쥐들에게 웃으면서 얘기도 하고 격려의 응원 속에 그렇게 다루었다. 학생들은 처음부터 영리한 쥐니까 연습시키기도 쉽고, 더 좋은 방향으로 발전될 것이라는 선입견을 가지고 있었던 것이다.

다음에는 1911년 독일인 수학자였던 빌헬름 폰 오스텐(Wilhelm Von Osten)이 소유했었던 영리한 한스라고 불렸던 말에 대해 알아보자. 한스는 그 당시 세상을 깜짝 놀라게 했었는데, 예를 들어 말 앞에서 2 더하기 3은 뭐냐고 물어보면 말굽으로 다섯 번을 두드려서 정답을 맞췄다. 아무도 어떻게 그게 가능할 수 있는지 알 수 없었다. 주인도 우연히 그 사실 알게 되었으며 어떠한 연습도 시키지 않았었다고 했다. 연구원들이 그 신기한 말에 대해 조사를 하기 시작했다. 첫 번째로 발견한 사실은 질문자가 한스가 정답을 맞출 것이라는 기대심을 가지고 물어봤을 때만 영리해졌고 반대로 질문자가 못믿겠다는 식으로 접근한다면 한스는 전혀 영리하지 못한 보통 말이 되었다. 그리고 한스가 질문하는 사람들을 보고 있다는 사실도 알아냈다. 이런 것을 바탕으로 한스는 눈치가 빠른 말이라는 사실을 밝혀냈다. 그래서 주위 사람들의 반응을 보면서 말굽으로 두드리거나 멈추는 것이라고 결론지었다. 문제를 내고 정답을 맞추는 모습을 보고 싶어하는 사람들의 반응들, 예를 들어 눈썹이 올라간다거나 콧구멍이 넓어진다거나 하는 등의 무의식적인 행동을 보면서 한스가 말굽을 더 두드리거나 멈추거나 하는 것이다. 그렇기 때문에 한스의 능력을 믿지 않는 사람들에게는 그런 반응이 없었기 때문에 한스는 정답을 맞출 수 없었던 것이다. 우리가 상대방에게 자신도 모르게 주는 무의식적인 단서들을 사람이던 동물이던 받아들인다는 사실을 알 수 있다.

관리자들이 자기 밑에 있는 직원들이 일을 못하고 책임감도 없다고 탓하는 것은 단순히 운이 없어서거나 팔자려니 하고 생각해야 될 문제가 아니다. 직원들 탓이라고 말하는 관리자들은 일반적으로 자신은 아무 문제없이 잘 하고 있는데 직원들이 문제라고 말들을 한다. 또 자신의 직원들은 일을 아주 잘하고 책임감도 많다고 얘기하는 관리자가 있다면 그 역시 관리자인 자신이 일을 잘해서 그렇다고 생각한다. 직원이 일을 잘하던, 못하던 관리자는 계속 아무 문제없이 잘하고 있다고 생각하고 단지 직원이 문제라고 생각한다. 하지만 정말 그런 것일까?

관리자의 차이가 직원의 차이를 만들어 내는 것이다.

아주 단순한 사실 하나는 인간은 누구나 자신이 어떻게 대접받는지에 따라 그렇게 행동하게 된다는 것이다. 예를 들어 청소년에게 "넌 나이값도 못하고 뭐 하나 제대로 하는게 없어"라고 계속 말한다면 그 아이에게 그런 방향으로 가도록 몰아가는 것이고 반대로 "정말 훌륭하구나! 네가 마음먹은 일은 반드시 해낼 수 있을 거야"라고 진심어린 말을 하게 된다면 그 아이 또한 그런 방향으로 자라날 수 있게 영향을 주는 것이다. 그래서 최종적으로 사장에게 "나는 처음부터 잘 해낼거라 믿었어. 아주 훌륭해!"라는 말을 듣기를 바란다. 하지만 현실의 모습은 불행하게도 그렇지 못하다. 불행하게도 우리 주위에는 직원을 못믿고, 직원 험담만 늘어놓고, 책임감도 없는 모습을 보여주는 그런 관리자를 만나 거기에 맞게 일을 못하는 직원으로 변하는 사람들이 많다. 그리고 결국에는 사장에게 "거봐, 처음부터 내가 그렇게 될지 알았어. 혹시나 하고 기대한 내가 잘못이지"라는 말만 듣게 된다.

위에서 얘기했던 학생과 선생님, 학생과 쥐들, 질문자와 말처럼 관리자들은 직원의 성공과 실패에 대한 열쇠를 쥐고 있다. 흔히 일을 아주 잘하고 잠재 능력이 높은 직원들을 보면 태어날 때부터 그런 재능을 가지고 있었던 것은 아닐까하고 생각해본 적이 있을 것이다. 그런 직원들은 종종 여러 가지 업무가 주어지기도 하고 특별 프로젝트에 참여하라는 지시를 받는다. 최고 경영자들은 항상 그런 직원들에게 세심하고 특별한 관심을 보여주며 배려를 한다. 그렇기 때문에 그런 직원들은 다양한 경력과 경험을 쌓을 수 있게 되는 것이다. 이제는 그런 직원들이 태어날 때부터 재능을 가지고 있었다고 생각하는가? 답은 그럴 수도 있고, 아닐 수도 있다가 맞는 말이다. "내 눈으로 직접 봐야 믿겠어"라는 것과 "내가 먼저 믿어야 볼 수 있어"라는 말 중 어느 게 더 옳다고 생각하는지는 관리자 스스로 생각해봐야 한다.

중요한 사람이라는 인식을 심어줘라

관리자가 직원에게 당신은 중요한 사람이라는 인식을 심어주면 응당한 보상을 받게 된다. 약 1년 전쯤에 젊은 관리자가 내게 찾아와 자신 밑에 있는 나이 많은 직원과 문제가 있어서 고민이라는 말을 한 적이 있었다. "그 직원은 몸이 자주 아파서 종종 일을 제대로 하기 힘들다고 하소연을 한다. 그래서 그 직원을 생각해서 근무중에 많이 힘들면 언제든지 괜찮으니까 걱정하지 말고 좀 쉬라고 했어요. 그랬더니 어느 날부터는 나가서 안들어오는 시간이 더 많아졌는데, 도대체 뭘 하는지 모르겠어요"라고 말했다. 그래서 필자는 그 젊은 관리자에게 그 직원이 아마 당신 말에 대해 오해를 하고 있는게 분명하다고 말했다. 그러자 그 젊은 관리자는 그게 도대체 무슨 말이냐며 의아해 하길래 다음 번에 그 나이 많은 직원이 혹시 또 몸이 아프다고 하면 "우리에게는 당신이 꼭 필요해요. 우리에게 너무 중요한 사람이라 당신이 없으면 일이 제대로 돌아가지를 않아요. 고객들도 당신만 찾고, 당신 일을 다른 사람이 대신 할 수도 없네요"라고 말 하라고 했다. 그 뒤로 아무 연락이 없는 걸 보니 일이 잘 풀린 게 아닌가 싶다.

대부분의 관리자들은 자신을 중요한 사람처럼 보이게 만들기 위해서는 온갖 심혈을 다 기울이면서 직원을 중요한 사람으로 보이게끔 만드는 일은 하찮게 생각한다. 가끔가다 아주 자랑스럽게 "직원들의 생각은 필요없어! 어차피 내 방식대로 할거니까"라고 생각하는 관리자들도 있다. 누군가를 무시하게 되면 분명히 끔찍한 결과만 일어나게 될 것이다. 고대의 사회에서는 중죄를 범한 사람에게 죽은 사람처럼 살아야 하는 벌이 내려지면 마을 사람 모두 그 죄인을 유령처럼 대해야 했기 때문에 그 죄인은 살아있는 사람으로 취급받지 못해 결국은 이리저리 배회하다가 죽어야만 했다.

사람을 무시하는 것만큼 나쁜 일은 없다. 그건 마치 멀쩡한 사람에게 사형선고를 내리는 일이나 마찬가지이다. 아무리 뛰어나게 일을 잘하는 사람이라도 일을 성공적으로 잘 했는데도 아무도 알아주거나 신경을 쓰지 않는다면 결국은 자신이 일을 잘못했다고 생각하거나 열심히 일할 필요가 없다고 생각하기 십상이다.

누군가에게 백만불의 가치가 있다는 인상을 심어주기 위해서는 꼭 백만불이 없어도 가능한 일이다. 직원들은 단지 자신들이 하는 일이 윗사람에게 인정받고 있고, 제대로 평가받고 있다라는 사실만을 원할 뿐이다. 관리자들은 대개 "내 직원들은 정말 내가 얼마나 자기들을 끔찍이 생각해주고 있는지 알거야"라고 생각하지만 직원들에게 정말이냐고 물어보면 하나같이 그런 느낌을 받은 적 없다고 말한다. 물론 관리자와 직원 사이에 있는 어쩔 수 없는 갭도 있을 것이다. 일반적으로 관리자에게 직원들을 향해 어느 정도 칭찬을 해주고, 인정을 해주고 있는지 1부터 10사이에서 점수를 매겨보라고 하면 높게는 10점에서 보통 8점을 스스로에게 매긴다. 반대로 직원에게 관리자가 얼마나 칭찬을 해주고, 인정을 해주는지 점수를 매겨보라고 하면 평균적으로 4점을 준다. 관리자와 직원 사이라는 수직적 관계에서 오는 어느 정도의 갭은 필히 있을 수밖에 없다. 예를 들어 관리자가 "당신은 정말 이 프로젝트를 아주 잘 해냈습니다" 혹은 "결과가 아주 좋네요. 정말 놀랍습니다"라고 말한다면 직원에게 이상하게 들릴 만한 게 없다. 하지만 관리자가 "우리는 직원과 관리자 사이가 너무 격이 없어 아무 때나 편하게 농담도 주고받을 수 있으니까"라고 말하면 직원에게는 다른 식으로 받아들여 질 수도 있다. "저 사람은 맨 날 저렇게 빈정대면서 비비 꼬면서 말을 하냐. 얼마나 우리를 깔보면 저렇게 말을 하는거야"라고 말이다.

몇몇 관리자는 칭찬과 인정을 해주는 모습만 보여주면 성과급은 안 줘도 되겠지라고 생각하는데 정말 큰 오산이고 착각이다. 직원들에게 그건 성과급은 별개의 문제이다. 기대한만큼 받던, 기대 이하로 받던 아니면 기대 이상으로 받던지 해야한다. 아예 받지 못하게 된다면 공식적으로 무시당하는 느낌도 받을 수 있다.

관리자에게 있어 칭찬과 인정의 말은 언제든 어디서든 무궁무진하게 할 수 있는 최고의 특권이라고도 볼 수 있다. 어느 누구도 그런 특권을 가로챌 수도 없고, 훼방 놓을 수도 없다. 그냥 평범한 말 한마디 "고마워요"만 잘해도 된다. 중요한 것은 직원들이 공감하고 느끼고 인식할 수 있게끔 해야 한다는 점이다.

다음은 필자가 강연을 통해 알게 된 어떤 여직원에 관한 얘기이다.

"어느 날 저는 우연히 말보다 더 강력한 힘을 가지고 있는 게 무엇인지 깨달았습니다. 18명의 부서원으로 이루어진 한 팀을 맡게 되었는데 모두들 저보다 나이가 많은 남자들이었습니다. 그 직원들은 여자 상사와 처음으로 일을 해보게 된 사람들이라 처음부터 저를 무시했기에 너무 힘들어서 회사를 그만두려고까지 했습니다. 그러던 어느 날 회사 내 시스템에 중대한 결함이 생겼는데 저의 부서원 중 한명이 그 문제를 해결했고 그로인해 회사는 엄청난 손실을 입을뻔한 위기를 무사히 넘겼습니다. 그 직원에게 고맙다는 말을 하려고 했더니 벌써 퇴근하고 자리에 없길래 그 사람 책상위에 메모를 남겨놨습니다.

'당신이 오늘 했던 일에 대해 정말 고맙다는 말을 남깁니다. 당신 덕분에 일이 잘 처리됐고 회사와 우리 모두를 살렸어요. 정말 고맙고 감사합니다.'

다음 날 그 직원이 출근해서 그 메모를 보고는 눈을 의심했다고 합니다. 지금까지 윗사람에게 그렇게 진심어리고 순수한 칭찬과 격려의 말을 받아본 적이 없었기 때문에 너무 감격해서 다른 동료들을 불러 모아 그 메모를 보여주며 자랑했고 그 뒤로 저는 그 부서원들과 하나가 될 수 있었습니다. 그리고 그 뒤로도 저는 틈틈이 부서원들에게 편지나 메모를 남깁니다."

글은 가장 강하게 메시지를 전달 할 수 있다!

관리자는 영업 사원들이 고객을 대할 때 하듯이 그렇게 직원이 원하는 게 무엇인지 빨리 감지해 내야 한다. 고객이 골프에 대해 관심이 많다고 하면 감사의 선물로 골프공을 줄 수 있고 비오는 날 우산을 가지고 오지 않았다면 새 우산을 사서 주는 게 멋진 감사의 선물이 될 수 있다.

직원에 대해 잘 모르겠다면 그들의 배우자나 친한 사람을 통해서 그들에게 어울리는 것을 찾을 수 있는 단서를 찾아낼 줄도 알아야 한다. 그리고 배우자에게 "남편분이 이번에 대단한 일을 해냈어요. 그래서 조그만 감사의 표시라도 하고 싶습니다"라는 말을 곁들이면 굉장히 큰 효과를 볼 수 있다.

어떤 누군가에게는 잘해서 주는 상이 때로는 전혀 도움이 안되는 경우도 있다는 사실도 명심하기 바란다. 예전에 어느 회사에서 매출을 높이기 위해 1등에게 일주일동안 바하마를 갔다올 수 있는 관광 상품을 내걸고 경품 행사를 진행한 적이 있었다. 1등으로 당첨된 사람은 도매점에서 시급을 받고 일하고 있는 남자였기에 기사거리로 최고여서 각종 언론 매체에 보도 자료를 보내고 케이블 방송과 인터뷰 스케줄까지 잡았다. 그리고 그 남자를 찾아가 1등에 당첨된 사실을 알렸지만 그 남자는 전혀 그 사실을 기뻐하지도 않았고 별로 관심도 없다는 투로 나와서 담당자들을 당황시켰다. 곤란에 빠진 담당자들이 계속 얘기를 하자 그 남자는 "나 혼자 도저히 갈 형편이 안되서 그래요. 아내가 며칠 전에 쌍둥이를 낳아 병원에 있고 어린 애가 셋이나 더 있어요. 일주일동안 바하마에서 휴가를 보낸다는게 정말 꿈같은 일이지만 현실적으로 불가능합니다. 차라리 절 도와주고 싶다면 1년치 기저귀를 무상으로 제공해줬으면 하는데요"라고 말했다. 이것처럼 어떤 사람에게 주는 상은 오히려 역효과가 날 수도 있다.

또 한번은 어느 회사의 사장이 직원들에게 일을 잘했다고 한턱 쏜다고 하면서 고급 레스토랑에 데리고 갔었다. "내가 이렇게 비싼 음식을 사주면 분명 좋아할거야”라고 생각했겠지만 어떤 일이 벌어졌을까? 그 식사에 같이 갔던 상당수 직원들이 그날 밥을 먹고는 체하거나 탈이 났다. 그 사장의 선물은 결국 직원들에게 고통만 안겨줬을 뿐이다. 이것처럼 어떤 사람에게 주는 상은 오히려 역효과가 날 수도 있다.

　　누군가에게 감사의 말이나 선물을 했을 때 상대방으로부터 “내가 이거 좋아하는지(혹은 정말 갖고 싶었는데) 어떻게 알았어요?”라는 말을 듣게 된다면 그 사람에 대해 관심이 많다는 뜻이기도 하다. 그런 말을 들을 수 있게 상대에 대해 무엇을 해줘야 제일 좋아할지 꼼꼼히 생각해야 한다. 직원들이 가장 좋아하는 것은 자신에게만 해당하면서, 자신만의 기념으로 남길 수 있는 것을 받았을 때이다. 예를 들어 보통 회사에서 장기 근속자들에게 기념품을 줄 때 아무런 문구도 없이 주는 경우가 많다. 그러면 받는 직원들도 아무 감흥도 없이 받자마자 서랍 깊숙이 처박아 놓는 것을 많이 볼 수 있다. 그래서 필자가 아는 어떤 사장은 그 기념품마다 직원의 이름과 함께 간단한 감사의 글을 적어 나누어줬다. 그러자 그걸 받은 직원들은 기뻐하면서 집에서 제일 잘 보이는 곳에 이쁘게 틀을 만들어 올려두었다.

　　지금까지의 얘기를 들으면서 아마 대부분은 이런 생각을 하고 있을 게 뻔하다. “나는 그리고 싶지만 회사에서 전혀 그렇게 하지를 않으려고 하니 문제야!” 다시한번 강조하지만 지금까지의 얘기들은 회사의 사장들에게 해당되는 얘기가 아니다. 관리자들이 할 수 있는 범주 내에서 할 수있는 일에 대해 얘기를 한 것이다. 또 만약에 회사 자체 내에 그런 시스템이 마련되어 있지 않으면 더 잘된 일일 수도 있다. 큰돈이 필요한 게 아니고 독창적인 생각이 더 큰 효과를 만들어 낼 수 있는 일이다.

코치의 중요성

일을 잘했다고 칭찬할 때 뛰어난 관리자는 앞으로도 계속 그렇게 할 수 있도록 노력하라는 당부를 잊지 않는다. 그런 관리자는 일반적으로 부하 직원이나 팀(부서)에 대해 높은 기대치를 가지고 있으며 직원들이 열심히 일하고 있다는 것에 대해 항상 고맙게 생각하고 있다는 것을 보여준다. 어떤 분야에서나 리더들은 항상 사람들에게 "그래, 넌 할 수 있어!"라는 말을 한다. 어떻게 보면 그들은 사람들이 자기 자신을 믿는 것보다 더 많이 옆에서 그 사람을 믿고 격려해준다. 직장 내에 있는 관리자를 육상 코치라고 비유를 해보자. 선수가 연습을 게을리 해서 기록이 안좋게 나온다면 선수에게 달려가서 "빨리 뛰어야 한다고 몇 번을 말했어. 도대체 뭐가 잘못된거야? 왜 내말을 듣지 않고 그러는건데? 더 열심히 할 때까지 계속 지켜볼거야"라고 화를 낼 것이다. 그렇다고 해서 둘 사이에 문제가 벌어지지는 않는다.

왜냐하면 코치나 선수나 둘 다 시합에서 우승하기를 바라는 마음으로 코치가 그렇게 얘기한다는 사실을 알기 때문이다. 또 시합에서 떨어진 선수에게 다가가 "괜찮아?"라고 물어봤는데 선수가 "코치님 실망시켜드려 죄송해요. 제가 잘 할 수 있다고 생각하고 열심히 가르쳐주셨는데 정말 죄송해요"라고 말하면 우리가 알고 있는 훌륭한 코치는 당연히 이렇게 말을 할 것이다. "괜찮아. 다음 시합에서 잘 하면 되니까. 내가 잘 못가르쳐서 그런가보다. 다음 시합을 위해 힘을 합쳐 열심히 한번 해보자."

　　이제 여러분 스스로에게 한번 물어보자. 가장 최근에 직원이 여러분에게 어떤 일에 대해 피드백을 달라고 요청했을 때 어떻게 했었나? 또 가장 최근에 직원이 실수를 했을 때 어떻게 했었나?

　　뛰어난 운동선수 뒤에는 항상 그들이 믿고 따르는 코치가 있으며 우승 트로피를 품에 안고 포기하고 싶을 때마다 옆에서 힘이 되어준 코치에게 감사하다고 말을 한다. 꾸준한 인내를 가지고 그들을 돌보며 안주하고 싶을 때마다 옆에서 채찍을 가했다고 말이다. 그런 코치와 운동선수는 어떻게 보면 이상적인 콤비가 아닐까 싶다. 운동선수들이 흔히 하는 말 중 하나는 "난 도저히 해낼 수 있을거라고 생각조차 할 수 없었는데 코치님은 내가 충분히 해낼 수 있는 능력을 가지고 있다고 했어요. 내가 잘 할 수 있을 거라는 걸 자기는 알고 있다고 하면서 말이에요"이다. 이것처럼 비즈니스 세계에서도 뛰어난 직원 뒤에는 항상 훌륭한 운동 코치와 똑같이 그들을 믿고 밀어주는 관리자나 멘토가 있다. 이제는 여러분이 그런 관리자가 되어야 할 때이다. 만약 직원 한사람에게라도 그런 존재가 된다면 그 사람은 관리자의 임무를 시작한 것이고 많은 직원들에게 그런 존재가 된다면 자신의 임무 이상으로 일을 훌륭히 하고 있는 것이다.

　　코치들이 자신이 코치인지 선수인지 분간을 하지 못하는 경우는 없다. 자신은 경기장 밖에서 조용히 지켜보고 있어야 한다는 것을 충분히 알고 있다. 만약 승부를 가름하는 중요한 상황에 코치가 답답하다고 직접 운동장으로 뛰어 들어가서 자신이 직접 페널티킥을 차겠다고 말한다면 선수들은 사기가 떨어지고 속으로 "그래, 항상 중요한 순간마다 나보고 경기장 밖으로 나가있으라고 하고 자기가 혼자 다 해먹어!"라고 말한다. 그렇듯이 문제가 생길 때마다 달려와 선수를 경기장 밖으로 내모는 관리자들이 우리 주위에는 상당히 많다. 경기장에서는 실제로 일어날 수 없는 일이지만 회사에서는 흔하게 벌어진다. 경기장에서 그런 일이 실제로 벌어진다면 그 코치는 경기를 지연시켰다는 이유로 벌금을 내야 할 것이다. 관리자는 직원으로 하여금 자신이 맡은 일을 끝까지 할 수 있도록 해줘야 한다.

상자 속에 숨은 직원을 끄집어 내라

인간은 모두 박스같은 상자 안으로 들어가 숨으려는 경향이 있다. 안전한 보호막처럼 편안함을 느낄 수 있는 그런 박스로 말이다. 혹자는 "왜 당신은 더 많은 일을 하지 않으려고 합니까?", "왜 당신은 더 크게 성공하려고 하지 않습니까?"라고 말한다면 상대방은 대부분 "내 잘못이 아닙니다. 다 때려치고 그냥 편안하게 박스에 들어와 있어요"라는 식으로 대답할지도 모른다. 때때로 강제적인 압박이 실제로 있기도 하고 말 뿐인 경우도 있다. 불평과 비난은 "상자에 숨어있기" 게임을 즐기는 직원에게 나타나는 병과 같은 증상이다. 그것은 마치 빙하기가 코앞에 닥쳐 멸망을 앞두고 있는 두 마리 공룡이 불평을 늘어놓고 있는 것과 같다.

그런 순간에 불평과 비난은 그들에게 결코 아무런 도움도 되지 않는다. 그들이 할 수 있는 것은 기후 변화에 적응해서 살아남거나 멸망하거나 둘 중 하나뿐이다.

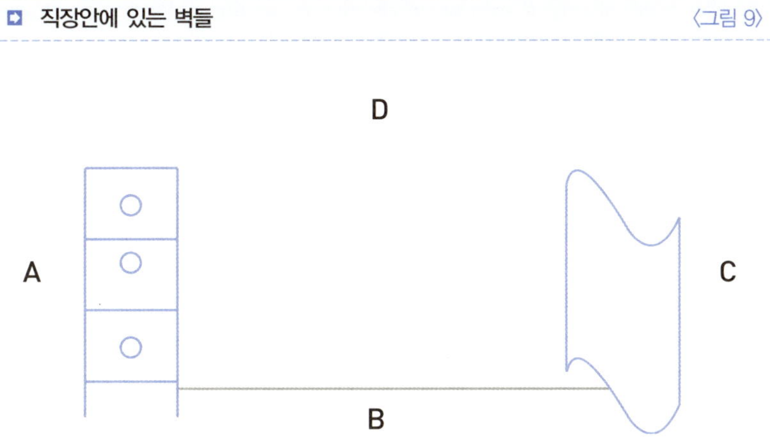

〈그림 9〉에 있는 A는 절대 움직일 수 없는 단단한 돌로 된 벽이다. 최고 경영진이 품고 있는 가장 근본적인 생각들로 구성되어 있어 절대 변할 일이 없기 때문에 A라는 벽을 깨부수려고 한다는 것 자체가 바보같은 일이다. 만약 무리하게 달려든다면 유혈이 낭자한 상처만 입게 될 뿐이다. A의 벽은 힘을 가진 자가 원칙을 만들어 낸다는 법칙이 적용된다.

B는 합판으로 되어 있는 비교적 단단한 벽이다. 하지만 누군가의 도움을 받는다면 충분히 깰 수 있다. 회사의 일부 정책이나 규칙에 위배되는 일을 해야 할 때 누군가의 승낙이나 도움을 구해서 B의 벽을 깨야 하지만 몇몇 관리자는 단 한번도 그런 모습을 보이지 않는다. 그때마다 전

임자나 다른 사람이 그렇게 해봤었는데 안됐다고 핑계를 대면서 말이다.

　　C는 단단하게 보이지만 실제로는 그렇지 않아서 혼자서도 밀쳐낼 수 있을 정도이다. 하지만 문제는 많은 사람들이 시도조차 하지 않으려고 한다는 것이다. 마치 장애물 경주에 참가한 선수가 "다리에 자꾸 뭐가 걸려서 뛸 수가 없었어"라고 말하는 것과 같다. 직장에서의 상황을 비유해보자면 관리자가 "이거 때문에 내가 담당 부서에 직접 가보기는 그렇잖아. 그 사람들이 나한테 와야지"라고 말하는 것과 같다.

　　D는 모든 사람들이 좋아하는 것으로 아무것도 없다. 주로 각자의 마음속에서 자리하고 있는 것으로 추측과 루머들로 되어있다. 좋은 관리자 되기 위해서는 직원들이 뒤에서 수근거리는 그런 쓸데없는 말들을 없애야 한다. 다음 예는 필자가 직접 경험했던 얘기들로 서로 다른 회사에서 일어났던 세 가지 경우의 대화이다.

｜새로운 것에 시도조차 하지 않는 경우

필자　일할 때 불편한 거 없나요?

직원　글쎄요. 뭐 별다를 게 있나요. 있다해도 달라질 것도 없는데…

필자　왜 그렇게 말을 하죠?

직원　아직 잘 모르시나 본데 다 소용없는 일이에요.

필자　달라질 수 있게 시도는 해봤나요? 아니면 그렇게 해보려고 했던 직원은 있었나요?

직원　어떻게 될지 뻔한데 굳이 할 필요가 있나요. 그렇게 해보려고 했던 직원도 있긴 한데…

필자　그 직원들은 어떻게 됐죠?

직원　아직까진 괜찮은데 그래도 언제 짤릴지 모르죠.

| 대답을 못하면 상사한테 깨질거야

필자	부서에서 변화해야 한다고 생각하는 일이 있나요?
직원	글쎄요 모든 일들에 대해 다 알고 있어야 하는게 좀 바뀌었으면 좋겠어요.
필자	왜 그렇게 생각하죠?
직원	여기에서는 어떤 것이라도 훤히 꿰뚫고 있을 정도가 되야지 안그러면 상사한테 된통 깨집니다. 아마 당신한테도 바로 대답하기 힘든 질문을 할거에요.
필자	그런 점 때문에 곤란을 겪었던 직원이 있었나요?
직원	한번 있었지요. 예전에 회계 업무를 담당하던 직원이 물어보는 말에 대답을 제대로 못했다고 된통 깨졌어요.
필자	그게 언제쯤 일이었는데요?
직원	엄청 오래 전 일인데 10년 전 쯤이던가....
필자	당신도 상사가 물어보는 말에 바로 대답 못해서 진땀났던 적이 있습니까?
직원	물론 있었죠.
필자	그래서 어떻게 됐었는데요?
직원	정말 운좋게 나는 그냥 넘어갔어요.

| 질문은 사양

필자	근무를 좀 더 효율적으로 할 수 있게끔 바꾸고 싶은게 있나요?
직원	맘놓고 질문이나 해봤으면 좋겠어요.
필자	그 말은 곧 질문은 전혀 용납이 안된다는 것인가요?
직원	절대 안되죠. 그랬다가는 바로 바보 취급 받거든요. 그러니까 궁금한게 있더라도 물어보지 말고 그냥 다 알아들은 척 하는게 최고에요.
필자	상사가 그렇게 하기를 바라나요?
직원	아니요. 상사야 매번 새로운 일에 도전해 보기도 하고, 비평해보라

고 하기도 하고, 자기가 생각하지 못하는 다른 면이 있는지 얘기해
보라고 말은 하지만 우리는 절대 그게 상사의 본심이 아니라고 생
각해요.

필자 그럼 지금까지 질문을 해보거나 반대 의견을 말해본 사람은 없었
나요?

직원 아주 가끔 있기도 해요.

필자 그 사람들은 어떻게 됐는데요?

직원 아무일도 없이 오히려 더 큰 기회를 가지긴 했지만 나한테 그렇게
하라고 말하지는 마세요.

직원에게 좀 더 많은 보상을 해주는 게 중요하긴 하지만 직원들에
게 해줄 수 있는 가장 큰 것은 부를 공평하게 분배하는 것보다는 직원 스
스로 찾게 만들 수 있는 능력을 키워주는 것이다.

오늘에 만족하지 말고 내일을 향해 뛰는 사람이 될 수 있게 도움을
줘야 한다. 그래서 직원 스스로가 자신이 가지고 있는 능력 발휘를
100% 할 수 있도록 해야 한다. 그래야 쓸데없이 불평불만을 늘어놓으며
가만히 앉아서 감이 떨어지기만을 바라는 모습을 없앨 수 있다. 직원 스
스로가 해답을 찾으려고 노력한다면 누가 시켜야 마지못해 하는 무사안
일한 태도를 버리고 행동이 앞서는 모습을 가질 수 있다.

의미를 제대로 파악하기

관리자로서 첫발을 내딛는 날부터 계속적으로 직원의 말을 귀담아 들어야 하는 건 관리자에게 가장 중요한 일 중 하나이다. 가만히 앉아서 직원들이 찾아오기만을 기다려서는 안되고 항상 그들이 무슨 말을 하고 싶어 하는지 잘 새겨들어야 한다.

직원들은 항상 자신이 하고 싶은 말을 직선적으로 하지 않고 돌려서 얘기하기 때문에 세심한 주의가 필요하다. 예를 들어 "승진을 축하합니다. 그렇게 될지 알았어요"라는 직원의 말 안에는 약간의 빈정거림이 있을 수도 있는데 관리자는 곧이곧대로 받아들이는 경우가 있다. 마치 내가 집사람에게 뭐가 잘못됐냐고 물어보면 집사람이 화난 말투로 "아무것도 아니에요!"라고 말하는 것과 같다. 또는 직원에게 일이 어떠냐고 물어보면 항상 습관적으로 "아주 좋아요"라고 말하는 것도 그 말 안에 어떤 뜻이 담겨있는지 유심히 살펴봐야 한다. 대답할 때 목소리 톤은 어떤지, 표정은 어떤지 등을 함께 살펴봐야 진짜 그런지, 아닌지를 알 수 있다. 관리자가 자신의 일을 더 잘 하기 위해서는 직원들의 속마음을 정확히 파악해 볼 수 있게 많은 질문을 던져봐야 한다. 직원 입장에서 봤을 때 관리자가 일을 더 잘하기 위해서 제일 도움되는 게 무엇이라고 생각할까? 그것은 바로 주의깊게 듣는 것이다.

고객을 대하는 것처럼 세심한 배려 속에서 대해야 하며, 그러기 위해서는 그들이 무엇을 말하려고 하는지 주의 깊게 들으려고 하는 자세가 최고다. 상대가 원하는 것을 매번 다 들어줄 수는 없지만 그렇더라도 관심을 가지고 듣는 모습을 잃지는 말아야 한다. 일반적으로 관리자들은 듣는 자세에 문제가 많은데 그래서 일상적인 말들 속에서 많은 것을 놓치고 있다. "당신 생각은 어때?", "내가 무슨 말 하는지 이해해?" 등과 같은 질문들에 대한 답변 속에서도 많은 것을 알아볼 수 있다.

사람들은 왜 상대방 말을 잘 들으려고 하지 않는 것일까? 필자 생각으로는 어렸을 때부터 그렇게 만들어진 게 아닐까 싶다. 어렸을 때부터 말하고 듣고, 쓰는 것은 교육을 받으며 그 중요성에 대해 귀에 못이 박힐 정도로 가르침을 받지만 듣는 방법에 대해서는 별도의 교육을 받지 않는다. 또 사회에 나와서도 어느 누구에게도 그런 것을 배울 수 없다. 왜냐하면 그런 것을 배우거나 가르쳐 줄만큼 듣는 기술을 가지고 있는 사람도 드물기 때문이다. 필자가 생각하는 상대의 말을 제대로 듣는 방법은 먼저 새겨들어야 한다는 것이다. 다음에 몇 가지 팁이 있으니 참고하기 바란다.

- 딴 생각을 하지 마라. 들을 때는 듣는 것만 집중해야 한다. 상대에게 산만한 모습을 보여줘서는 안된다.
- 바쁘거나 집중이 안되면 차라리 약속 시간을 다음에 다시 잡아서 얘기하자고 말해라.
- 메모하는 습관을 기르자. 상대방이 자신의 말을 신중하게 듣고 있구나라고 생각할 수도 있으며 대화 내용을 빠짐없이 기억할 수 있는 좋은 방법이다.
- 정기적으로 다른 사람이 말한 내용들을 요약해 놓아라.
- 오픈 마인드의 상태를 유지하고 미리 선입견을 가지고 얘기하는게 제

일 안좋다.

- 상대방의 표정이나 몸짓을 유심히 지켜봐라. 단순히 입에서 나오는 단어보다는 억양이나 말투 그리고 몸짓과 표정 속에 더 많은 의미가 담겨있다고 한다. 그래서 이메일과 같은 커뮤니케이션은 한계가 분명히 있다는 사실을 염두해 두기 바란다.

불필요한 충고를 자꾸 하는 것도 굉장히 좋지 않다. 모든 문제를 본인이 다 해결하려고 하는 것처럼 보이는 관리자도 올바른 모습은 아니다. 대부분의 직원들은 자신이 어떻게 하는 게 제일 좋은지 본인 스스로 잘 알고 있다.

이 장의 주제처럼 직원에게 능력과 책임감을 심어 넣어주는 법과 직원들 스스로 그런 능력을 갖게끔 해주는 방법은 직원들이 원하는 것들을 유심히 들어보고 그들 스스로 세세한 사항들을 정리해 볼 수 있도록 해서 그들이 미처 깨닫지 못하는 것들을 알려주는 것이다.

하지만 일반적으로 관리자들은 직원들과 얘기할 때 인내심없이 조바심만 가지고 그 자리에서 바로 모든 걸 해결하려고 들면서 "내말대로 해야되"라는 식으로 자신만의 문제해결 방식을 강요한다. 그렇게 되면 관리자는 자기가 일을 잘 했다고 생각할지는 몰라도 직원들은 두 번 다시 관리자와 마음을 터놓고 얘기하고 싶지 않을 것이다. 자신의 말을 제대로 이해도 하지 못하면서 상대가 무조건 이렇게 하라고 말한다면 모욕감이나 자존심이 상하는 경우까지 생긴다.

예를 들어 맞벌이 하는 아내가 퇴근 후 집에 돌아와 "오늘 정말 회사에서 최악이었어. 힘들어 죽겠어!"라고 말하면 남편들은 "그딴 회사 당장 때려쳐. 맨날 그렇게 죽겠다고 하지 말고!"라고 보통 얘기들을 한다. 하지만 그런 말을 하는 아내는 그냥 따뜻한 위로의 말 한마디가 듣고 싶어서 그런 것뿐인데 거기가 대고 남편은 어떻게 해야된다는 식으로 말을 하게 된다. 남편이 무의식적으로 하는 그 말은 "내가 당신이 다니는 회사의 사정을 많이 알만큼 더 현명하고 똑똑하니까 내말을 들어"라는 의미를 함축하고 있는 것이다. 잘 알지도 못하면서 그런 식으로 말하는 것은 아내에게 모욕감과 수치심을 줄 수도 있는 문제이다. 그런 말을 듣고 화를 내는 아내를 이상하게 볼 것 없다.

가만히 듣고 있다가 아내가 "내가 어떻게 했으면 좋겠어?"라는 말을 했을 때 그 때 자신의 의견을 말하는 것이 진정한 조언이 되고 상대도 받아들이기 쉬워진다.

긍정적인 결과를 낳는 대화 기법

직원들이 하는 얘기를 전부 귀담아 들어야 할 필요는 없다. 뛰어난 관리자가 되기 위해서 가장 중요한 것 중 하나는 직원을 바람직한 방향으로 갈 수 있게 해주는 것이다. 많은 직원들은 자신들이 할 수 있는 게 아무것도 없다고 불평불만을 늘어놓으며 허송세월을 보내고 있는데 그 이유는 대부분 방향성을 상실했다고 보면 된다. 러더는 효율적인 방법으로 언제든지 자신을 따르는 사람들의 시간과 에너지를 집중시킬 수 있게 만들어야 한다. 그래서 필요하다면 "우리에게는 해야 할 일이 많은데 그런 쓸데없는 말로 시간을 낭비해서는 안된다"라는 식으로 강하게 밀어

붙이는 모습도 보이면서 변치않는 원칙을 가지고 있는 것이 관리자의 임무이기도 하다.

〈그림 10〉은 자신이 하는 말의 정도를 묘사해주는 일반적인 그림이다. 마치 야구 경기에서 스트라이크 존을 나타내는 것과 유사한데 가장 한가운데 있는 "컨트롤할 수 있는 과녁"에 집중해야 한다. 직원이나 관리자 모두 뭔가 나아지는 방향으로 얘기하기를 원하기 때문에 가장 한 가운데 있는 과녁에 해당하는 문제 즉, 다른 사람의 승낙없이도 관리자가 권한을 가지고 처리할 수 있는 범주에 해당하는 내용을 가지고 직원들과 얘기를 해야 한다.

그 다음에 있는 "의뢰의 과녁"은 기존에 있는 정책과 절차를 일부 변경시켜야 할 수도 있는 문제들로 직원들에게 그런 얘기를 듣는 걸 꺼려하거나 피해서는 절대 안된다. 직원들이 그런 문제를 가지고 얘기할

◘ **주제에 따른 집중도**　　　　　　　　　　　　　　　　　〈그림 10〉

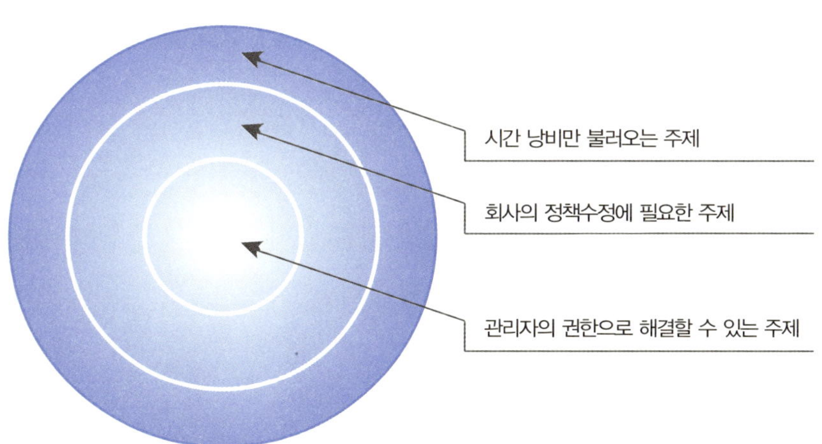

때는 위에 있는 상사나 다른 부서의 관리자에게 보고하거나 얘기해서 바꿀만한 가치가 있는지 신중하게 생각해보고 결정해야 한다. 마지막으로 가장 밖에 있는 과녁은 절대해서는 안되는 것들이다.

즉, 컨트롤할 수 있는 것도 아니고 의뢰할 수 있는 것도 아닌 문제들로 시간 낭비만 불러오는 주제들이다.

관리자들이 가장 힘들어 하는 것 중 하나는 다른 사람을 중상모략 하거나 신세한탄만 늘어놓는 직원을 어떻게 처리해야 할까라고 고민하는 부분이다. 거기에 대한 답은 아무 말 못하게 하는 수밖에 없다는 것이다. 그런 직원에게는 더 이상 그런 식의 얘기를 하지 않겠다는 약속과 거기에 대한 책임을 분명히 지겠다는 서면 약속을 받아내야 하는데, 그렇게 하는 것이 관리자의 책임이며 회사를 위한 원칙을 세우는 일임을 분명히 명심해야 한다. 그런 식의 제안을 거절한다면 그건 더 이상 회사를 다닐 뜻이 없다는 것으로 받아 들여서 분명하게 대처해야 한다.

관리자에게는 양면성이 존재해야 하는데 한쪽 면은 부드러움으로 직원을 보살피고, 배려하고, 챙겨줘야 하는 모습을 가지면서 철저하게 보호해 줘야 하며 또 다른 한쪽 면은 냉정함으로 직원들 사이를 이간질 시키거나, 책임을 전가하는 직원을 엄중하게 다스릴 수 있어야 한다. 그럴 때는 누가 그러던데라는 식의 말은 더 이상 하지 못하게 만들어야 하고 관리자에게는 그런 직원에게 호되게 책임을 물을 수 있는 용기가 있어야 한다.

권한 위임의 중요성

권한 위임이란 특정 업무에 관련된 결재권을 부하 직원에게 넘겨주는 것으로 일시적일 수도 있고 지속성을 가질 수도 있다. 권한 위임을 할 때는 직원이 가져야 하는 책임의 범위를 확실히 인식시켜줘야 하고, 일을 무사히 잘 끝낼 수 있는 능력이 있는지를 확실하게 인식하고 있어야 한다.

좀 더 쉽게 설명을 하자면 아이들에게 자전거 타는 법을 가르쳐 줄 때 핸들 잡는 법과 페달 밟는 법 그리고 균형 잡는 법을 차례로 가르쳐주고 뒤에서 잡아주면 아이들은 하나같이 "손 놓지 마세요. 알았죠? 절대 놓으면 안되요"라고 말한다. 그것처럼 직원에게 권한 위임을 할 때는 하나하나 차례대로 알려주고 옆에서 지켜봐야 한다. 제대로 타지도 못하는 아이를 언덕위에서 손을 놓고 혼자 내려가라고 하면 보나마나 사고가 나고 결과적으로 아이에게 자전거를 가르쳐준 사람이 모든 책임을 지게 된다.

사람은 흔히 자신이 하는 말을 상대방이 모두 다 이해하고 받아들인다고 생각한다. 자식들과 흔하게 벌어지는 일을 한번 예로 들어보자. 아이에게 방을 깨끗이 치우고 다니라고 아무리 말해도 말을 잘 안듣기 때문에 참다참다 "지금 당장 방을 깨끗하게 치워놔! 조금 있다가 들어가서 검사할거야"라고 화를 내는 경우가 많다. 그러면 아이가 방으로 쪼르르 달려 들어갔다가 1~2분 후에 방을 다 치웠다고 하면서 나온다. 그때부터 부모와 아이의 전쟁이 시작된다. "말이 되냐? 어떻게 그렇게 금방 청소를 다했다고 하는거야"라고 하면서 아이 방을 들어가 구석구석 살펴보고는 "이것도 청소라고 한거야! 하나도 안닦았잖아. 거짓말만 밥먹

듯이 하고…."라고 혼내면 아이는 울면서 "청소했단 말이에요. 다했어
요!"라고 말한다. 도대체 이런 문제가 왜 생기는 것일까? 아이가 말을 안
들어서 그런 것일까?

　필자가 보기에는 부모가 생각하고 있는 부분을 정확히 꼬집어주면
서 지시하지 않았기 때문이다. 단순히 방을 치우라는 말은 부모의 생각
과 아이의 생각이 서로 다르게 나타날 수밖에 없다. 물론 방을 청소하라
고 하면서 세세한 항목과 체크리스트까지 만들어 줄 수는 없지만 회사에
서는 그렇게 해야한다. 그런 일들이 회사에서는 매일매일 일어나기 때문
이다. 자세히 얘기해주지도 않으면서 몇 마디만 해도 상대방이 내 마음
과 같다고 생각한다는 건 큰 오산이다. 일반적으로 "내말 이해되?"라고
물어보면 그냥 습관적으로 "네"라고 답한다. 왜냐하면 아니라고 했다가
는 혹시 바보처럼 보이지 않을까 걱정되서 그렇게 얘기를 하는 것뿐이
다. 그렇게 물어보는 것보다는 "이제 앞으로 당신이 해야 할 일이 어느
정도인지 얘기해 볼 수 있나요?"라는 식으로 좀 더 구체적으로 물어보는
게 좋다.
　그렇다면 권한 위임이 좋은 점은 무엇일까?

　관리자가 일부 업무를 다른 부하 직원에게 맡김으로써 더 중요한 일
에 집중할 수 있는 여유가 생긴다　대부분의 관리자는 수많은 업무 때문
에 항상 시간에 쫓긴다는 말을 한다. 그게 현실이기도 한데 그렇기 때문
에 권한 위임을 통해서 좀 더 집중해서 해야 할 필요가 있는 중요한 일들
에 시간을 더 많이 투여할 수 있게 된다.

  일부 직원은 그들의 능력을 제대로 발휘할 수 있는 기회조차 가지지 못하고 있다. 그런 직원에게 책임을 주고 일을 맡긴다면 일에 대한 관심이 높아지는 결과를 불러오고 전에 보였던 것과는 다른 열정과 능력을 보여줄게 분명하다.

직원들을 발전시키고 더 많은 가치를 가질 수 있게 한다 그런 권한 위임은 때로 직원의 가치를 높이는 결과를 보이기도 하는데 새로운 일에 대한 책임은 또 다른 경험과 교육이 되어 회사를 위해 더 많은 헌신을 할 수 있는 기회를 준다. 그렇게 회사를 위해 뭔가 더 공헌했다라고 느끼는 것만으로도 동기부여가 된다.

다음과 같은 질문을 관리자 스스로 생각해 보자.

- 직원들이 직접 했으면 하고 바라는 일이 있는가?
- 관리자로 승진하고 난 후에도 계속 붙잡고 있는 업무는 무엇인가?
- 내가 하고 있는 일 중 직원들도 충분히 할 수 있는 일상적인 업무가 무엇이 있는가?
- 더 이상 어떤 관심이나 해보고 싶은 마음이 들지 않는 일이 있는가?
- 시간이 많이 걸리는 일 때문에 힘들지는 않은가?
- 직원들의 능력이 충분하다고 하면 기꺼이 권한 위임을 하겠다고 생각한 일이 있는가?
- 자리를 잠깐만 비워도 책상위에 쌓이게 되는 결재 서류들을 보면 무슨 생각이 드는가?

직원에게 책임감을 제대로 주기

권한 위임을 받는 직원 입장에서는 그렇게 하므로써 얻게 되는 이득이 뭔지 분명히 따지게 될 것이다. 그럴 때는 "윗사람들 앞에 당신의 모습을 더 많이 드러낼 수 있는 기회를 가지게 되는 것이고 당신을 위해 좋은 기회가 될 수 있도록 해주겠다"라고 말하는 것이 좋다. 순진하게 "나를 위해서 좀 해줬으면 좋겠는데…."라는 말은 안하는 게 좋다.

렌트카를 빌릴 때 엔진 오일을 갈거나, 정비를 하거나 타이어를 교체하는 사람은 절대 없다. 자신이 그 차의 주인이 아니기 때문에 그렇게까지 할 필요가 없다. 하지만 사고나면 골치 아프기 때문에 자기 차를 돌보는 것처럼 더 조심은 해야 한다. 그것처럼 직원이 권한 위임을 받았을 때는 단순히 관리자를 위해서 번거로운 일을 대신 하는 것처럼 느끼기보다는 관리자와 동일한 수준의 책임감을 가지고 일을 하기를 바랄 것이다.

또 때로는 생각지도 못한 독창적인 방법으로 권한 위임을 받은 직원이 일을 해줬으면 하고 바라는 경우도 생기는데 그래서 대부분의 관리자들은 경험이 많고 기술적인 지식이 풍부하거나 다른 직원보다 더 똑똑한 것처럼 보이는 직원들에게 많이 기대게 된다. 일을 더 잘 할 수 있을 것이라고 생각하면서 말이다. 그런 생각은 딱 절반만 맞다고 보면 된다.

예를 들어 관리자가 100점 만점 중 94점 정도만 되도 정확하게 마치는 것이라고 생각하면서 어떤 일을 할 때 직원에게 관리자가 생각한 방식대로만 일방적으로 일을 시키면 아마 잘해야 84점 정도의 수준으로 일을 끝낼 것이다. 하지만 그 정확하다고 생각하는 수준에 책임감이라는 게 덧붙여진다면 그 때는 얘기가 좀 달라진다. 책임감이 10% 뒤따르게 되는 것과 90%의 책임감이 뒤따르는 것과는 하늘과 땅 차이가 나는 걸과가 발생한다. 자신만의 방식으로 일을 처리할 수 있게끔 직원에게 일을 전적으로 맡기면 일반적으로 더 좋은 결과를 볼 수 있게된다. 또 다르게 생각해볼 수 있는 것은 직원이 아무리 100%의 책임감을 가지고 있더라도 관리자의 생각이 애초부터 잘못된 것이라면 결과는 없을 것이며 또 관리자가 아무리 좋은 의도를 가지고 일을 하더라도 직원이 0%의 책임감을 가지고 있다면 그 또한 똑같은 결과가 나온다는 점이다.

그렇기 때문에 아무리 좋은 생각이라 하더라도 실패로 끝날 수 있는 것이고 반대로 평범한 생각이라도 좋게 끝날 수 있다는 말이다.

▣ 정확성과 책임감의 연관관계

정확성	책임	결과
94	10%	940
84	90%	7,560
100	0%	0
0	100%	0

관리자가 아무리 뛰어나더라도 직원들의 헌신적인 책임감이 뒤따르지 않는다면 그만큼의 결과가 나오지 않게 된다. 관리자가 되어 어떤 결과를 얻고 싶어 하는지 굳이 얘기하지 않아도 알 것이다. 제일 중요한 것은 직원들이 충분히 이해할 수 있도록 설명해주고 그 다음에 업무를 잘 해낼 수 있는 방향으로 가도록 만들어 주는 것이다.

직원이 달가워하지 않을 때

직원에게 새로운 책임감을 부여해 주려고 할 때 생각해 볼 시간을 달라고 한다면 그건 그런 말을 듣자마자 바로 앞에서 관리자에게 "죄송합니다. 그 일은 할 수 없는데요. 그런 비슷한 일을 해본적도 없고요. 감사하지만 사양하겠습니다"라고 말하는 것은 쉬운 일이 아니어서 그런 것일 수도 있다. 관리자에게 그런 제안을 받고 난 다음 날이나 며칠 후에 찾아와 "말씀하신거 생각해 봤는데요. 새로운 기회가 될 수도 있을 것 같다는 생각이 들었어요. 처음에는 두려웠지만 지금은 해보고 싶다는 생각이 드는데 제가 해볼 수 있을까요?"라고 말하는 경우도 있다. 처음부터 너무 강제로 책임을 떠넘기는 듯한 인상을 주어서는 안된다. 대신 직원이 심사숙고한 후에 결정을 내리고 찾아와 해보겠다고 말을 한다면 그때 세부적인 이야기들을 해주어야 한다. 그 직원에게 왜 그런 책임을 맡기려고 하는지 그 이유를 충분히 설명해 주어야 한다.

머뭇거리는 직원에게 지금까지 충분히 잘해왔다는 점을 상기시켜 주는게 도움이 될 수 있고 필요하다면 회사와 관리자인 나를 위해 새로운 업무를 맡아 줄 수 있겠냐는 말을 최대한 정중하게 부탁하기도 해야 한다. 무엇보다 중요한 것은 직원 스스로 자발적으로 해보려고 하는 의지가 생길 때까지 인내를 가지고 기다려야 한다는 사실이다. 그리고 그런 직원에게 최근의 업무 실적을 근거로 해서 왜 선택을 했는지 그 이유를 자세히 말해주는 것도 좋다.

예를 들어 "당신은 친화력이 가장 뛰어나기 때문에 이 일을 맡기려고 하는거야"라는 식의 진심어린 칭찬을 오랫동안 해주는 것도 좋다. 단, 과장되거나 허위의 말은 안된다. 그건 아첨이지 진실이 아니기 때문

이다. 그리고는 "저번에 더 힘든 일도 잘 해냈잖아. 아마 처음에는 당신
이 그것을 해낼 거라고는 아무도 생각하지 못했을걸. 하지만 보란 듯이
해냈잖아. 그래서 이번 일도 맡겨볼려고 하는데 어때? 다들 또 깜짝 놀
라게 멋지게 한번 해보자고!"라고 말한다면 "안되요"라는 말을 쉽게 하
지는 못할 것이다. 사실에 근거한 칭찬을 계속 하면서 띄워줘야 한다. 절
대 협박이나 위협으로 일을 처리하려고 해서는 안된다.

업무를 부여할 때 유념해야 할 네 가지 사항

업무를 부여 할 때는 다음 네 가지 사실을 확실히 염두해 두고 해야
한다.

가정은 금물

대부분의 관리자들은 "이것 좀 해줬으면 좋겠는데"라는 말만 할 뿐
책임감을 불어넣어주지 않는다. 관리자가 지시한 일을 단지 아무 생각없
이 따를 것이라는 가정 하에 일을 진행해서는 안된다. 또한 "노력해 볼
게요"라는 말도 용납해서는 안된다. 한번 노력해 보겠다는 말보다는 꼭
하겠다는 말을 들어야 한다. 관리자는 '아마, 혹시' 라는 가정으로 일을
해서는 안된다.

꼼꼼히 짚고 넘어가자

어떤 일을 하려고 할 때는 분명 어떻게 진행시켜야 할지에 대한 계

획이 있어야 하고 관리자는 항상 진행 계획을 확인해야 한다. 많은 관리자들은 항상 바보같이 무의미한 얘기들만 나눈다. "계획과 많이 어긋나는데 차이가 너무 많이 나게 하지 않았으면 좋겠는데…."라고 말하면 직원은 "네 알겠습니다. 그렇게 해볼게요"라고 말하고 관리자는 아무 생각없이 "좋아. 길게 얘기 안해도 되니까 좋네"라는 식으로 쓸데없는 말만 주고받는다. 좀 더 현명한 관리자라면 "계획과 어긋나게 진행되고 있는 게 정확히 뭐야?"라고 물어볼 것이다.

예상 문제점들에 대한 사전준비

일이 잘 못 진행될 수도 있다는 점을 상기시켜줘야 하고 그렇기 때문에 시작하기 전에 만반의 준비를 할 수 있도록 해야한다. 비슷한 일을 하는 경험자들에게 가서 자문을 구하도록 해서 차후에 발생될 수 있는 문제들에 대해 사전에 준비할 수 있게 해야 한다.

대안은 항상 가지고 있어야 한다

일이 잘못 진행되고 있다고 여겨지면 담당 직원이 중간에라도 대비책을 세웠었는지에 대해 생각해보게끔 해야한다.

만약 대비책이 제대로 먹혀들지 않았다면 또 다른 대안이 무엇이 있는지를 같이 생각해봐야 한다. 필자가 아무것도 모르는 햇병아리 팀장 시절에 당연히 윗상사에게 결재를 맡고 난 다음에야 모든 일을 해야하는 줄로만 알아서 결재를 맡자마자 도망치듯 그 자리를 빠져 나오느라 급급했던 적이 있었다. 그래서 뭔가 일이 잘못되기 시작한 시점은 바로 그 상사의 방을 어떻게 하면 빨리 나갈 수 있을까라고만 생각하고 결재받는 것만 신경썼던 때인 것 같다. 문제가 생길 때마다 직원들이 "우리 앞으로 어떻게 해야 하죠?"라고 물어보면 "글쎄 잘 모르겠네, 일단 위에 얘기해볼께"라고 했다. 지금 생각해보면 엄청난 시간 낭비만 불러왔던 것 같다. 그 뒤로 경력이 쌓이면서 이건 잘못됐다라고 느낀 후에는 일이 시작되기 전에 윗상사에게 올라가서 "제가 하려는 일이 중간에 생각지도 못한 문제가 생길 수도 있습니다. 그래서 만에 하나 중간에 일이 꼬이면 거기에 대비해서 이런이런 대안들을 준비해놨습니다"라고 말하고 그에 따른 선결재를 맡은 후 일을 처리할 수 있게 되었다. 그 뒤로 직원들이 일이 잘못되고 있다고 보고할 때마다 매번 윗상사에게 올라가서 보고하지 않고 그 자리에서 바로 직원들에게 어떻게 하라고 지시를 할 수 있었다. 처음에는 직원들도 의아해 하면서 "팀장님 위에 올라가서 보고하고 결재맡아야 되는거 아니에요?"라고 물어봤고 그럴 때마다 "걱정하지마. 내가 다 책임질테니까"라고 말했다.

최고의 관리자가 되기 위해서는 항상 두 가지 측면을 고려해야 한다. 하나는 회사의 요구 조건을 만족시켜야 하는 것이고 또 다른 하나는 직원의 요구 조건을 충족시켜야 한다는 것이다. 그 둘 중 하나만 잘해서는 절대 좋은 관리자가 될 수 없다. 둘 중 하나도 못한다면 다른 자리를 알아봐야 하고 정말로 아무 짝에도 쓸모없는 관리자가 된다. 그 둘 다를 잘한다면 회사에서 없어서는 안 될 존재가 되는 것이다. 하지만 회사와 직원의 요구 조건은 수시로 변하기 때문에 그 둘 다를 만족시키는 일이 결코 쉽지만은 않다. 하지만 하려는 의지만 있다면 직원과 회사 사이에서 위태롭게 줄타기를 하면서도 땅에 떨어지지 않는 법을 배우게 될 것이다.

시간 관리

인생은 때로 미친 것같다는 생각이 들지 않는가? 시간이 갈수록 점점 더 미쳐만 가는듯한 느낌을 받고 있지는 않은지 모르겠다. 나이가 들수록 해야 할 일은 많아지고 일을 할 시간은 점점 더 줄어든다. 인생처럼 회사에서의 일도 그렇게 되어가는 것인지도 모르겠다. 마치 롤러코스터를 타고 가듯이 길은 점점 더 가파르게 되고 뒤틀린 길이 점점 더 많이 나오면서 잠깐이라도 편히 쉴 수 있는 곧게 뻗은 평탄한 길이 결코 보이지 않게 된다. 그럴 때마다 세상 힘든 일을 혼자 다 떠안은 사람처럼 그런 중압감에 휩싸이지 말아야 한다. 세상 모든 일을 혼자 다 처리한 사람은 로빈슨 크루소밖에 없다.

이제 모든 일을 다 혼자 처리할 수 없다는 사실을 분명하게 인식해야 할 시간이다. 모든 사람을 위해 모든 일을 처리해야 한다고 생각하지 마라. 많은 일을 혼자 다 한다고 해서 칭찬을 받거나 보상을 받는 게 절대 아니다. 일을 완벽하게 잘 끝냈을 때만이 칭찬과 보상이 뒤따른다는 사실을 잊지 말자. 그렇기 때문에 항상 중요한 일의 우선순위를 정하고 거기에 따라 일을 끝마쳐야 한다.

용기가 필요

학교에서의 기억을 떠올려 보자. 시험에 나올 법한 문제는 죽어라 공부를 하고 그렇지 않은 부분은 그냥 대충 넘겼을 것이다. 그것처럼 일도 똑같다. 중요하다고 생각되면 하고, 별로 중요한 일이 아니라면 신경을 꺼라. 이런 말들을 흔히 하는데 "별로 대수롭지 않은 일들 때문에 크고 중요한 일을 할 수가 없어!"라고 말이다. 그럴 때는 배짱과 과감성이 필요하다. "크고 중요한 일을 먼저 생각해야지 그리고도 시간이 남으면 그때 가서 작은 일들을 신경써야지"라고 말이다. 왜 사람들은 그런 식으로 일을 하지 못하는 것일까? 용기가 없고 두려움이 크기 때문이다. 잘못되면 어떻게 될까라는 두려움이 가장 큰 문제이다. 그런 사람일수록 작은 일을 먼저 하고 큰 일을 신경쓰지 못해서 결국은 더 큰 어려움에 빠지게 된다. 일의 중요성이 작은 것부터 하느라고 시간을 모두 허비하다가 정작 중요한 일은 손도 못대고 마는 경우가 허다하다. 회사 내에 있는 사람들에게서 많은 성격들을 볼 수 있지만 희한하게 용기를 가진 성격만큼은 흔하지 않다.

좀 더 편리하게 생활하라고 온갖 전자 장치들을 만들어내지만 어찌 보면 그런 기계들이 가뜩이나 정신없이 돌아가는 생활을 더 정신없이 만들고 있는지도 모른다. 더 많은 시간을 효율적으로 쓸 수 있게 해준다고 떠들어대지만 효율적이라는 말이 무엇인지 모른다면 그게 무슨 의미가 있는지 모르겠다. 그렇게 해서 남아도는 시간을 낭비하는 것보다는 각자의 시간을 어떻게 보내고 있는지 정확하게 인지하고 있어야 한다.

네 가지 단계

어느 회사에 있든지 상관없이 모든 관리자는 다음과 같은 단계의 과정을 밟아야 한다.

중요한 일에 집중할 것

어떤 일이 중요한지 결정하고 그 일을 하는데 있어 신경쓰이게 만드는 소소한 일들은 잊어버려야 한다. 말처럼 쉽지는 않지만 그래도 아무것도 아닌 사소한 일들이 스스로를 바쁘게 만든다는 사실을 명심해야 한다. 시간이 남는다고 해도 중요하지 않은 일은 하지 않겠다는 생각을 해야되고 반대로 시간이 아무리 없어도 중요한 일들은 해야 한다고 생각하기 바란다.

미국의 사상가 겸 문학자인 헨리 데이비드 소로우(Henry David Thoreau)가 했던 말이 생각난다. "단순하게, 단순하게, 더 단순하게 하라! 수백 가지, 수천 가지 일이 아닌 단 두 세 개의 일만 생각해라. 그리고 제일 중요한 것만 기억하고 있으면 된다."

일을 하기 전에 스스로에게 물어봐라

현재 자신이 하고 있는 업무 중에 정말 중요한 업무는 얼마나 될까? 일을 아무리 열심히 해도 마무리 짓는 일이 갈수록 적어진다면 분명히 문제가 있는 것이다. 사소하고 형식적인 일들을 완전히 배제한다는 게 어려운 일이기는 하지만 그렇게 해야만 현명하고 냉정하게 일을 더 열심히 할 수 있게 된다. 다락방을 청소하듯이 필요없는 물건은 과감히 버릴 줄도 알아야 한다.

지금이라도 자신이 맡은 부서나 팀안에 항상 아무 생각없이 습관적으로 하고 있는 형식적이고 관료적인 절차나 보고서 작성, 회의 등이 있는지 살펴보자. 꼭 필요한 일인지 계속 스스로에게 반문해 봐야 한다. 제3자적인 관점에서 보려는 습관을 가지려고 해야 하고 그렇게 하다보면 처음에는 꼭 해야 하는 일처럼 생각한 것도 한 달 후쯤 되면 굳이 안해도 되는 일로 관점이 바뀌게 될 것이다. 날려버려야 하는 일이 무엇인지 자신과 주위 동료들에게 계속적으로 물어봐야 한다. 그리고 새로운 보고 절차나 회의, 보고서 작성, 추가 업무가 있어야 할 일들이 생기면 예전에 있던 것 중 하나는 없애는 쪽으로 가는 것이 좋다. 오늘 해야 할 일에 대한 계획표를 가지고 있는 것처럼 오늘 안해도 되는 일에 대한 계획표를 가지고 있는 것도 좋은 방법이 될 수 있다.

필자가 직장 초년병 시절 아무것도 몰랐을 때는 바쁘게 일하고 있는 사람을 보면 뭔가 큰일을 하고 있는 사람인지 알았다. 그 때 우연히 어떤 관리자를 알게 되었는데 그는 아무 일도 안하고 노는 것처럼 보이는 그런 약간 별나게 보이는 최고 책임자가 되고 싶다고 했다. 그 뒤로 그는 자신만을 위한 특별 조수들을 만들기 시작했고 그 조수들이 업무나 프로젝트 때 도움을 줄 것이라고 틈만 나면 말했다. 그로부터 한참 후 그 관리자의 방에 밤늦게 찾아간 적이 있었는데 그의 사무실 곳곳에 각종 차트와 그래프들이 빼곡히 널려있었다. 그래서 일은 잘되고 있냐고 물었더니 아주 좋다고 하면서 지금이 가장 바쁘고 행복한 시간이라고 말했다. 그는 각종 미팅이나 회의 때마다 그 특별 조수 역할을 하는 자료들을 제공하면서 자기의 역량을 쌓아 나가고 있던 중이었다.

그때 나는 아주 귀중한 교훈 하나를 얻을 수 있었다. 정신없이 바쁘다는 생각만 들게끔 일을 해서도 안되고 마음만 바쁘게 움직여서도 안된다는 사실을 배웠다.

쓸데없는 곳에 시간을 낭비하지 말 것

관리자의 최고 임무는 윗사람에게 전달할 보고서를 작성하고 최대한 요약하고 또 요약해서 윗사람들이 보기 편하게 만드는 일이 아니다. 이런 일들이 얼마나 효율적일까? 이런 행동들이 회사에 얼마나 이익을 주는 것일까? 주식 시장에서는 관료 조직의 층이 얇을수록 그 회사의 주가가 올라가는 경우도 종종 있다. 외부에서 판단하기에 회사 내에 너무 많은 관리자들이 있으면 직원들이 업무 시간의 대부분을 관리자의 비위를 맞추거나 윗사람에게 깨지지 않는 것에만 매달리는데 시간을 보낸다고 생각하기 때문이다.

일부 관리자들은 하루에도 수백통이 넘는 이메일을 받는 것을 자랑스럽게 얘기하면서 전부 열어볼 시간이 너무 부족하다고 하면서 이메일 좀 읽어볼 수 있게 방해하지 말라고 떠들기도 한다. 그리고 각종 회의에 참석하면서도 이메일 수신기를 들고 다닐 정도로 중독되어 스스로를 옭

아맨다. 누군가 그랬던가 '인간은 자신들이 만든 도구의 노예가 되어가고 있다고' 그 말처럼 현대의 발명품들은 정작 중요한 것들로부터 관심을 앗아가는 최악의 장난감이 되어 가고 있다.

용기를 가지고 행동하라

회사 내에서 지위에 상관없이 누구든지 긍정적인 변화의 바람을 몰고 올 수 있다. 하지만 대부분은 그런 일은 경영진만이 할 수 있다고 생각한다. 그래서 일반적으로 그런 주제가 나오면 대부분 "좋은 생각이긴 한데, 위에서 절대 그렇게 안할거야"라고 말한다. 그럴 때마다 필자는 "도대체 왜 당신 상사에게 가서 그런 얘기를 안하는거죠? 지금이라도 가서 얘기해 보세요"라고 말한다. 단순히 생각에만 그치지 않고 행동이 뒤따르는 일들은 많은 경영자들을 깜짝 놀라게 하기도 한다. 그래서 어떻게 보면 용기가 필요한 일일지도 모르겠다. 평범한 일상에서 용기가 있다고 생각되는 행동을 얼마나 할까? 아마 거의 없을 것이다. 그러면서 핑계처럼 "그건 위에서 할 일이야!"라고 떠넘긴다. 그렇다면 위에서 해야 하는 일은 정확히 무엇일까? "내가 일을 좀 더 잘 할려면 위에서 먼저 좀 해줘야 할 텐데"라고 말하는 관리자가 많은데 그런 말보다 더 바보같은 말은 없다. 그냥 일하기 싫은 핑계에 지나지 않는다.

필자가 예전에 몸 담았던 회사에서 너무 많은 쓸데없는 절차들 때문에 일이 제대로 진행되고 있지 못해서 일부 절차를 생략하고 일을 한 적이 있었다. 어느 날 부사장이 그 사실을 알고 내게 와서 "내 허락도 안 받고 자네가 뭔데 감히 이걸 바꿨어! 내가 언제 자네한테 그러라고 한적 있었나!"라고 고함을 친 적이 있었다. 그래서 지금까지 누구도 제대로 보고하지 않았던 지난 몇년 동안의 문제점들을 보고 했다. 그러자 부사장은 금방 누그러지면서 "음... 왜 이런 문제를 아무도 보고하지 않았지? 좋아! 앞으로는 이렇게 가지"라고 말했다. 난 권한을 달라고 결재를 올린적도 없이 문제를 해결한 것이다. 만약 처음부터 부사장의 허가를 무턱대고 받으려고 했다면 일이 더 어려워졌을지도 모른다.

좀 더 효율적으로 일하고 생산성을 높이는 것 때문에 고민해보지 않은 사람은 거의 없을 것이다. 그런 사람들을 위한 롤 모델이 되어야 한다. 무엇보다 뛰어난 업무 능력을 보여야 하며 그것만이 유일한 무기가 될 수 있다. 그래서 회사에서 없어서는 안 될 존재가 된다면 그 다음에는 자동적으로 자신이 원하는 것을 가질 수 있게 된다.

지금까지 설명한 내용들과 관련된 얘기를 하나 해보자. 마케팅 부사장이 새로 부임하고 첫 번째 회의가 열렸다. 그가 맡은 부서는 회사 내에서도 악명이 높았는데 말만 많고 실제로 하는 건 아무것도 없는 그런 부서였다. 그는 부서원 125명에게 현재 하고 있는 일들이 무엇인지 물었는데 도저히 믿기지 않을 정도로 업무가 너무 많다는 것을 알았다. 그리고는 혼자 골똘히 생각하더니 갑자기 화이트보드 앞으로 걸어나가 부서원들이 맡은 일을 모두 써내려가기 시작했다. 순식간에 화이트보드 전체가 빼곡히 수많은 일들로 가득찼고 부서원들을 향해 "이 수많은 일 중에서 가장 중요한 일이 뭐죠?"라고 묻자 부서원 중 하나가 "전부다 중요한데요"라고 대답했다. 부사장은 고개를 절레절레 흔들면서 부서원들에게 일에 대한 우선순위를 매겨보라고 했고 중요한 순서대로 체크를 하고는 가장 중요한 일이라고 뽑은 다섯 가지 일외에는 모두 지우더니 그 다섯 가지 일에 따라 프로젝트 팀을 나누기 시작했다. 현재하고 있는 일이 무엇이든 상관없으니까 올스톱하고 새로 할당된 프로젝트 팀에 들어가 그 업무에만 매달리라고 지시를 했다. 그로부터 몇 주후 회사 내에서 마케팅 부서에 대한 평판이 달라지기 시작했으며, 그 이유는 일에 대한 우선순위를 정함으로써 집중력을 가지기 시작했기 때문이다. 그야말로 부서 전체가 180도 달라지는 새로운 기점을 맞이한 것이다.

그 부사장이야 말로 지금까지 필자가 애기한 모든 것을 이해하고 실천에 옮긴 관리자였다. 관리자가 방향성 없이 중구난방 식으로 일을 진행하면 직원도 집중해야 할 업무를 잊은채 수많은 일에 치여서 결국은 보여줄 게 아무것도 없는 상태에 빠지게 될 것이다.

업무 계획 피라미드

업무와 관계된 일을 할 때는 시간을 효율적으로 관리하는 방법을 가지고 접근해야 한다. 계획을 세우고 실행하는 게 전부일 수 있는데 때로는 원래의 계획에서 벗어나는 일이 생기는 경우도 있어서 계획의 초기 단계로 돌아가거나 아니면 계획 자체를 완전히 뒤엎거나 하는 일이 생기기도 한다.

〈그림 11〉과 같은 업무 계획 피라미드와 같이 계획을 세우고 일을 진행하는 것이 좋다.

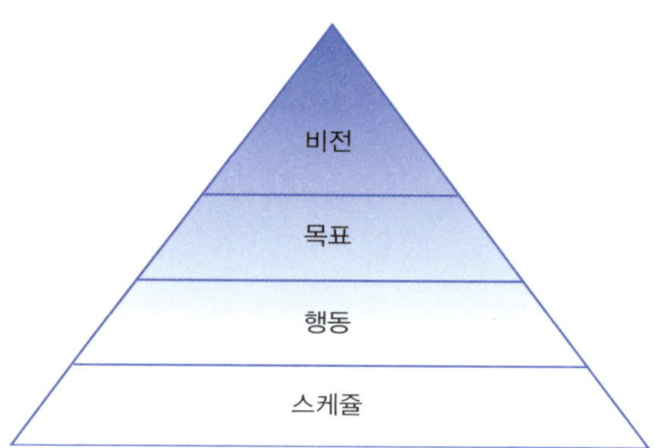

주 단위, 월 단위, 년 단위 혹은 인생처럼 장기적인 기간동안 이루고자 하는 비전을 처음에 세운다. 어디서부터 어떻게 출발해야 될지 확실히 결정할 수 있는 부분은 아니다. 개인적인 비전은 수시로 변하기도 하는데 그렇다고 문제되는 건 아니다. 다음에는 비전을 실현시켜줄 수 있는 목표를 세워야 한다.

모든 목표는 수많은 행동들로 이루어져야 하는데 그런 행동들이 모여 하나의 목표를 달성할 수 있게된다. 그리고 각각의 행동들에는 스케줄이 따라야 한다. 일이 너무 많아서 힘들다고 느끼는가? 옛말에 "처음부터 계획을 잘못세우는 것은 결국 실패를 계획하는 것이나 마찬가지이다"라는 말이 있다. 일에 휘둘려서 이리저리 끌려다니게 되면 결국은 어떤 일이 벌어지는지 굳이 설명 안해도 알 것이다. 일만 죽어라 하고는 욕은 혼자 다 먹게 된다. 관리자라면 지금까지 얘기했던 힘들고 어려운 부분들을 모두 겪어봤을 것이다. 이제는 자신의 경험을 직원에게 알려주고 똑같은 실수를 하지 않도록 가르쳐야 한다. 직원들의 롤 모델이 되는 것이 가장 좋은 방법이다. 관리자가 먼저 바람직한 행동을 보여주는 것이 직원들이 가장 빠르고 정확하게 배울 수 있는 방법이다.

시간 관리

시간을 가장 효율적으로 사용하는 방법이 궁금하다면 다음에 나오는 〈그림 12〉를 참고하기 바란다.

◘ **시간 관리** 〈그림 12〉

	비자발적	자발적
중요한	**A** 업무 마감 기한 문제 발생 긴급 상황	**B** 인간 관계 발전성 계획성 협동심
중요하지 않은	**C** 전화 응대 미팅 이메일 체크 방문객 맞이	**D** 추억만 먹고 사는 것 잡담 관료주의 원숭이형 스타일

대부분의 직원들의 업무는 A 영역에 있는 행동들로 이루어진다. 꼭 해야만 하고 중요한 일들로 구성되어 있다. 기한 내에 프로젝트를 마쳐야 하는 것 때문에 스트레스를 받고 각종 문제들 때문에 지치고 연이어

오는 긴급한 상황을 무사히 넘겨야 한다. 회사 내에 있는 거의 모든 사람들이 그렇게 하고 있는 것을 알 수 있을 것이다. A 영역 안에 있는 행동들의 문제점은 자발적이지 않다는 것이다. 그래서 문제가 생기면 그때서야 반응하게 되는 행동들이기 때문에 열심히 한다해도 별다른 감흥이 없다.

A 영역에 해당하는 것들을 줄이려면 B 영역에 속하는 행동들에 투자를 해야한다. 그들 역시 중요한 일들이지만 자발적이고 자기 임의대로 일어나는 일들이다. 그래서 그런지 대부분의 사람들이 여기에 해당하는 행동들에는 별로 시간 투자를 하지 않는다. 아예 하지 않는 사람도 있긴 하다. 인간 관계를 맺고 업무가 좀 더 원활히 돌아갈 수 있도록 계획하고 감독하고 다른 사람의 능력을 키워주는 행동들을 포함하는데, 여기에는 많은 시간 투자를 해야 한다. 그래서 결과가 나오기까지 시간이 걸리는 것 때문에 사람들이 꺼려하는 이유가 되기도 한다.

C 영역은 별로 중요하지는 않지만 해야 하는 일들로 되어 있다. 사내에 걸려온 전화를 받아야 하고 미팅을 해야되며 이메일도 보내고 받아야 하고 때로는 방문객 안내를 해야하는 경우도 있다. 이런 일들을 완전히 배제시킬 수는 없지만 최대한 소비되는 시간만큼은 줄여야 한다. 약간의 지혜만 있어도 상당히 많은 시간을 줄일 수 있다.

마지막 D 영역은 모든 사람들이 제일 즐겨하는 것들로 되어있다. 중요하지도 않고 맘대로 할 수 있는 일들로 관리자라면 이런 일들을 절대 하지 못하게 만들어야 한다. 하지만 대부분은 이런 일들에 흠뻑 빠져 있기 때문에 쉽사리 빠져 나오지 못한다. 하나씩 살펴보자.

어느 회사나 보면 '옛날 생각을 버리지 못하는' 사람들이 있기 마련이다. 예전에 어느 회사에 나이 지긋한 사장이 있었는데 하루 종일 바쁘게 뛰어다니면서도 회사 전체의 전략을 세우거나 다른 중역들과 편하게 얘기한번 할 시간도 없다고 늘 하소연만 늘어놓았다. 그래서 유심히 그분을 며칠간 살펴본 끝에 이상한 점을 하나 발견하게 됐다. 자신의 업무가 아닌 다른 일들에 상당 시간을 매달려 있는 것이었다. 그의 사무실에는 오래된 제도판이 하나 있었는데 그분의 나이만큼이나 오래되어 보였다. 그 앞에서 몇 시간이고 직접 공장 설계도와 생산 라인 변경도를 그리고 있는 것이었다. 한참 아래 직급에 있는 실무자들이 컴퓨터를 이용해 쉽게 끝낼 수 있는 일을 머리를 싸매고 어렵게 하고 있는 모습이 너무 이해할 수 없어서 알아봤더니 설계자로서 직장 생활을 처음 시작해 지금의 자리에 올라선 사람이었기에 아직도 예전 생각을 하며 그 때의 일을 놓지 못하고 있다는 것이다. 그 일을 하는 순간만큼 더 좋은 것이 없다고 하면서 말이다. 그 사람이 당연히 해야 할 일에 투자해야 할 시간들을 안 해도 되는 일 때문에 다 뺏기고 있는 것이다. 어떻게 보면 힘들고 어렵고 짜증나는 일들에서 벗어나 편한 일만 찾아다니는 모습으로 보일 수도 있는 일이다. 불행하게도 지금의 많은 관리자들이 그 사장님의 모습과 똑같다. 중요한 일은 제쳐두고 중요하지 않으면서 편한 일에만 매달리고 있다.

관료적인 번잡한 절차를 밟는 일을 될 수 있으면 줄이고 이사람 저사람한테 쓸데없는 말을 떠벌리고 다니는 사람을 없애야 한다. 일주일 동안 절반을 보고서 작성에만 매달리는 직원이 있었는데 왜 그렇게 열심히냐고 물어봤더니 "굉장히 중요한 보고서거든요. 이걸 받아보는 직원이 얼마나 많은데요"라고 말했다. 아마 그 직원 자신도 왜 그렇게 열심히 해야되는지 잘 모르는 것 같아 보였다. 그래서 좀 더 자세히 알아보니 총 26명이 그 보고서를 받아보고 있었는데 그 직원의 생각과는 다르게 그걸 받아보는 직원 중 단 한명도 중요한 보고서라고 생각하지 않고 있었다.

마지막은 윌리엄 온컨(William Oncken – The Oncken Corperation의 대표 이사이며 저자)이 말한 원숭이형 인간과 관계된 것이다. 자신은 꼼짝 안하고 일거리나 문제거리가 생기면 다른 사람에게 책임을 전가시키는 사람을 말하는데 아주 조심해야 한다. 사무실 문을 열고 직원이 들어와 "문제가 생겼는데 좀 도와주세요. 어떻게 해야 될지 잘 모르겠어요"라고 말할 때마다 "걱정하지마. 내가 다 알아서 해줄께"라고 말한다면 직원 등 뒤에 원숭이 형 인간이라는 꼬리표를 달아주는 셈이 된다. 그런 순간 마다 관리자는 영웅같은 역할을 맡게되고 원숭이형 직원은 힘없는 불쌍한 약자의 역할을 맡게 된다. 그 결과, 직원은 일거리 하나를 덜고 반대로 관리자는 신경써야 할 일거리가 하나 더 생기는 일이 벌어진다. 관리자가 신경쓰지 않으면 하루 대부분을 그런 원숭이형 직원들 뒤치다꺼리를 하면서 보내게 된다. 결국은 관리자 본연의 업무는 하지도 못한 채 모두가 하기 싫어하는 일만 떠안아 허덕거리게 되고 위에서는 일 못한다는 소리만 나오게 될 것이다.

시간이 없다는 것은 핑계에 지나지 않는다. 인간은 모두 똑같이 하루 24시간, 일주일 168 시간을 가지고 있다. 더 많이 가질 수도, 덜 가질 수도 있는 부분이 아니다. 문제는 그 시간을 어떻게 하면 유용하고 효과적으로 사용해 최고의 결과를 만들어내냐 하는 것이다.

실천편 _Just Do It

계획 수립과 조직화 능력

- 윗상사에게 자신이 맡고 있는 부서나 팀의 다음 분기, 반년, 1년 후 성과 기대치가 어느 정도인지 확실하게 확인할 것. 그래야 목표에 따르는 노력을 최대한 이끌어 낼 수 있다.

- 자신이 맡고 있는 직원들과 함께 논의해서 일의 우선순위를 정할 수 있는 방법을 생각해볼 것. 일정 기간 후에 어느 정도의 변화가 있는지 체크해 봐야 한다.

- 업무 분장을 하기 전에 잘못 될 수 있는 부분이 있는지 고민해보고 잠재적인 문제점들에 대한 대안까지 만들어놓는 계획을 세워라.

- 작은 일에 매달리는 행동들은 과감히 버릴 것. 각각의 업무마다 중간 점검과 기한을 정해놓고 더 커다란 목표를 향해 다가서고 있는지 매번

체크할 것

• 업무를 측정하고 평가할 수 있게 해야 한다. 이때는 윗상사와 보조를
  맞추어야 한다.

• 목표를 달성했을 때는 자기 자신에게도 상을 줘야 하는 시간을 가지도
  록 한다.

• 윗상사에게 회사에 대해 전반적인 설명을 들어야 한다. 그래야 회사의
  목표에 부합되는 일을 추진할 수 있는 근거와 자신이 만들어내야 하는
  결과물이 어느정도 되어야 하는지를 알 수 있게 된다.

• 시간 관리와 프로젝트 관리에 신경을 많이 쓸 것. 스케줄을 만들 때 자
  신이 사용할 수 있는 도구와 기술들은 무엇이 있는지 숙지하고 있어야
  하고 일에 대한 우선순위를 정해서 효율적으로 일 처리를 해야 한다.

• 업무와 관련된 계획을 세울 때 여러 가지 사항을 고려해야 한다. 전체
  적인 시간표를 작성하고 단순한 기대치가 아닌 실제 목표치를 설정하
  고 일부 권한을 다른 사람에게 넘기는 권한 위임도 생각해 놔야 한다.

• 크고 폭넓은 목표를 향해 가는 중간에 이루어야 하는 조그만 단계들에
  대한 세부 계획도 세워야 한다.

- 시간 관리 시스템은 필요에 따라 언제든지 업무의 우선순위를 재조정할 수 있게끔 유연하게 만들어놔야 한다. 그래도 항상 가장 중요한 일들을 먼저 처리하는 쪽으로 집중력을 발휘해야 한다.

- 다른 부서나 다른 회사에 있는 비슷한 사람들을 항상 유심히 관찰해라. 그리고 그들이 진행하는 일의 방식이나 시스템을 보고 배울 게 있다면 자신이 맡고 있는 부서나 팀에도 적용을 시켜보는 것도 좋다.

뛰어난 관리자는 자신의 아이를 양육하듯이 자진이 고용한 직원을 가르쳐 나간다. 못난 점들에 포커스를 맞추기보다는 직원 개개인이 가진 장점들을 중요하게 여기며 더 발전시켜준다. 그래서 최고의 관리자는 직원이 가진 재능과 장점을 극대화시키고 동시에 약점을 최소화시켜 업무 능력을 극대화시키고 뛰어난 역량을 보일 수 있게끔 만든다. 즉, 최고의 인재를 만들어 낼 줄 알아야 한다.

Section IV

업무 성과 관리

대부분의 회사들은 하나같이 최고의 상품과 최고의 서비스, 최고의 지원 시스템을 만들어 낼 때는 자부심을 가지면서도 내부적으로 가장 중요하고 근간이 되는 성과 관리 시스템 하나 변변히 갖춰놓고 있지 않다. 아주 오래된 구세대들이 쓰던 낡아빠진 프로그램을 아직도 적용하고 있기 때문에 전혀 쓸모가 없는 무용지물처럼 쓰이고 있다.

인사고과와 수행평가의 문제점들

관리자와 직원사이에서 인사고과와 수행평가는 마치 고슴도치의 사랑과 비슷해서 양쪽 모두에게 고통의 시간이 될 수 있다. 인사고과와 수행평가는 좋게 끝나는 것보다는 서로에게 상처만 남긴 채 끝나는 경우가 더 많다. 상사와 부하직원이 아무리 유대관계가 좋다 하더라도 그것 때문에 멀어질 수 있고 직원들의 사기를 올리기는커녕 떨어뜨리기만 하는 경우도 흔하게 벌어진다. 오해와 불신만 서로에게 안겨주면서 좋았던 관계들 사이에 높은 장벽을 세우게 된다. 인사고과와 수행평가는 어떤 것들보다 더 큰 상처를 남기기 때문에 회사를 그만두게 되는 직접적인 이유와도 밀접한 관계가 있다. 전통적인 방식에서는 관리자가 직원의 인간성, 정신자세, 근무 태도 등을 주관적으로 판단해서 결정을 한다. 그런 판단 기준을 부하직원에게 일일이 설명할 필요도, 답변할 필요도 없다.

흔히 인사고과나 수행 평가를 할 때 가장 많이 나오는 말 중 하나가 "알아요. 하지만...", "그런데..."이며 그 순간 관리자는 공격자가 되고 직원은 수비수가 되어 어떻게 보면 직원의 지구력 테스트 시간이 되기도 한다. 그래서 직원은 대게 "그런데, 저한테 그런 말 하신 적 없는데요", "알아요. 하지만 제 생각에는...", "그런데, 예전에 그렇게 말하셨었는데요", "그런데, 이런 말은 처음 듣는데요", "그런데, 기억이 나질 않는데요"라는 말로 얘기를 하다가 끝내는 포기하고 일어나 "좋습니다. 팀장님이 원하신데로 하세요. 저는 더 이상 할 얘기 없습니다"라고 말하지만 마음 속에는 씻어지지 않는 불만으로 가득차게 된다. 관리자는 속으로 "휴... 간신히 설득시켰네!"라고 생각할지도 모르겠다. 한편 밖에서 기다리고 있던 다른 직원들은 먼저 들어갔다 나온 직원의 얘기를 들어보고는 모든 것을 체념하고 자기 앞에 다가올 시간만을 멍하니 기다리게 된다.

학생들은 학교에서 한 학기동안 중간고사와 기말고사 시험을 통해 객관적인 평가를 받지만 직장에서는 일년동안 누군가가 보이지 않는 곳에 몰래 숨어서 철저하게 주관적인 관점을 가지고 평가하고는 끝내는 무시무시한 인사고과를 통해 피해자를 속출시킨다. 직원들은 인사고과 시스템이 세밀한 부분까지 폭넓고 정확하게 반영될 수 있기를 기대한다. 하지만 실상은 이렇다.

육상 선수가 코치에게 가서 "코치님한테 스톱워치가 있으니까. 내 기록이 어느 정도인지 말해주실래요?"라고 하면 "쭉 지켜보고 내년에 알려줄께"라고 답해주면 그 다음에 또 선수가 "그럼 내 기록이 어느 정도 좋아졌는지는 알려줄 수 있어요?"라고 답답해서 물어보면 코치가 "글쎄, 기록에 무슨 문제가 생기면 그때 알려줄께"라는 말들과 지금의 관리자가 직원들을 상대로 하는 인사고과 및 수행평가 방식이 뭐가 다른 것일까? 그렇다고 관리자들에게 있어서도 인사고과나 수행평가가 편한 것만은 아니다. 그래서 대부분 늦출 때까지 최대한 뒤로 미루다가 한 번에 최대한 빨리 다 끝내버리고 싶어한다. 그리고는 직원들에게 의례적인 미안함을 보이고 모든 비난의 화살을 회사나 인사부서로 돌린다. 인사고과나 수행평가 앞에서 직원들은 보통 무방비 상태로 일방적으로 당하는 느낌을 받게된다. 예전 세대에서는 아무런 거부감없이 당연한 것처럼 생각해서 "알겠습니다. 팀장님이 말씀하신데로 따르겠습니다. 이제 나가 봐도 되겠습니까"라고 말하는 것이 일반적이었다. 하지만 지금은 어떻게 해서든 자기가 옳다고 믿는 생각과 의견을 조금이라도 더 말하고 싶어하는 시대이므로 "하지만...", "그런데..."라는 표현을 많이 쓸 수 밖에 없다는 것을 알아야 한다.

일반적인 대화

요즘 직원들은 예전보다 더 영리하고, 자신의 권리에 대해 더 많은 관심을 가지고 있고, 이직률도 더 높다. 가끔 "지금 뭐라고 하시는 거에요?"라는 식으로 때론 당돌하게 물어보기도 하고 때로는 아예 아무 말없이 회사를 그만두기도 한다. 그래서 인사고과나 수행평가의 시간은 직원들뿐만 아니라 관리자에게도 더 힘들고, 더 어려운 시간이 되었다. 다음에 일반적으로 볼 수 있는 둘 사이의 대화 내용을 실었다.

위와 같은 상황에서는 보나마나 관리자의 구태의연한 방식 때문에 불만이 가득차 넘치는 직원을 볼 수 있다. 위의 예처럼 모든 직원들이 불만을 다 토로하는 것은 아니다. 그냥 마음 속에만 품고 있는 경우가 더 많을 수도 있다. 더 큰 문제는 인사고과나 수행평가가 너무 늦게 일어난다는 점이다. 예를 들어 하나 밖에 없는 이쁜 딸의 생일날은 가만히 있다가 5~6개월 지나서 그동안 너무 바빠서 챙겨줄 시간이 없었다고 하면서 생일 축하한다라고 말한다면 딸은 보나마나 "아빠가 나한테 그렇게까지 신경을 안쓰는데, 나도 그냥 아빠 신경않쓰고 살래요"라고 말할지도 모른다.

어떻게 하면 잘 할 수 있을까?

이렇게 복잡하고 어려운 인사고과 시스템을 어떻게 하면 효과적으로 바꿀 수 있을까? 먼저 직원들에 관해 평가할 때는 항상 최신 자료를 가지고 감정적이나 즉흥적이 아닌 논리적인 과정을 거쳐야 하고. 평가 시스템 자체에 문제가 없는지도 살펴 봐야한다. 직원을 단순히 돈을 주고 자기 맘대로 부리는 사람정도로 생각해서는 안된다. 직원이 책임감있고, 성숙된 자세로 평가과정에 참여하는 모습을 보고 싶다면 관리자가 먼저 그렇게 행동해야 한다. 그래서 서로 평가 항목들에 대한 리뷰를 거쳐야 하며 서로의 의견을 허심탄회하게 나눌 수 있어야 한다. 없던 항목이 갑자기 생겨서도 안되고 그런 항목이 설령 있다 하더라도 얼토당토않은 내용이 되어서는 안된다. 그리고 무엇보다 중요한 것은 그런 평가 시스템은 1년 내내 적용되어야지 일년에 단 하루 날을 잡아서 누군가를 평가한다는 것 자체가 올바르지 못한 방법이다.

인사고과나 수행 평가 시스템을 효과적으로 만들기 위해서는 먼저 그것의 진정한 목적이 무엇인지를 이해하고 있어야 한다. 그런 시스템은 직원의 업무 능력을 증진시키기 위해 만들어진 것이다. 직원들은 자신과 자신이 한 일에 대해 인정받고 싶어하고, 칭찬받고 싶어한다. 이런 평가 시스템을 통해 지난 1년 동안 자신이 했던 일에 대해 완벽하고, 정확하게 리뷰할 수 있다면 자신이 정말 열심히 했는지, 아닌지를 알게 되고 그것을 통해 또 다른 동기부여를 가질 수 있는 계기가 된다. 하지만 "우리 팀장은 내가 무슨 일을 했는지조차 몰라"라고 말한다면 그런 평가 과정은 아무짝에도 쓸모없는 게 될뿐이다.

바람직한 대화 내용

관리자는 항상 인사고과나 수행평가를 할 때 일방적인 방식이 아닌 직원과 함께하는 방식으로 해야한다. 예를 들어 다음과 같은 대화 내용처럼 하는 것이 바람직하다.

관리자 다음 항목은 자발적으로 얼마나 일을 찾아서 했는가라는 것인데 어떻게 생각해?

직원 제 생각에는 누가 요청하기 전에 제가 먼저 나서서 필요한 일을 처리한 것을 물어보시는 것 같은데 맞나요?

관리자 그래. 그런 거에 주안점을 두고 어느 정도 일을 한 것 같나?

직원 상당히 많은 부분에서 그렇게 했던 것 같습니다.

관리자 구체적으로 예를 들면?

직원 음.... 거기에 대해 말씀드리자면...

세 가지 필수 단계

올바른 수행평가 과정이 되려면 다음과 같은 필수적인 단계들을 거쳐야 한다.

목표 설정

관리자와 직원이 수행평가 기간이 끝날 때까지 달성해야 하는 목표에 대해 서로 합의를 해야 한다. 목표는 반드시 구체적이어야 하고, 수량적으로 평가가 가능해야 하고, 현실적으로 달성이 가능한 것들이어야 하고, 결과에 우선을 두어야 하고, 정해진 기간 내에서 할 수 있는 것들이어야 한다. 관리자와 직원은 필요하다면 언제든지 목표와 관련된 미팅을 가져야 하며 직원들에게 분명히 관리자가 세세한 부분까지 다 파악하고 있다라는 생각을 심어줘야한다. 그래야 업무가 더 원활하고 수월하게 전개될 수 있다.

자신이 하고 있는 일이 어느 정도나 회사에 공헌을 하고 있는 것이고, 어느 정도 회사에 영향을 주고 있는지 그리고 회사에서는 자신의 일에 대해 어느 정도나 인정을 하고 있는지를 알고 싶어한다. 그렇기 때문에 자신의 업무가 어느 정도로 평가받고 있는지를 정확히 알게 되면 다음 단계로 업무 스케줄을 좀 더 현명하게 조절하게 된다. 반대로 자신의 업무가 어느 정도까지 중요하게 생각되고 있는지를 모르게 되면 그 다음에는 하루의 업무 일정까지도 제대로 된 계획하에 진행하지 못한다. 오히려 업무에 이끌려 다니면서 수동적인 사람이 된다. 이일 저일에 끌려 다니면서 아무 생각없이 하루를 보내고 결국에는 중요치 않은 일을 가지고 밑바닥에서 헤매게 된다.

과정 평가

관리자와 직원의 미팅시에 직원은 계획을 실천하기 앞서 결제를 득해야 할 것들과 문제점들의 해결과 관련해서 관리자와 상의해야 할 필요가 있는 부분들 그리고 새로운 아이디어들을 준비해야 하고 관리자는 직원에게 어떤 문제가 있다면 그것에 관해 얘기할 준비를 하고 임해야 한다.

이 때 관리자는 직원의 문제점들을 인사고과시 반영하기 위한 데이터로만 가지고 있어서는 안된다. 그전에 직원의 문제점을 지적해주고 해결할 수 있는 방안을 전달해 줘야지만 직원들이 인사고과나 수행평가 시에 큰 불만을 가지지 않는다. 직원이 별 문제없이 일을 잘 하고 있다면 그 때는 관리자가 나서서 칭찬을 아낌없이 해주므로써 더 열심히 일을 할 수 있는 분위기를 만들어줘야 한다. 그런 칭찬이 없다면 직원들은 자신에게 문제가 있을 때만 불러서 혼낸다고 생각을 하게 된다. 다음처럼 얘기하는 것은 과정 평가라고 볼 수 없는 좋지 않은 샘플이다.

관리자	잘되고 있나?
직원	네
관리자	다른 문제는?
직원	아무것도 없습니다.
관리자	그래, 그럼 기대해도 되지?
직원	최선을 다하겠습니다.
관리자	좋아. 더 이상 할 얘기없는 것 같으니까, 나가봐

정말 아무짝에도 쓸모없는 미팅이다. 단지 시간낭비일 뿐 위에처럼 관리자가 막연하게 물어보고 핵심을 겉도는 얘기만 하게 되면 어떤 일이 생길지는 여러분 상상에 맡기겠다.

최종 평가

처음에 없던 평가 항목이 갑자기 중간에 생기는 일이 없어야만 하고 관리자와 직원은 처음에 애기됐던 부분들만 놓고 마주해야 한다. 평가 점수를 부여할 때 관리자 임의대로 타당성없이 전체 평균만 적당히 맞추기 위해 다소 억지로 만들어 가는 방식은 절대 안된다. 예를 들어 4명에게 점수 줄 때 분포를 고르게 하기 위해서 한 명에게는 최고점을, 두 명에게는 평균을 나머지 한명에게는 최하 점수를 줘서 평균점을 맞춘다면 어느 누구에게도 도움이 되지 못한다. 모두 소중한 사람들인데 왜 그렇게까지 하면서 소중한 관계를 다 단절시키려고 하는지 모르겠다.

"미안해. ○○씨, 내 마음은 그게 아닌데 평가 점수를 주다보니까. 이 항목은 점수를 좀 낮게 줘야 할 것 같아. 다른 직원들도 다 그렇게 했으니까, 이번엔 ○○씨가 좀 이해해줘. 우리 회사 특성상 너무 높게만 주면 골치아프게 되는 거 알지? 그러니까 그냥 이해하고 넘어가자"라는 식으로 말하는 관리자가 있다면 당장 회사를 그만두고 나가라고 말하고 싶다.

무엇보다 제일 안좋은 것은 어느 누구도 자세한 내용을 모른 채 회사에서 직원들의 순위를 매기는 것이다. 예를 들어 60명의 직원 중 42등을 했다고 직원에게 애기해줘야 한다면 얻는 게 무엇일까? 어떤 기준을 가지고 그렇게 되었냐고 직원은 따져 물을 게 뻔하고 상사에게 적잖은 배신감을 느끼게 될 것이다. 그렇다고 그런 사실을 숨기고 비밀로 한다는 것은 더 나쁜 결과를 불러오게 뻔하다. 회사 내에는 어떤 비밀로 존재할 수 없다는 사실은 계속 얘기했었고 이 책을 읽는 독자들도 공감할 것이다 그런 얘기를 다른 직원을 통해서 듣게 되면 보나마나 "제가 60명 중 42등을 했다는 얘기를 들었는데요. 왜 저한테 직접 얘기안하고 다른 사람들 통해서 듣게 하신거죠?"라는 식으로 말할 것이다.

필자가 아는 어떤 회사는 직원들의 등급을 매긴 후 각각의 등급별로 서로 다른 색으로 분류를 해놓았다. 그리고 그 기준은 업무 수행 능력과 잠재성을 기준으로 했는데 잠재성이 구체적으로 무엇을 말하는지 아무도 그 의미를 알지 못했다. 그래서 직원들 스스로도 "어이! 파란색", "어이! 녹색"이라고 빈정대듯이 부르곤 했지만 회사는 비밀이 유지된다고 생각하고 계속 그런 식으로 직원들의 등급매기기를 계속 하고 있었다. 언제까지 직원들이 그런 사실을 모른다고 생각할까? 직원들 대부분은 그렇게 회사에서 기밀 사항이라고 생각하는 부분들을 출근 첫날부터 알 수 있는데 말이다. 그리고 또 직원들에게 숨기는 비밀들이 얼마나 많을까 하면서 이리저리 기웃거리게 만드는 꼴이 된다.

위의 회사에서 가장 큰 문제는 잠재성의 판단 기준이 너무 막연하다는 것이다. 잠재적으로 가지고 있는 에너지는 어떤 사람은 빠르게 어떤 사람은 느리게 발산되는데 그게 언제 어느 정도 발휘될지 누가 알 수 있을까? 모든 사람은 누구에게나 잠재 능력을 가지고 있는데….

목표 설정

때로는 어떤 목표들은 수치로 나타낼 수 있는 것들이 아닐 수도 있다. 예를 들어 올해의 목표는 "많은 지식쌓기" 또는 "업무와 관련된 인간관계를 더 넓히기" 그리고 "특별 프로젝트 팀의 업무를 충실히 수행하기" 등이 될 수 있다. 대신 모든 목표는 6하 원칙에 의거해서 반드시 해야 하는 일들을 명시해야 한다. 그리고 모든 목표는 결과만 놓고 판단해야 하고 다음 세 가지 범위 중 한 가지 정도에 해당해야 한다.

1 정기적인 업무를 지속적으로 원활히 유지
2 업무 향상과 문제 해결에 관한 목표
3 독창적이고 창의적인 목표

인사고과나 수행평가 시 급여 인상에 관해 주안점을 두고 얘기하는 것은 좋지않다. 급여인상은 여러 가지 요인들을 놓고 종합적으로 생각해 봐야 하는 문제이며 인사고과 점수는 그런 요인들 중 하나지 가장 중요한 요소로 작용하는 것은 별로 권하고 싶지 않다. 그렇기에 수행 평가와 급여 인상에 관한 미팅은 별도로 진행하는 것을 권장한다.

목표를 세울 시간도 없고 진행 과정을 체크하거나 수행 평가를 할 시간도 없다고 투덜거리는 관리자는 월급을 받으며 회사에 남아있을 필요가 전혀없다. 그것은 마치 렘브란트가 그림을 그릴 시간이 없다고 말하는 것이나 아인슈타인이 연구할 시간이 없다고 말하는 것과 마찬가지이다. 직원을 성공적으로 이끄는 것은 관리자가 자신의 일을 다 마치고 그래도 시간이 남아돌아서 그 때서야 신경 써야 하는 일이 아니다. 직원을 성공적으로 이끄는 것이 관리자의 본연의 업무이기 때문이다. 그런 시간에 충실히 임하고나서 다른 일을 해야한다.

의사소통

목표를 세우고 진행 과정을 검토하고 수행 평가시에 직원의 의견을 될 수 있는데로 많이 들어야 하고 관리자는 수시로 진행상황을 체크해야 한다. 그렇기 때문에 열심히 하는 관리자라면 항상 직원과 공동으로 세운 목표에 부담감을 가져야 하며 자신이 이루고자하는 목표에 대한 확고한 의지를 가지고 있어야 한다. 단순히 "최선을 다해라!"라는 말로 모든 것을 해결하려고 하기보다는 목표를 향한 단계에서 좀 더 구체적인 생각을 가지고 있어야 하고 어려운 상황을 돌파해 나갈 수 있는 대안을 가지고 있어야 한다. 그래서 능동적으로 자신이 세운 목표를 만들어 갈 수 있는 방향으로 전진해 나가야 한다. 이렇게 되기 위해서는 직원들을 닦달한다고 해서 쉽게 되는 것이 아니라 직원들이 좀 더 현명하고, 더 진취적으로 움직이는 모습을 보일 때 가능하다.

직원들과의 의사소통이 원활이 이루어진다면 더 좋은 아이디어들을 얻을 수 있는데 그런 의사소통은 관리자의 일방적인 지시가 아니라 서로 자유롭게 의사를 교환할 수 있는 분위기에서 가능하다. 결혼 생활도 마찬가지이다. 한쪽은 말만하고 한쪽은 듣기만 하는 일방적인 대화 속에서는 절대 행복할 수 없듯이 직원과 관리자 사이에서도 서로 간에 피드백이 있어야 만 된다.

　전혀 도움이 안되는 몇가지 대표적인 말들이 있는데 예를 들어 "내가 능력이 좀 떨어지는 관리자라고 생각하는데 그렇지 않아?"라던가 아니면 "나한테 뭐 불만 없지?"라는 말들이다. 그런 말을 하기 보다는 전체 회의에서나 개별 미팅에서 항상 올바른 피드백을 주고받아야 한다.

　필자가 추천하는 좋은 방법 중 하나는 "시작할 것, 그만 할 것, 계속할 것"이라고 불리는 방법이다. 주기적으로 직원들에게 양식을 만들어서 그 안에 내용을 써넣게 하는 것으로 〈그림 13〉과 같다. 그 양식에는 어떤 평가 점수를 부여하기 위한 자료가 아니므로 직원들도 별 거부감없이 작성할 수 있어야 하며 객관적으로 자신이 해야 할 일들에 대한 단순한 메모 형식이다.

▶ **'시작할 것, 그만 할 것, 계속해야 할 것'들의 피드백 양식**　　　〈그림 13〉

(1) 관리자인 내가 지금 바로 시작했으면 하고 바라는 것은?

(2) 관리자인 내가 지금 바로 그만뒀으면 하고 바라는 것은?

(3) 관리자인 내가 계속 유지해 나갔으면 하고 바라는 것은?

오늘날의 직원들은 자신의 성공을 위해서라도 단순히 수동적인 역할을 하는 것에 만족해 하지 않는다. 과거에 했던 업무들에 대한 정확하고도 충실한 검토를 통해 발전해 나가길 원하므로 관리자는 직원들의 그런 생각들에 힘을 보태줘야 한다. 자신의 값어치를 매기는 일은 언제나 수행 평가 과정을 통해서 중요하게 이루어지므로 직원들이 능동적으로 자신을 평가하는 자리에 참여해야 한다. 관리자는 정확한 검토가 이루어질 수 있도록 직원들로부터 많은 얘기를 들어야 하고 반대로 직원은 전체적인 수행 평가과정에 대한 충분한 이해와 책임감을 가지고 있어야 한다.

관리자와 직원이 서로 힘겨루기 하면서 흠집을 내려고 하는 것보다는 서로 협조해서 직원이 정확히 어떤 성과를 냈는지 알 수 있도록 해야 한다. 그리고 이런 과정 속에서 앞으로 어떻게 하면 더 나은 성과를 올릴 수 있는지 그런 부분에 주안점을 두고 얘기를 해야 하는 것을 잊으면 안 된다. 직원의 잘못된 점에만 너무 매달리게 되면 마치 그 직원을 질책만 하는 것으로 비춰질 수 있고 반대로 앞으로의 가능성에 대해 주안점을 두고 얘기하면 발전적인 얘기가 될뿐 아니라 분위기가 좀 더 부드러워질 수 있다. 주위 사람들이나 거래처 혹은 고객들의 의견이 포함된 객관적인 평가는 더 정확할 수 있다.

관리자와 직원이 서로 협조적으로 평가서를 작성해나가는 방법을 취할 수 있는데 다음 몇 가지 예를 들어봤다.

- 먼저 직원이 직접 평가서에 자신의 점수를 매기고 그 다음에 관리자의 생각을 첨부한 후에 둘 사이에 의견차이가 있다면 서로 의견을 나누면서 조정해 나간다.

- 관리자와 직원이 함께 공동으로 평가서를 기입해 나간다.
- 직원이 자신의 점수를 먼저 매기고 관리자가 그것을 바탕으로 최종안을 만든다.
- 관리자가 먼저 평가서를 작성하고 그 위에 직원의 생각을 첨부해서 하나로 만든다.

연봉 협상과 관련해서

어떤 회사에서나 인사관리 부서와 관리자 사이는 항상 안좋게 마련이다. 인사관리 부서에서 보면 관리자는 늘 회사의 정책이나 절차를 중요하게 생각 안한다고 생각하고 반대로 관리자들은 인사관리 부서가 늘 정책이나 절차를 충분히 설명해주지도 않거나 별로 현실적이지 않다고 생각한다. 인사관리 부서에서는 관리자들이 모든 내용을 다 알고 있고 그에 따라 움직일 것이라고 생각한다. 그래서 항상 둘 사이에는 문제가 발생하기 마련인데 실제로 급여 조정 시기에 많은 관리자들은 직원에게 전달해줘야 할 내용을 잘 알고 있지 못하기 때문에 아무 말도 해줄 수가 없게 된다.

필자가 예전에 직장 생활을 할 때 한번은 급여 명세서에 찍힌 월급이 조금 더 많이 나온 것을 보고 이상해서 상사에게 어떻게 된 일인지 물으러 간적이 있었다. 그러자 상사가 "아, 맞어 자네 월급이 좀 올랐어. 그렇지 않아도 말해줄려고 했었는데"라고 하는 것이었다. 순간적으로 상사를 보면서 속으로 "이 사람은 도대체 하는 일이 뭘까? 인사관리 부서도 그렇고"라는 생각이 들었던 적이 있었다.

관리자들은 흔히 무슨 말을 어떻게 하는게 좋을지 모르기 때문에 직원한테 단순하게 "자네 이번에 3% 올랐어. 난 더 주고 싶었는데 올해는 그 이상으로는 힘들다고 하네"라고 말하기도 한다. 또 좀 영리한 사람들은 "자네, 월급을 금년에는 8% 인상시켜 달라고 강하게 얘기했는데 인사관리 부서에서 3%로 깎아버렸어. 자네도 그 사람들이 어떤지 잘 알잖아. 더 이상 내가 해볼 수 있는 게 없네!"라고 말하기도 한다.

그렇다면 어떻게 하는게 좋은 방법일까? 거기에 대한 명확한 답을 가지고 있는 사람은 없다. 그만큼 어려운 문제이기 때문이다. 대신 인사고과나 수행평가를 거치고 난 다음에 급여 인상에 대해 별도로 얘기해야 한다는 것만큼은 명심하기 바란다. 둘을 한번에 동시에 처리하려고 해서는 절대 안된다. 그렇게 되면 직원들은 자신의 월급이 어느 정도 올라갈지 그것만 신경쓰느라 다른 얘기는 절대 귀에 들어오지 않게 된다.

자신이 맡고있는 부서나 팀 안에서 업무 능력에 따라 급여 인상폭을 나름대로 생각해 놓고 있어야 하며 그걸 바탕으로 만들어 가야 한다. 만약 그런게 없다고 하면 지금이라도 당장 만들어야 하는데 그런 인상폭의 범위는 최소, 중간, 최대로 나누어 만들어야 한다. 회사에서 1년에 한번 씩 인상 급여안을 내놓기 때문에 관리자가 어떻게 할 수 있는 운신의 폭이 좁다 하더라도 나름대로 만들어보는 게 좋다. 그래서 제일 좋은 것은 중간점을 맞추어 나가는 것인데 직원들에 대한 기대치가 어느 정도 달성되었냐에 따라 개별적인 평가를 해봐야 한다. 예를 들어 신입같은 경우나 자신의 직급에서 미달되는 업무를 보이는 직원같은 경우는 중간점보다 낮게 책정을 해야 하고 관리자가 기대했던 것 이상으로 업무를 처리하는 직원들은 중간점보다 높은 범위에 속하도록 만들어야 한다. 그렇게 해서 급여 인상은 업무 능력이 지속적으로 향상되어 가는 모습과 발맞추어 나갈 수 있게 해야한다.

그리고 직원과 연봉 협상 테이블에 앉아 최악의 모습을 보이는 경우는 직원에게 수고했다는 격려의 말 한마디없이 아무 생각없는 듯한 모습으로 "자네는 5% 인상이야. 나가봐!"라는 식의 말만 던지고 끝내는 경우이다. 연봉 협상을 좀 더 효과적으로 하기 위해서는 다음과 같은 몇 가지 점을 기억하고 있어야 한다.

정확히 말하라　회사의 급여 인상안에 대해 분명하고 간결하게 설명해주어서 직원으로 하여금 자신이 현재 회사에서 어느 정도 인상 폭의 범위에 해당하는지 알려주어야 한다. 그리고 언제부터 정확히 얼마를 더 받게되는지를 알려주어야 한다.

급여 인상에 참고가 되었던 인사고과 점수에 대해 검토해 볼 것　직원이 자신의 급여 인상안에 대해 불만이 있다고 해서 그들과 논쟁하려 들지 말고 마음을 열고 직원의 입장이 되어 애기를 해야 한다. 최대한 객관적인 자료를 많이 보여주면서 왜 그렇게 되었는지를 설명해야되고 이때 절대로 다른 직원들의 급여가 얼마나 되는지를 말해서는 안된다.

급여를 놓고 협상하려들지 말 것　직원에게 회사의 급여 정책을 충분히 설명하고 공정하게 평가가 이루어졌다고 생각한다면 더 이상 소극적일 필요도 없고 미안해하는 듯한 모습을 보이지 않아도 된다. 그리고 회사를 탓하거나 담당 부서를 비난하거나 사장을 원망하는 듯한 말투를 내비쳐서도 안된다.

직원이 급여 인상에 대해 만족해하지 않는다면 다음에 어떻게 하면 좀 더 많은 급여 인상폭을 가질 수 있는지 그 방법을 가지고 직원과 함께 얘기해보는 것이 좋다. 대신 절대 지키지 못할 약속은 하지 말아야 한다. 관리자인 당신이 할 수 있는 것들만 얘기해야 한다. 팀이나 부서의 전체적인 업무 평가도 반영되어야 하고 회사의 급여 정책이 어떻게 변할지 모르는데 섣부른 판단으로 공수표를 남발해서는 안된다. 그러다가 나중에 직원들한테 "저한테 그 때 약속하셨잖아요"라는 말을 듣기 시작한다면 그 때는 정말 더 피곤해질 것이다.

직원 중 누군가를 특별히 급여를 좀 더 올려줘야 할 필요가 있다고 생각된다면 연봉 협상이 시작되기 전에 물밑 작업을 벌여야 한다. 연봉 협상이 다 끝나고 급여가 조정된 후 인사관리 부서에 가서 자신의 직원 중 누군가가 급여 인상이 충분치 못하다고 따져봤자 원론적인 얘기만 듣고 나오게 된다. 하지만 연봉 협상이 시작되기 전에 미리 인사관리 부서에 가서 그런 얘기를 하게 되면 그 직원이 정말 연봉 인상이 좀 더 필요한 직원인지 아닌지 충분히 검토할 수 있는 시간을 가지게 할 수 있고 만약 담당 부서에서 회사 전체적인 급여 인상안에 어느 정도는 맞추어야 하기 때문에 한 사람에게만 너무 무리한 범위의 인상폭을 줄 수 없다고 한다면 보너스나 스톡 옵션, 인센티브 형식의 다른 방법으로 기대치보다 모자른 부분을 채워 줄 수 있는 방법을 제안해 보면 된다. 그리고 인사관리 부서에서 지금도 충분히 주고 있기 때문에 굳이 더 이상 올려줄 필요가 없다고 한다면 심호흡을 크게 하고 그 직원에게 가서 사실대로 말해 주면 된다. 그게 관리자가 해야 할 일이다.

업무 능력 향상을 위한 계획안 작성

직원에게 있어 업무력 향상 계획서는 두려움의 대상이 되기도 한다. 인사고과나 수행평가처럼 이것 역시 관리자가 직원을 일방적으로 몰아붙일 수 있는 수단으로 악용되기도 한다. 직원들은 "팀장님이 말씀하시는 것을 모두 다하려면 슈퍼맨이 되어야 할 것 같은데요"라는 말을 자주 한다. 솔직히 모든 일을 다 잘해내는 사람은 만화 속 주인공 외에는 없다. 그런데도 회사에서는 어떻게 보면 "아는 건 많지만 제대로 하는 건 하나도 없는 놈"을 만들어 내고 싶어 안달이 났는지도 모르겠다. 직원은 다재다능하거나 결점이 없어서 성공하는 게 아니라 어떤 일에서 전문가급이 됐을 때 성공하는 것이다. 그 어떤 일은 열정을 가지고 자신이 좋아해야 하며 동시에 회사의 요구와 부합되는 일이어야만 한다. 업무력 향상을 위한 계획을 세울 때 관리자는 일일이 지시를 하기보다는 직원의 업무 능력 향상을 위해 필요한게 무엇인지 물어봐야 한다.

예를 들어 다음과 같은 내용들에 중점을 두어야 한다.

• 일을 지금보다 더 잘하기 위해 필요한 게 무엇이라고 생각하는지?
• 위에서 말한 것들을 하기 위해서는 어떤 행동들이 뒤따라야 한다고 생각하는지?

직원들이 자신이 무엇을 원하는지 모른다고 해서 문제될 건 없다. 그게 정상이고 그렇기 때문에 그런 것을 알 수 있도록 하기위해 계획을 세우는 것이다.

직원들과 얘기할 때 원치 않는 것이나 하고 싶지 않은 부분에 대해서는 가급적 신경을 많이 써야한다. 좋고 긍정적인 얘기들을 바탕으로 계획이 세워져야 하는데 현실에서는 많은 직원들의 문제점만을 나열하고 그에 따른 계획이 세워진다. 마치 인사고과나 수행평가시 직원의 약점을 들춰내고 흠집 내는 시간으로 여기듯이 계획을 세우는 일도 그렇게 하려고 한다. 그래서 직원들은 자신이 원하던, 원치않던 해야만 하는 일들로 리스트가 꽉 채워지는 계획안을 받게 된다. 그것보다는 직원의 장점과 관심사 위주로 계획안이 만들어져야 한다. 일반적으로 하나의 분야에서 월등한 사람이 전혀 다른 분야에서는 평균 이하의 모습을 보이는 경우가 많다. 예를 들어 세계 최정상급의 피아니스트는 아마 운전을 배워볼 시간도 갖지 못했을 것이고, 데이트할 시간도 남들만큼 갖지 못했을 것이고 많은 친구를 사귈 시간도 남들만큼 갖지 못했을 것이다.

직원의 장점을 더 키울 수 있게 만들어라. 그들이 못하는 걸 가지고 일일이 따지려 들지마라. 세계 최고의 피아니스트를 만들기 위해서는 피아노 연주에만 집중할 수 있도록 만들어야 하는 것처럼 다른 것에 신경 쓰게 해서는 안된다.

다음에 좀 황당해 보이기는 하겠지만 그래도 우리 주위에서 흔하게 일어나는 일들을 좀 과장되게 설명해 보았다. 빌게이츠에게 어떤 일이 벌어질지 상상해보자.

"안녕, 빌! 오늘은 내년도 계획에 대해 얘기해 보려고 하는데. 지금까지 당신은 CEO로써 역할을 충분히 해오고 있고 회사에 대해서도 신경을 많이 쓰고 있는 건 좋지만 이제는 당신이 잘하지 못하는 일들에 대해 좀 신경을 써야 할 것 같아요. 그래서 앞으로 해야 할 일 몇 가지를 적어왔는데 먼저 당신은 십자수를 모르니까 그걸 좀 배워야 할 것 같아서 학원에 등록했어요. 그리고 스와질리어도 모르니까 인터넷 강의들을 수 있게 신청해놨어요. 그리고 경력 사항을 보니까 아이스하키를 한 번도 해본 적이 없는 것 같아서 회사 아이스하키 팀에 들어가서 해보는 게 좋을 것 같아요. 자, 이제 다 됐죠? 모두 잘하리라 믿어요. 내년에 또 봐요"

대부분의 직원들과 다르게 빌은 CEO니까 그런 말을 한 사람에게 거부감을 표시했을 것이다. "나는 그런 일에 관심없는데. 별로 하고싶지 않아"라고 자신의 의사를 분명히 밝혔을 것이고 그 말을 들은 관리자가 "빌, 난 당신에게 어떤 일이 필요한지 잘 알아요. 그러니까 내가 한 말을 무조건 따라야 해요. 지금 그 모습은 별로 좋지 않은 자세라는 거 알고 있죠?"라고 말한다면 빌은 크게 낙담하고 풀이 죽어 자신이 초라해지는 듯한 기분을 느끼면서 사무실 밖으로 나갈게 뻔하다. 여러분이 관리자라면 직원에게 그런 기분이 들게끔 얘기하지 말아야 한다.

자신의 주위를 돌아보면 지금까지 필자가 한 얘기들이 실제로 곳곳에서 일어나고 있다는 것을 공감할 수 있을 것이다. 일반적으로 관리자들은 하루동안 자기 밑에 있는 모든 직원들과 계획안을 가지고 개별 미팅을 진행한다. 그래서 자신이 정말 하고 싶어서 신경쓰고 철저한 사전 준비를 하고 미팅에 임한다 하더라도 자기 차례를 목이 빠지게 기다리다

가 하루를 그냥 허송세월로 보내다가 관리자와 마주해서는 "너무 늦었
으니까 빨리 끝내자"라는 말부터 먼저 듣게 된다. 직원의 의견을 피력하
기도 전에 김이 빠지고 화가 나기도 하면서 결국에 듣게 되는 말은 "자
네도 알겠지만 오늘 하루 정말 정신없이 바쁘네. 그러니까 바로 본론으
로 들어가지. 이거 받아! 내가 짜 놓은 계획안이니까"라는 일방적인 지
시뿐이다. 직원에게 "자네 생각은 어때?"라고 물어볼 생각조차 하지 않
는다. 직원은 관리자가 즉흥적으로 아무 생각없이 이리저리 옮겨놓는 물
건이 아니다. 그런 행태가 계속 벌어지게 된다면 회사와 관리자의 미래
는 암울하게 될게 뻔하다. 그것처럼 대부분의 회사와 관리자들은 그런
식으로 직원의 의견은 무시한 채 일방적인 통보 형식으로 직원 개개인의
능력을 키워줄 수 있다고 믿고 있지만 큰 오산임에 분명하다.

최악에서 최고로 변화시키기

인간은 변화를 두려워한다는 말이 있는데 변화되어가는 것을 두려워한다는 말이 더 정확하다. 아무런 설명없이 무조건 하라고 강요받는 걸 좋아 할 사람은 아무도 없을 것이다. 하지만 그런 일들이 회사라는 조직 안에서는 비일비재하게 일어난다. 직원을 변화시키려면 그에 따르는 구체적인 얘기들을 전달해 주는 것이 꼭 필요하고 자신이 정확하게 무엇을 해야 하고, 어떻게 해야 하고, 왜 해야 하는지 그 이유를 정확하게 알려줘야 한다. 인간이라면 누구나 변화의 과정에서 막막한 두려움과 불안감을 느끼게 마련인데 그런데도 관리자들은 아무런 것도 알려주지 않으면서 무작정 변화가 일어나길 바라는데 그건 꼭 아무것도 안하고 가만히 있으면 변화라는 놈이 제발로 알아서 찾아오기를 바라는 것과 같다.

직장 내에서 많은 변화 때문에 심적 부담을 크게 느끼게 되면서 정신적으로 불안에 떨고 있는 직원들이 곳곳에 있다. 그런 변화가 너무 두려워서 출근 시간 전부터 두려움에 떨며 회사 문 앞에서 들어가기를 망설이는 직원도 흔하게 볼 수 있다. 혹은 수년동안 한 회사에서 몸담고 있었으면서도 마치 출근한지 얼마 안 된 회사처럼 낯설게 느껴진다는 사람들도 있고 자신이 해왔던 업무들에 적응하지 못해 애를 먹고 있는 사람들도 많다. 변화는 다양한 차원에서 사람들에게 영향을 미친다. 때로는 이혼률을 증가시키기도 하고 알콜 중독에 빠지거나 약물 중독에 빠지는 것처럼 악영향을 주기도 한다. 관리자가 그런 사실을 제대로 인지하고 있지 못한다면 직원에게 심각한 부담만을 안겨주게 되고 그로 인해 변화에 대한 강력한 반발심을 불러일으키게 된다.

변화의 단계

사람은 일반적으로 비슷한 변화의 과정을 겪게된다. 거의 모든 상황에서 거의 모든 사람이 똑같은 기본 단계를 거치게 되는데 학자들에 따라 5단계, 6단계로 나누는데 필자는 좀 더 간략하게 크게 4 단계로 나누어 설명할 것이다. 〈그림 14〉에서 보는 것처럼 U자형의 변화 과정이 나타나는데 첫 번째 단계에서 마지막 단계까지 다다르는 시간은 사람에 따라서 하루가 될 수도 있고, 한 주, 한 달 혹은 일년이 걸릴 수도 있다. 어떤 사람은 한 단계에서 계속 머무르고 쉽게 빠져나오지 못하는 경우도 있을 수 있고 또 어떤 사람은 바로 다음 단계로 넘어가는 경우도 있다. 하지만 어떤 사람이든 단계 하나를 건너 뛰어 다다음 단계로 넘어가는 것은 결코 쉽지 않은 일이다.

변화는 정신적으로 충격을 심하게 받는 일이지만 "반드시 극복해야 하는 일"이라고 흔하게 얘기들 한다. 우리가 평생동안 들어야 하는 말 중 하나가 바로 변화와 관련된 말이다. 그렇다면 관리자의 임무는 무엇일까? 그것은 변화가 일어나는 것을 거부하지 못하도록 하는 것이다. 그래서 마지막 단계인 책임을 느낄 수 있도록 변화의 과정을 순조롭게 극복할 수 있도록 해줘야 한다.

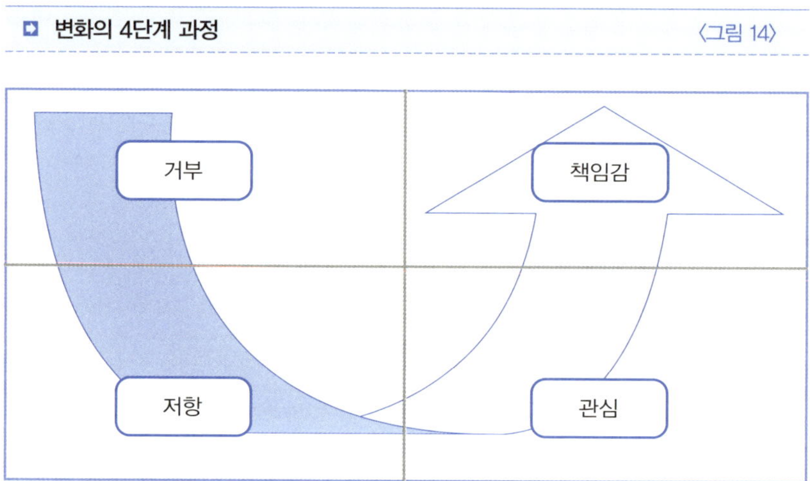

각 단계를 구체적으로 살펴보면 다음과 같다.

1 단계 거부

변화로 인해 제일 먼저 일어나는 반응은 사람을 움츠러들게끔 하는 것이다. 변화가 일어나면 무슨 생각을 어떻게 해야 될지 모르기 때문에 일단은 안전한 방법이라고 생각하는 "지켜보자"로 접근한다. 변화에 대해 직원들은 흔히 "어느 정도 되는거 보고 그 때 하자. 처음부터 그러면 나만 손해야", "회사에서 하는 말 믿을 수 있겠어?"라는 반응을 먼저 보인다. 예를 들어 50년을 함께 산 남편이 죽은 후에도 그 부인이 죽은 남편의 옷들을 세탁해서 옷장에 걸어놓기를 계속한다면 그건 아마도 달라진 생활에 당황해 하면서 변화를 인정하려고 하지 않기 때문일 것이다. "제발 나한테 이래라 저래라 안했으면 좋겠어요. 현실을 받아들일 준비가 되면 그 때 알아서 할테니까 제발 절 그냥 내버려 두세요"

2 단계 저항

저항에는 두 가지 타입이 있는데 하나는 능동적인 저항이고 또 하나는 수동적인 저항이다. 능동적인 저항은 변화에 대해 적극적으로 나서서 정면에서 떳떳이 거부하는 스타일이기 때문에 어떻게 보면 관리자가 대처하기에는 더 쉬운 타입이다. 이런 스타일의 사람들은 자신의 생각을 앞에서 얘기하기 때문에 그에 따라 설득할 수 있는 대안을 마련할 수 있다. 그에 반해 수동적인 저항은 일반적으로 흔하게 나타나는 스타일인데 관리자 앞에서는 사탕발림조의 얘기를 하지만 속으로는 전혀 반대의 생각을 가지고 있다. 그런 직원들은 흔히 "까먹고 있었습니다", "아직 시간이 없어서..."라는 식으로 둘러대면서 결코 변화하려는 의지를 보이지 않는다.

3 단계 관심

대부분 정상적인 사람이라면 시간이 어느 정도 지나고 나면 관심의 단계에 접어들면서 미래에 대해 생각하고 설계를 하게 된다. 앞에 말한

미망인이 옷장 안에 있던 죽은 남편의 옷을 모두 꺼내어 자선 단체에 갖다주고 자신에게 지급되는 보험금이 얼마이며 그걸 가지고 어떻게 생활해야 할지 자신의 미래에 대해 생각해보고 스스로 자립해서 일어나려고 하는 것과 비슷하다.

4 단계 책임감

변화를 기꺼이 받아들이고 부딪쳐 나가면서 한발한발 앞으로 자신의 긍정적인 미래를 위해 나가는 마지막 단계이다. 에너지가 넘치고 열정적인 상태가 되면서 전에 하지 않았었던 일들에 대해 과감히 뛰어들기도 하는 단계이다. 앞에 말했던 미망인이 전에는 해보지 않았던 일들 새 차를 구입하거나 새로운 취미를 가지면서 관련 동호회에 나가고 친구들과 여행을 떠나보려고 하는 시도들이 해당된다.

변화의 단계에서 관리자가 해야 할 일

아무 것도 모른 채 변화를 맞이한다면 보나마나 누구나 걱정과 두려움에 쌓이게 된다. 그래서 직원들 사이에서 회자되는 루머들은 있는 사실보다 더 나쁘게 과대포장되어 직원들을 불안에 떨게 만든다. 그렇다면 관리자가 해야 할 일은 무엇일까? 그것은 다음과 같이 요약해볼 수 있다.

• 직원들의 관점에서 바라보기

- 충분한 정보를 전달할 것
- 긍정적인 사고와 낙관적인 생각을 심어주기
- 정면으로 부딪칠 것
- 변화로 인해 벌어지는 일들에 대해 담담히 받아들일 것
- 루머와 잡음이 일어나지 않도록 하기
- 직원들의 협조에 대해 고마움을 표시할 것
- 직원과 한마음이 되기
- 흔들리지 말 것
- 모범

위에서 말한 내용 중 정면으로 부딪쳐야 하는 게 무엇보다 중요하다. 대부분의 관리자가 변화의 기간 동안에 잘 보이지도 않거나 다른 직원들이 고생할 때 보이지 않는 곳에 숨어있거나 하는데 그렇게 해서는 절대 안된다. 그리고 직원들과 하나가 되어 관리자가 가진 정보를 그들과 공유해야 하며 변화에 대응하기 위한 직원들의 좋은 아이디어가 있다면 언제든 받아들여야 한다. 그리고 항상 일관된 모습을 보여서 힘들 때던, 좋을 때던 밀고 나가려고 하는 모습을 보여야 한다. 관리자들은 대부분 자신의 생각이 틀린거라면 어떻게 하지라는 불안감 때문에 앞장서서 끌고 나가려는 모습을 주저하게 된다. 그렇기 때문에 직원들과 수시로 관리자의 의견을 피력하는 자리를 만들어야 하고 설령 관리자가 잘못했다라고 판명되더라도 그래도 앞에 서서 나가려고 하는 모습을 잃지 말아야 한다. 뒤에 숨는 것보다는 백번 낫다.

관리자가 직원에게 앞으로 변하게 될 것들을 말하면서 충분한 정보

를 제공해 주어야 한다. 그래서 쓸데없는 말들 때문에 걱정하거나 휘둘리는 시간 낭비없이 본질에만 집중할 수 있게 해줘야 한다. 만약 자신의 윗상사가 별 도움이 안된다면 회사 내에 다른 사람들의 도움을 얻어서라도 자신이 데리고 있는 직원들에게 충분한 정보를 제공해줘야만 한다. 그래야만 나중에 곳곳에서 일어나는 거부와 반발감 때문에 곤란을 겪게 되는 일 없이 쉽고 효율적으로 직원을 통솔해 나갈 수 있다.

수시로 직원들과 미팅을 통해 자신의 생각을 얘기하고 직원의 생각을 듣는 분위기를 만들어야 좀 더 쉽게 변화에 대응해 나갈 수 있게 된다. 변화에 대한 직원들의 첫 반응이 긍정적이라면 걱정되거나 걸림돌이 되는 부분들은 없는지 중점적으로 물어보고 반대로 처음 반응이 부정적이라면 긍정적인 관점을 가질 수 있도록 해야 한다. 직원들이 싫어할만한 문제를 얘기하는 것에 대해 미리 걱정해서 덮어두려고 해서는 안된다. 어차피 시간이 지나면 직원들도 다 알게 되어있기 때문에 오히려 불만이 더 크게 쌓여 많은 화살이 관리자에게 돌아오게 되어있다.

관리자가 직원들과 마음을 터놓고 진지하게 다가선다면 변화에 대한 두려움과 걱정을 조금이라도 줄일 수 있도록 하는 것이다. 직원들 스스로 변화에 대처해 나가는 모습을 가질 수 있고 직원들의 생각을 최대한 반영해서 그들 스스로 부딪쳐 나갈 수 있도록 해야 하는데 그런 생각들이 정도를 벗어나서 변화의 정책에 위배되는 수준이라면 그때는 확실하게 제지해야 한다. "이건 회사의 정책이기 때문에 따라야 하는게 우리들의 의무이고 내 임무는 그 걸 어떻게 하면 잘 할 수 있는지 당신의 의견을 참고해서 따르도록 하는 것이다"

변화하는 것에 대해 노골적인 거부감을 드러내는 직원이 있을 수 있다. 그렇다고 해서 화를 내거나 소극적으로 나갈 필요가 없다. 모든 사람들이 다 똑같은 생각을 하고 있는게 아니기 때문에 서로의 의견차이라고 받아들여야 한다. 또 모든 직원들이 반대한다고 해서 그들 앞에서 변화에 대한 필요성을 역설하거나 때로는 받아들여야 한다는 강제적인 지시를 내리는 것을 겁먹어서도 안된다. 직원들에게 존경과 신뢰를 받고 있는 관리자라면 그런 것을 두려워 할 필요가 없다. 그렇지 못한 관리자가 문제이다.

변화의 바람

변화의 과정들이 매끄럽게 일어나면서 좋은 결과들이 나타나기를 바랄 텐데 다음에 나오는 도표들은 그런 기대들을 구체화시킬 수 있는 평가표이다. 현재 자신이 맡고 있는 조직에서 벌어지고 있는 변화에 대입시켜 본 후 근접된다고 생각하는 각각의 항목에 체크를 해보자. 그리고 각각의 점수를 합산한 후 다음 페이지에 나오는 점수별로 분석해 놓은 것을 참고해보기 바란다. 아마 많은 도움이 될 수 있을 것이다.

변화에 대한 평가

다음에 나오는 각각의 질문들에는 1부터 5까지의 범위가 있는데 질문을 읽어보고 각각의 질문들에 체크를 해보기 바란다. 1번은 강한 긍정, 5번은 강한 부정, 2번과 4번은 약한 긍정과 약한 부정을, 3번은 보통을 의미한다.

(1) 상대적인 이점 : 변화가 자신에게 얼마나 좋은 것인가?

| 1 | 2 | 3 | 4 | 5 |

직원들이 변화를 통해 자신이 원하는
것을 이룰 수 있다고 믿고 있다.

직원들이 변화를 통해 얻을 수 있는게
아무것도 없다고 생각한다.

(2) 사회적 유대관계에 주는 영향 : 변화가 조직내 인간관계에 얼마나 영향을 미치는가?

| 1 | 2 | 3 | 4 | 5 |

인간관계가 발전되거나 긍정적으로
변할 것이다.

인간관계가 더 나빠지거나 안좋게 될
것이다.

(3) 변화의 범위 : 조직이 직접적으로 영향을 어느 정도나 받게 될까?

| 1 | 2 | 3 | 4 | 5 |

몇몇 업무 부분에서 영향을 받게될
것이다.

회사 전체가 영향을 받을 것이다.

(4) 복잡성 : 직원들의 이해도는 어느 정도인가?

| 1 | 2 | 3 | 4 | 5 |

직원들이 이해하거나 알아듣기에
어렵지 않다.

너무 어려워서 도저히 이해할 수 없다.

(5) 대립성 : 지금의 문화와 어느 정도 잘 맞는가?

| 1 | 2 | 3 | 4 | 5 |

대부분의 직원들이 가진 가치관과
믿음을 그대로 잘 반영하고 있다.

대부분의 직원들이 가진 가치관이나
믿음과 위배되는 것들이다.

(6) 커뮤니케이션 : 세부적인 사항들까지 직원들이 알 수 있도록 했는가?

| 1 | 2 | 3 | 4 | 5 |

커뮤니케이션이 훌륭히 잘 이루어지고 있어서 이유와 각각의 단계를 폭 넓게 이해하고 있다.

커뮤니케이션이 제대로 되고 있지 않아서 대부분의 직원들이 그 이유와 과정을 알지 못한다.

(7) 시간 : 직원이 변화에 충분히 인식하고 대비할 수 있는 시간은 얼마나 투자했는가?

| 1 | 2 | 3 | 4 | 5 |

충분한 시간을 가지고 계획, 트레이닝, 토의를 거쳤다.

계획과 트레이닝, 토의에 대한 시간이 거의 없었다.

(8) 결과 : 지금 하려는 변화와 유사한 경험을 해봤던 조직이나 회사는 결과가 어떤가?

| 1 | 2 | 3 | 4 | 5 |

이런 종류의 변화는 거의 성공적으로 끝났고 직원들도 자신감을 가지게 되었다.

이런 종류의 변화는 거의 모두 실패로 끝났고 직원들도 자신감이 오히려 더 결여되었다.

(9) 주인 의식은 : 직원들이 가지는 주인 의식과 책임감은 어느 정도인가?

| 1 | 2 | 3 | 4 | 5 |

대부분의 직원들이 자신을 위한 일이라고 생각하기 때문에 자발적으로 참여한다.

이런 변화에 대해 처음부터 참여의 기회가 없었기 때문에 자신과는 상관없이 벌어지는 일이라고 생각한다.

(10) 환원성 : 변화에 따른 영향이 어느 정도 지속되는가?

| 1 | 2 | 3 | 4 | 5 |

중간에 변화에 따른 부작용이 나타난다면 언제든 쉽게 전으로 돌아갈 수 있다.

일이 잘못되어도 전으로 돌아가기에는 불가능할 정도이다.

점수에 따른 분석

허리케인급(44-50)　　가장 위험한 등급이다. 폭풍이 몰아쳐서 성난 파도를 만들 것이다. 직원들에게는 빨리 회사를 떠나라는 경고로까지 비춰질 수 있으며 무시무시한 통제권이 직원을 꼼짝 못하게 목을 죄어 오면서 시간과 돈을 낭비하게끔 만들게 된다. 집중 폭우가 쏟아져 회사를 망가뜨리고 결국에는 사기와 생산성을 떨어뜨릴 것이다. 딴데 갈데가 없는 일 못하는 직원들만 남아서 서로 물어뜯는 회사가 된다.

열대 폭풍우급(37-43)　　상당히 위험한 상태이다. 위에 나오는 허리케인 급과 비교해서 강도만 약간 낮다 뿐이지 크게 다를바 없다.

열대성 저기압급(30-36)　　별로 위험해 보이지 않는다고 얕잡아보면 안되는 등급이다. 위험 요소를 충분히 내포하고 있는 위험 등급에 속한다.

강풍급(23-29)　　일부 위험요소가 존재하는 등급이다. 전체는 아니더라도 일부 직원이 적응을 하지 못해 어려움을 겪는 등급이고 전체적으로는 위에 등급들과 마찬가지로 어느 정도 사기와 생산성 저하가 따르는 등급이다.

구름이 잔뜩 낀 날씨급(16-22)　　위험 요소가 약간 있는 등급으로 큰 폭풍우는 동반하지 않는다. 하지만 주의를 늦춰서는 안되는 등급으로 직원 개개인별로 약간의 사기 저하와 생산성 저하가 일어날 수도 있다.

　최상의 상태로 순풍 돛을 달고 나아가는 형국이다. 성공만이 남아 있는 등급으로 직원들도 별 다른 중압감이나 거부감없이 책임감을 가지고 임하는 상황이다.

행동 계획

변화의 과정에서 장애물이 나타나는 것은 어쩔 수 없는 상황으로 그에 대한 대비를 만반히 하고 직원들의 동요도 최소화해야 한다. 위에 나왔던 평가표의 문제들을 다시 한번 검토하고 준비를 철저히 해서 계획을 세워야 한다. 또 다른 방법으로는 변화에 따르는 이점과 반대로 잃게 되는 것들을 분류해서 리스트를 만든 다음 이점은 더 증가시키는 방향으로 그리고 잃게 되는 것들은 더 감소시키는 방향으로 대안을 만들어 계획을 세워야 한다.

살바토레 매디(Salvatore R. Maddi)와 수잔 코바사(Suzanne C. Kobasa)는 스트레스를 잘 이겨내는 사람들에게서 다음과 같은 공통된 특징들이 있다는 것을 밝혀냈다.

책임감　자신이 하는 일이 중요하고 가치 있다고 생각하는 것이 한결같으며 쉽게 낙담하지 않는다.

도전 의식　컵에 반만 채워진 물을 보면서 반이 없어졌다고 생각하기보다는 반씩이나 채워져 있다고 생각하며 어떤 어려운 상황에서라도 성공적으로 일을 마치려고 한다.

통제력　오로지 자신이 해야 하는 일에만 전념하며 다른 사람 일에 필요없는 신경을 쓰지 않는다.

관계성　동료, 친구, 가족, 기타의 사람들과 굉장히 끈끈한 유대 관계를 형성하고 지낸다.

특히 스트레스가 많은 업무에 종사하는 관리자라면 위와 같은 사람을 최우선으로 채용해야 한다. 그리고 변화의 기간동안 위와 같은 자세를 가지고 임해야 한다는 사실을 직원에게 누누이 강조해야 한다.

문제 해결 능력을 기르자

대부분의 사람들은 누군가를 올바르게 만들기 위해서 따끔하게 가르치는 것을 그냥 단순히 처벌하거나 비참하게 만들면 되는 것으로 잘못 알고 있다. 어렸을 때의 경험 때문에 더 그런 것인지도 모른다. 부모님한테 큰소리로 혼나면서 때로는 회초리를 맞은 기억들이 커서도 누군가를 혼낼 때 무의식적으로 나타난다. 하지만 이제는 성인다운 방식으로 혼내야 한다. 자신이 한 일에 대해 확실하게 책임을 질 수 있도록 해야 하며 지시를 내린 것에 대해 따르지 않았을 때 그 책임 여부를 따지는 것이 관리자가 직원들을 혼내는 방식이어야 한다. 지시를 받았으면 그에 대한 책임을 가져야 하며 그에 따른 행동을 보여야 한다. 예를 들어 당신이 걸프만을 순항중인 항공모함의 제독이라고 가정한다면 누군가에게 야간 순찰을 지시했는데 그 명령을 따르지 않았다면 그 병사를 영창에 감금하고 중죄를 내렸을 것이다.

그런데 회사에서는 그렇게 중요한 지시를 따르지 않는 직원이 곳곳에 있다. 그렇다고 그런 직원들이 처벌을 받을까? 절대 그렇지 않다. 왜 당신은 관리자이면서 그렇게 직원들에 대해 아무런 신경도 쓰지 않냐고 물어보면 대다수가 힘없는 목소리로 "나는 누구한테도 싫은 소리 하기 싫어요" 혹은 "일이 더 커질까봐 걱정돼서 그냥 가만히 있는 거에요"라고 말한다. 당신이 정말 항공모함의 제독이라면 그런 걱정은 절대 하지 않을텐데 말이다.

관리자가 신경 써야 하는 사람은 두말할 필요도 없이 자신의 직원들이다. 지금까지 계속 얘기해왔던 것처럼 직원들을 서포트하고 이해해야 하는 것이 관리자의 역할이지만 그렇다고 관리자인 당신을 무시하고 함부로 대하게 놔둬서는 절대 안된다. 관리자의 지시를 따르지 않는 직원은 과감하게 혼낼 줄도 알아야 하고 책임을 엄중히 묻기도 해야 한다. 위에서처럼 언제 무슨 일이 벌어질지 모르는 긴박한 상태의 걸프만에 있는 항공모함의 예가 일반적으로 들리지 않겠지만 회사에서 관리자의 임무를 맡고 있는 사람이라면 항상 그런 유사시의 긴박감 속에 있는 것과 마찬가지라고 생각을 해야 한다.

직원들이 관리자를 업신여기고 깔보게끔 내버려두면 어느 누구도 그 관리자를 존경심을 가지고 대하지 않게 된다. 어린 아이에게 "네 방을 깨끗이 치우기 전에는 외출 금지고 친구들하고도 놀 수 없어"라고 말하는 것과 비슷하다는 것을 이해하고 있어야 한다. 평소에 아이들에게 휘둘리면서 오냐오냐하고 지내왔다면 결코 아이들은 부모 말을 듣지 않을뿐더러 존경심도 없고 방도 치우는 일이 없을 것이다. 대신 부모가 아이들 방을 매번 치워주는 수 밖에 없다.

불확실한 것이 아닌 확실한 이유를 가지고 혼낼 것

관리자들이 평소에 "왜?"라는 말을 좀 더 많이 사용했다면 모두가 더 편안하게 지낼지도 모른다. 무슨 말이냐면 관리자가 혼자 생각으로 모든 걸 판단하고, 결론을 짓지 말고 확실한 근거를 가지고 일을 진행하고 직원을 대한다면 관리자나 직원 모두 좀 더 나은 생활을 할 수 있다는 말이다. "정말 그 직원 당장 잘라버리고 싶어. 툭하면 자리를 비우거나 늦게 오고 정말 맘에 안들어"라는 말을 관리자들은 가장 흔하게 하는데 그들에게 가서 "그 직원은 왜 그렇데요? 무슨 다른 이유가 있는 건 아닌가?"라고 반문하면 "알고 싶지도 않아. 뭘 그런거까지 물어봐되?"라고 짜증낸다.

직원이 어떤 문제를 보일 때는 왜 그런지, 무엇 때문인지 그 이유를 정확히 알아야 한다. 누군가 나쁜 태도를 계속 보이거나, 동기부여가 잘 되지 않거나, 실수를 계속 하는 등 어떤 문제가 계속 일어난다면 문제의 원인이 무엇인지 먼저 파악해 봐야한다. 그리고 난 다음에 문제의 직원과 함께 문제 해결책을 도출해 내고 책임을 갖도록 해야 한다. 그런 과정들은 다음과 같은 단계를 밟아서 해나가는 것이 좋다.

1 문제 해결책을 직원들이 직접 내어 놓을 수 있게 하는 것이 좋다.

2 만약 문제 해결책을 직원이 제시하지 못한다면 좀 더 깊게 생각해볼 수 있는 시간을 준다.

3 그래도 여전히 문제 해결책을 내어놓지 않는다면 관리자가 해결책을

몇 가지 제시하고 직원으로 하여금 그 중에서 제일 적당한 것을 직접 선택하도록 한다.

4 관리자가 제시한 해결책들조차 선택하려 들지 않는다면 조금 더 생각할 시간을 갖도록 한다.

5 최후에는 직원이 무조건 따라야 하는 것들을 지시한다. 더 이상 물러날 곳이 없을 때 택하는 마지막 방법인데 이때는 관리자의 일방적인 지시처럼 비추어져서 직원의 자발적인 책임감이 생기지 않을 수 있다는 점을 명심해야 한다.

관리자와 직원이 서로 동의한 생각이 무엇이든 그것을 반드시 서류상 기록으로 남겨야 한다. 그러자면 직원들이 "그걸 하는 저의가 뭐죠?"라고 걱정할 수도 있는데 그럴 때는 "우리가 동의했던 내용들을 둘 중 한사람이라도 까먹지 않게 적어놓을 뿐이야"라고 얘기하는 게 제일 좋다. 서로 동의된 내용을 가지고 문서화시킨 후에 훗날 참고 자료로 쓰는 방법을 취해야 한다.

의사에게 가서 "선생님 두통이 너무 심해서 그런데 치료 좀 해주세요"라고 하면 노련한 의사라면 먼저 두통이 나타나는 증상의 원인이 무엇인지부터 진찰해볼 것이고 혹여나 뇌종양을 발견하게 되면 그게 두통이 나타나는 증상의 원인이므로 뇌종양에 대한 치료부터 할 것이다. 그것처럼 모든 직원들이 보이는 문제는 하나의 증상이다. 그렇기 때문에 관리자는 그 원인을 찾아서 정확한 처방전을 내려야 한다. 초기에 문제점들을 일찍 발견한다면 "당신에게 말해 주고 싶은 게 하나 있는데 별로 큰 문제는 아니기 때문에 금방 고칠 수 있을거야. 더 큰 문제가 되기 전에 바로 잡아주고 싶어서 그래"라고 말해주는 게 쉬울 수 있다. 그 정도의 말에 발끈할 직원은 별로 없다. 그런게 아니고 "당신 때문에 계속 골머리가 아픈데. 지난 몇 달동안 일을 형편없이 하고 있어서 아주 내가 속병이 다 날정도야"라고 말한다면 그거야 말로 어느 누구나 듣게 되면 절대 인정 못하고 발끈하게 되는 말이다. 하지만 아쉽게도 대부분의 관리자는 후자처럼 일이 커질 데로 커질 때까지 모른척하고 있다가 곪아터진 후에야 말을 한다. 스스로 문제를 더 키워서 더 큰 화를 입는 사람들이 현재의 관리자들의 모습이다.

자신의 행동을 변화시켜 보겠다는 내용의 동의서를 직원에게 받아놔야 한다. 이메일을 통해서라도 자신의 약속을 지키겠다는 의사표현이 담긴 내용을 받아야 하고 지속적으로 직원들이 잘해나가고 있는지를 지켜봐야 한다. 중간 검토없이 그냥 내버려두면 직원들은 관리자가 처음에만 신경쓰는가 싶더니 나중에는 별로 중요하게 생각하지 않는구나라고 생각하고 느슨해지기 마련이다.

직원이 자신이 한 약속을 잘 지키고 향상되어가는 모습을 보이면 당연히 칭찬과 감사의 뜻을 전하는 것도 잊지 말아야 한다.

반대로 제대로 지켜지지 않는다면 직원에게 자신이 한 약속을 다시 한번 상기시켜주고 변화의 필요성에 대해 강하게 얘기를 해야 한다. 그렇다고 협박조로 얘기하라는 뜻은 결코 아니다. 직원들은 항상 약자의 입장이 될 수밖에 없기 때문에 설령 관리자가 "이 약속이 제대로 이행되지 않으면 거기에 따르는 처벌과 더 나아가서는 최후의 방법을 쓸 수밖에 없다"라는 문구를 동의서에 넣었다 하더라도 최선을 다해 직원의 편에 서있어야 한다. 그래서 "나는 분명히 말하는데 절대 여러분 중 어느 누구도 처벌하는 일이 생기지 않을 것이라고 믿는다. 여러분은 충분히 나와의 약속을 지켜나갈 수 있는 사람들이라고 믿어 의심치 않으며 또 그렇게 할 수 있도록 최선을 다해 여러분을 도와줄 것이다"라고 말하면서 올바르지 못한 직원들을 언젠가는 분명히 잡아먹겠다는 것처럼 보이는 인상을 주지 않아야 한다.

직원들 스스로 자신이 잘못하면 어떤 문제가 일어나는지 정확히 알게끔 하게 해라. 예를 들어 계속 지각을 하는 직원이 있다면 "회사 규정에 자꾸 어긋나게 그럴래?"라고 말하기 보다는 예를 들어 "지각 때문에 지난 3주 동안 미팅 시간에 세 번이나 참석 못했는데 다음부터는 늦지 말고 꼭 참석해야되. 그 미팅은 시장 상황에 대해 얘기하는 중요한 자리인데 당신도 빠짐없이 참석해서 어떤 얘기가 오고가는지 들어야 하잖아!"라고 말하는 것이 좋다. 자신의 잘못된 행동 때문에 어떤 문제가 발생하는지를 정확히 알게 되면 좀 더 쉽게 자신의 행동을 고치려고 노력할 것이다.

관리 기법의 으뜸은 직원들에게 관리자가 원하는 게 무엇인지를 말해주는 게 아니라 관리자가 왜 그렇게 되기를 바라는지 그 이유를 설명해주는 것이다.

피드백

피드백을 주는 시간은 최대한 빠르게 해라. 몇 달 전에 했던 얘기를 아무 내색도 않고 가만히 있다가 어느 날 갑자기 "지난번 얘기 참 좋았어"라고 말하면 듣는 사람도 처음에는 어리둥절할뿐더러 그게 한참 전 얘기라는 것을 알고나면 기분이 별로 좋지는 않을 것이다. 누군가를 칭찬해 주고 싶다면 그 순간 바로 해라. 아무리 좋은 말이라도 때를 못 맞추면 안하느니만 못하다. 직원의 근무 자세가 바뀌었다는 것을 감지하게 되면 그때마다 피드백을 주는 것을 꼭 잊지 말기 바란다. 그리고 타고난 약점을 농담식으로라도 말하는 것은 절대 좋지 않다.

예를 들어 "당신은 키가 너무 작아. 왜 그렇게 못컸데?"라는 식의 말은 상대에게 좌절감만 안겨줄 뿐이다. 그렇게 개인적인 문제를 가지고 말하지 말고 업무와 관련된 자세와 결과만 놓고 객관적으로 판단해서 말해주어야 한다. 그런 것만 주의해도 직원들과 말할 때 겪는 문제를 상당 부분 덜어낼 수 있을 것이다. 직원들과 애기하는 도중에 화가 난다고 아무 말이나 막 하지 말아야 한다. 그렇게 되면 마음에도 없는 말을 한 것 때문에 나중에는 미안한 감정만 더 크게 들어서 힘들게 될 수도 있고 그로 인해 부하 직원에게 한수 접고 들어가야 하는 상황도 생길 수 있다.

프로다운 모습으로 침착하고 객관적으로 임해라. 그리고 말 중에 "항상", "절대"라는 단어는 가급적 피하는 것이 좋다. 그런 말들은 듣는 사람에게 실제보다 더 큰 기대를 하게 만들기 때문에 문제가 발생할 소지가 많다. 그런 말보다는 "내 경향은....", "많은 시간", "흔히"라는 말들을 사용하는 게 좋다. 그래야 말을 한 사람도 빠져나갈 구멍을 만들어 놓을 수 있게 된다.

모든 사람이 다 똑같다고 생각하지 마라. 체스판위에 있는 체스 말들처럼 모양도 다 틀리고 할 수 있는 역할도 다 틀리다. 그런데도 모든 사람을 체스판의 나이트처럼 생각하고 대한다면 큰 오산이다. 직원 모두가 가지고 있는 각각의 고유성을 존중해 줘야한다. 직장이라는 체스판에서 이기는 관리자가 되려면 각각의 말들이 가지는 서로 다른 능력과 역할을 가지고 있듯이 직원에게도 똑같이 그런 능력과 역할을 부여해서 컨트롤해야한다.

관리자는 자신을 선생님이라고 생각하는게 좋다. 직원은 관리자의 제자라고 생각하자. 제자는 곧 배우는 사람을 의미하고 선생님은 자신만의 교육법으로 제자들을 가르쳐야 한다. 그렇기 때문에 제자들에게 어떻게 하면 더 나아질 수 있는지 그리고 그렇게 만들기 위해서 선생님은 어떻게 가르칠 것인지 등을 알려줘야 한다. 제자들을 혼내고 욕하기만 한다면 선생의 자격도 없으며 더 나아가 아예 대놓고 싫어하거나 혼내는 것도 귀찮아서 무시하는 경우 역시 자격이 없다. 그들(직원)은 선생(관리자)이 무엇을 원하는지 그것도 제대로 모르는 상태이다. 그렇기 때문에 학교에서 선생님이 아이들에게 자세하고 친절하게 알려주듯이 그렇게 가르치는 것이 관리자의 임무이고 최고의 관리자는 곧 최고의 선생님이라고 생각해야 한다.

프랑켄슈타인 신드롬

모든 사람을 공포에 떨게 했던 프랑켄슈타인에 관한 얘기는 소설 속에만 나오는 스토리가 아니라 오늘날의 거의 모든 직장에서 벌어지는 관리자와 직원 사이의 관계 속에서도 찾아 볼 수 있다. 사회의 경각심을 불러일으키고자 만들어졌던 프랑켄슈타인은 요즘의 직장에 비유해서 생각해보면 관리자들이 선량하고 예의 바른 사람들을 냉소적이고 적개심에 가득찬 직원으로 어떻게 변화시키는지를 알 수 있게 만든다.

처음에 입사했을 때만 해도 열정적이고 긍정적이었던 직원들을 이기적인 관리자들이 자신만의 괴물들로 재창조하면서 프랑켄슈타인 신드롬을 겪게 만든다. 책에서처럼 불쌍한 괴물이 모든 죄를 다 뒤집어쓰고 욕을 먹게 되고 비참한 최후를 맞게 된다. 하지만 괴물을 만든 프랑켄슈타인 박사에게 상당 부분 책임이 있는 것 아닌가?

그렇다면 왜 그런 일이 벌어지는 것일까? 면접 때 관리자들은 실제로 직장 내에서 벌어지는 있는 그대로의 사실들은 최대한 숨긴 채 허구의 모습만 보여주려고 애를 쓴다. 즉, 현실이 아닌 그렇게 되기를 바라는 희망사항을 말해주는 것이다. 마치 "우리 회사는 직원들을 아끼고 사랑하고 있기 때문에 직원들에게 무한한 기회를 제공해주고 있다. 그리고 나도 직원들에게 자발적으로 열심히 일할 수 있는 분위기를 만들어주기 위해 노력하고 있고 그래서 직원들도 큰 부담감없이 일을 하고 있다"라고 말하면 그런 얘기를 들은 입사 지원자는 눈빛이 초롱초롱해지면서 친구들이나 식구들에게 그 회사나 상사가 얼마나 좋은지 자랑하게 된다. 반면에 관리자는 입사 지원자가 돌아간 후에 이제는 회사에 근무한지 오래되고 불평도 많은 직원들을 내보내고 빠릿빠릿하고 열정이 넘치는 신입 사원을 맞아들일 수 있다는 사실에 흐뭇하게 미소를 짓는다.

그렇게 해서 그 지원자가 입사를 하게 되면 첫날부터 관리자의 말이 상당부분 사실이 아니라는 것을 깨닫기 시작한다. 관리자의 말과 다르게 회사는 그냥 그렇게 아무 생각없이 돌아가고 있고 그런 모습들을 보면서 자신이 속았다는 것을 서서히 알기 시작하면서 환상이 깨지고 좌절감이 생기기 시작한다. 거기다 관리자는 아무것도 하지 않으면서 말만 그럴싸하게 "내 방문은 항상 활짝 열려있으니까 언제든 하고 싶은 말이 있으면 어려워하지 말고 노크해!"라고 하면서 직원들의 말은 귀담아 들으려고 하지 않는다. 그 뿐만아니라 직원에게 일을 시켜놓고 피드백은커녕 신경도 쓰지 않는다. 게다가 직원들에게 경영자의 의도를 제대로 얘기도 해주지 않고 심지어는 직원들이 기본적으로 알고 있어야 하는 사항까지도 전달을 해주지 않는다. 그래서 직원들이 애로사항을 말하려고 하면 "지금은 때가 아니니까 조금만 더 기다려보자!"라고 말하고 건의 사항이 있다고 하면 "그건 현실적으로 우리 회사 사정에는 맞지 않아"라고 잘라버린다. 그것뿐인가 갑자기 계획에도 없던 일을 던져 주면서 "내일 아침까지 보고해!"라고 말하는 관리자들의 모습을 보면서 대다수의 직원들은 맥이 빠져서 돌아서게 된다. 그것보다 직원들을 더 열받게 만드는 문제는 지시받은 일을 밤새 힘들게 해서 다음날 보고를 하면 일주일 내내 아무런 피드백도 받지 못한다는 것이다.

면접 때 봤던 관리자의 모습을 다시 볼 수 있게 되길 학수고대하지만 회사를 그만두는 그 날까지 그 때의 모습은 절대 다시 보지 못하게 된다. 프랑켄슈타인 소설에서 괴물이 말했듯이 "세상 모든 곳이 행복해 보인다. 하지만 내가 있는 곳은 어디든 행복한 풍경하고는 거리가 멀어진다. 난 남한테 해를 끼치지 않고 착하게 살아왔는데 왜 불행해져야만 하는 걸까"

관리자는 때로 직원들의 태도가 상당히 불량하다고 떠들고 다니면서 당사자의 마음을 다치게 하고 움츠러들게 만든다. 그런 과정 속에서 멀쩡한 직원까지도 관리자의 그런 행태 때문에 정말 나쁜 업무 자세를 보이는 모습으로 변하기도 한다. "아무리 잘해봤자 알아주지도 않고 내 욕이나 안하고 다니면 다행인 걸 열심히 할 필요가 없지. 눈에는 눈, 이에는 이처럼 어디 한번 갈 데까지 가보지 뭐...." 면접볼 때 보였던 그 열정과 긍정적인 사고방식은 온데간데없이 프랑켄슈타인에 나오는 괴물처럼 변하게 된다.

그렇게 간신히 일 년을 버티고 난후에 처음으로 맞이하는 인사고과, 수행평가 시간에서는 재앙과도 같은 일이 벌어진다. 관리자가 단 한 번도 얘기해 준적이 없는 태도, 인성, 사고 방식 등의 항목을 처음으로 들이밀면서 점수를 매기는 모습을 보고는 놀라서 그런 항목이 업무와 무슨 관계가 있냐고 따지고 들면 관리자는 자기가 사람을 잘못 뽑았구나라고 생각한다. 그리고 직원은 이제 잘릴 일만 남았구나라고 생각한다. 직원의 직감처럼 관리자는 그 길로 바로 인사관리 부서나 윗상사에게 가서 그 직원에 대해 있는 얘기, 없는 얘기를 늘어 놓으며 당장 정리 대상에 올려 달라고 요청한다.

프랑켄슈타인 박사가 말했던 "그의 저주받은 머리 속에는 온통 복수에 대한 열망만이 가득할 뿐이다"라는 식으로 모든 책임을 괴물(직원)에게 떠넘긴다.

그 관리자의 얘기를 들은 윗사람이나 인사관리 부서에서는 "또 시작이군. 그 직원이 나쁘다고 말하는 사람이 하나도 없는데 왜 자꾸 엉뚱한 얘기를 하는거지. 저 사람은 매번 저런식으로 직원과 문제를 만드네"라고 속으로 생각할게 분명하다.

이런 악순환은 매번 똑같은 식으로 반복된다. 관리자에게 실망과 배신감만 안고 회사를 그만둔 직원이 다른 곳에 가서 면접을 볼 때 전 직장이 아무런 비전도 없었고 책임감이나 발전성이 전혀 없어 보여 그만두고 새로운 곳을 찾고 있는 중이라고 말할 것이다. 그러면서 전 직장에 대해 프랑켄슈타인에 나오는 괴물처럼 "어떤 말로도 형용할 수 없는 온갖 모욕과 고통만이 존재하는 지옥같은 곳"이라는 식의 뉘앙스를 풍길게 분명하다. 그러면 새롭게 면접을 본 관리자 역시 똑같이 그 지원자에게 깊은 감명과 희망찬 약속을 안겨주면서 사탕발림을 하게 될게 뻔하고 집에 돌아가 "정말 좋은 회사야. 이번에는 제대로 된 회사를 들어가게 된 것같아"라고 기뻐하게 된다.

반면에 전 직장의 관리자는 직원이 그만두게 되어 유감스럽고 다른데 가서 잘됐으면 좋겠다고 겉으로는 말하면서도 속으로는 더 이상 그 직원 때문에 신경쓰지 않아도 된다고 쾌재를 부른다. 마치 프랑켄슈타인 박사가 "내가 만들었던 괴물이 또 어떤 나쁜 짓을 저지를까봐 매일 두려움에 떨며 살았다"라고 탄식하듯이 말이다. 그리고는 역시 또 다른 직원을 찾기 위해 사탕발림을 하면서 돌아다니게 된다.

프랑켄슈타인 박사와 관리자 사이에는 분명한 유사성이 있는데 그것은 둘 다 자신들이 괴물과 문제의 직원을 만들어놓고 책임을 지지 않으려는 것이다.

뛰어난 관리자는 자신의 아이를 양육하듯이 자신이 고용한 직원을 가르쳐나간다. 못난 점들에 포커스를 맞추기보다는 직원 개개인이 가진 장점들을 중요하게 여기며 더 발전시켜준다. 그래서 최고의 관리자는 직원이 가진 재능과 장점을 극대화시키고 동시에 약점을 최소화시켜 업무능력을 극대화시키고 뛰어난 역량을 보일 수 있게끔 만든다. 즉, 최고의 인재를 만들어 낼 줄 알아야 한다.

어떤 조직의 리더라도 자신을 믿고 따르는 사람들이 "전 능력이 없나봐요. 할 수가 없어요"라고 말할 때마다 "아니야! 넌 충분히 할 수 있어"라고 격려해주는 것을 잊지 말아야 한다. 리더는 변함없는 확신과 자신감으로 자신을 믿고 의지하는 사람들을 지켜보면서 기다려줄 수 있어야 한다. 그래서 그런 리더들의 뒤를 따르는 사람들은 항상 "내가 쓰러질 때마다 나를 일으켜 세워주고 이끌어 준 분이 있었다. 만약 그 분이 없었더라면 지금의 난 없을 것이다"라고 얘기들을 한다. 처음부터 끝까지 자기 혼자 힘으로 성공하는 사람은 없다. 성공한 모든 사람은 누군가의 영향을 받아서 그렇게 된 것이다.

이젠 여러분이 그런 멘토가 되어야 한다. 당신이 관리자라면 그런 기회는 얼마든지 가질 수 있다. 어느 날 갑자기 누군가 찾아와서 "당신은 내게 평생을 갚아야 할 말만큼 커다란 은혜를 베푸셨어요. 내가 힘들 때마다 나를 일으켜 세우고 할 수 있다라는 자신감을 불어넣어 주어서 내가 이렇게까지 성공할 수 있게 되었습니다. 정말 감사드려요!"라는 말을 듣게 될지도 모른다.

관리자는 다른 사람의 인생에 중요한 영향을 줄 수 있을 정도의 위치에 있다고 생각해야 한다.

실천편 _Just Do It

- 목표에 도달할 수 있는 가장 좋은 전략은 직원들과 정기적인 회의를 가져서 자유롭게 아이디어를 낼 수 있는 분위기를 만드는 것이다.

- 부서나 팀의 업무를 나열하고 우선순위를 정하도록 하자. 높은 순위에 속하는 일을 최우선으로 처리하고 그것보다 낮은 순위에 있는 일 때문에 진행이 지연되어서는 안된다.

- 매 분기마다 직원의 업무 수행력이 목표 대비해서 어느 정도 진척되고 있는지 체크해서 미달되고 있는 직원이 있다면 미달된 목표에 대한 계획안을 별도로 제출하게 해야 한다.

- 업무 목표를 달성하기 위해 직원 개개인 별로 필요한 게 무엇인지 알아봐야 한다.

- 하루도 빠짐없이 직원들의 업무에 대해 격려해 주어야 한다.

- 과거에 성공적으로 업무를 수행했던 직원들의 기록을 만들어놓고 새로 들어오는 직원들이 참고할 수 있도록 해주는 게 좋다.

- 일을 잘하는 직원과 일을 못하는 직원은 서로 다른 계획과 목표를 할당해야 한다.

- 일대일 개별 미팅을 통해 업무와 관련된 얘기뿐만 아니라 사적인 얘기도 자유롭게 할 수 있는 분위기를 만들자. 특히 이런 자리는 어떤 변화가 크게 요구될 시 절대적으로 필요하다.

- 직원 중에 스트레스를 크게 받고 있는 직원은 없는지 살펴야 갑자기 회사를 그만둔다고 해서 뒤늦게 당황하는 일이 발생하지 않는다.

- 자신이 맡은 부서나 팀의 성공 스토리를 윗사람이 알 수 있도록 다양한 방법을 강구해보자.

- 회사나 부서에 큰 변화가 있어야 할 때 자신의 직원 중 그 변화를 잘 따르고 있는 사람과 그렇지 못한 사람이 누구인지를 파악해봐야 한다. 아무리 능력이 뛰어난 직원이라 하더라도 불평불만으로 가득찬 직원은 멀리해야 한다.

- 자신을 믿고 따라주는 직원들에게 항상 고마움을 표시해야 하며 그래야만 직원들이 더 열과 성을 가지고 관리자를 대하게 된다.

성공적인 미래를 위해 열두가지 핵심 능력을 키워보자.
분석적인 사고 방식, 비즈니스적 마인드, 자신감, 자아 개발, 훌
륭한 커뮤니케이션, 높은 목표, 자발적 의식, 인내심, 고객에 대
한 친철함, 협동심, 일관성, 전문적 지식

Section **V**

성공적인
미래를 위하여

The 5 Essentials for Succes

발전적인 경력 설계를 위해

미래를 위해 해야 할 일들에는 무엇이 있을까? 자신을 위한 시간을 가져야 한다는 것은 너무 당연한 소리처럼 들릴지도 모르겠지만 그런 시간동안 정확히 무엇을 해야 할지가 중요하다. 어느 누구도 자신에게 길을 알려주지는 못한다. 왜냐하면 당신 자신이 무엇을 해야하는지 정확히 모르기 때문이다. 자신만 배려받기를 기대하는 건 무리이므로 대신 공평하고 올바른 기회를 가지고 내 스스로 길을 만들어 가는 게 중요하다.

목표를 세우고 발전 계획을 어떻게 달성할 것인지에 집중해야 하며 끊임없이 노력을 해나가야 한다. 며칠 못가서 모든 계획들이 물거품으로 된다면 경력을 인정받아 성공을 향해 나가는 길이 순탄치만은 않을 것이다. 어쩌다가 운이 좋아서 좋은 결과가 있을 수도 있지만 결코 오래가지는 못한다. 매일 매일을 중요하게 생각하며 최선을 다할 때만이 원하는 목표를 이룰 수 있는 지름길이고 그 위에 약간의 운이 더해진다면 좀 더 빠르게 다다를 수 있을 것이다. 미래의 경력을 쌓아나가는 것은 오늘 하루가 어떻게 쌓여가느냐에 따라 달라진다. 가만히 앉아서 감나무의 감이 떨어지기만을 기다리는 것과 철저한 계획 하에 목표를 향해 열심히 달려가는 것과는 하늘과 땅 차이다.

사전에 해야 할 일들

자기 암시를 할 것　자신이 달성하고자 하는 최종 목표를 크게 써 붙여 놓을 것. 예를 들어 "앞으로 5년 안에 기획실장 자리에 올라가겠다"라는 식으로 구체적으로 명시해서 항상 볼 수 있는 곳에 놓아야 한다. "진취적이고 도전적인 일을 하고 싶다"라는 식의 목표는 아무런 도움이 되지 못한다.

꿈은 높게 가질 것　목표는 반드시 자신의 한계를 뛰어넘어 더 발전적이고 향상될 수 있는 것들이 되어야 한다. 그래서 본인 스스로 자신을 뛰어넘기 위한 무한한 노력을 할 수 있게끔 만드는 목표가 되어야 한다. 예를 들어 "난 인공 지능분야에서 세계적인 수준의 전문가가 될 거야"라는 말은 마음을 흥분되게 하고 열정적으로 만드는 목표이다. 그런 목표가 실현되던, 아니던 상관없이 그걸 향해 노력해 나가는 과정은 삶을 더 알차게 만들 수 있다.

현실을 직시하라　현재 가지고 있는 기술력과 자신의 능력 그리고 가족과 그 밖의 요소들도 중요하게 작용한다. 그런 요소들과 관련되어 자신이 세운 목표에 근접한 사람들에게 조언을 구하는 것도 바람직하다. 당신의 경쟁자는 몇 명이나 되고 조언자는 얼마나 되는지 항상 다른 사람들과 자신을 비교해보는 것을 잊지 말아야 한다. 당신의 경쟁력이 어느 정도 되는지 항상 염두해 두고 있어야 한다.

희생을 감수하라 당신의 목표가 실현 가능성이 얼마나 되는지를 판단하고 난 다음에는 얼마나 강하게 바라고 있는 것인지 생각해봐야 한다. 값어치 있는 것을 얻기 위해서는 그만큼의 희생도 뒤따르는 법이고 열망이 크면 클수록 희생을 감수해야 하는 것은 더 커진다고 봐야 한다. 희생에 대해서 얘기들은 많이 하지만 그것이 실제로 무엇을 의미하는지 잘 모르는 경우가 많은데 어느 정도의 에너지와 시간과 그 밖의 자원들을 어느 정도 쏟아 부을 수 있는지 정확히 판단해야 한다. 세계 최고의 수준이 되고 싶다면 그만큼의 시간을 연습에 투자해야 되고 그렇지 못하다면 아무것도 이룰 수 없다.

지식과 기술력을 높여라 자신이 가고자 하는 위치까지 오르기 위해서는 무엇이 필요할지를 생각해봐야 하는데 그러기 위해서는 먼저 자신의 지식과 기술력이 어느 정도인지 헤아려봐야 한다. 그런 걸 무시한 상태로 계획만 너무 높게 잡았다면 이루질 수 있는 건 아무것도 없다. 목표만 있고 목표에 도달할 수 있는 방법이 전혀 없는 상태와 같다.

기간별 계획 다이어트를 계획하고 있는 사람들이 흔히 말하듯이

“이번 주에는 몇 kg를 빼고 다음 6개월동안 열심히 해서 총 몇 kg를 빼야지”라고 하는 것처럼 자신의 최종 목표를 향해 기간별로 해야 할 일들을 정리해 놔야 한다.

지금 당장 시작할 수 있는 일들　바로 시작할 수 있는 일들이 중요하다. 그렇지 못하다면 처음에 가졌던 생각들이 차츰 사그라지게 된다. 목표를 위해 한발 한발 다가선다는 느낌과 그로 인한 자신감을 가지기 위해서는 작으면서도 결과가 바로바로 나올 수 있는 일들을 해나가는 습관을 길러야 한다. 작은 성공이 모여서 큰 성공을 이룰 수 있기 때문에 단계별로 하나하나 풀어나가는 노력을 하자.

잠재적인 장애물들의 목록을 만들어 놓을 것　계획을 세우는 순간부터 만약이라는 가정을 하고 대비책을 마련해 놔야 한다. 미래에 대한 불확실성을 생각해봐야 한다는 말이다. 좋은 제품을 수입해 값비싼 가격으로 팔아서 이윤을 남기려고 계획을 세웠는데 환율이 급상승해서 물거품이 되거나 석유왕이 되겠다는 야심찬 포부가 석유 고갈로 인해 아무짝에도 쓸모없는 계획이 될 수도 있다. 자신이 세운 계획에 방해가 되거나 변화를 줘야 할지도 모르는 요소들이 무엇이 있는지 살펴봐야 한다.

대안적인 계획을 만들어 놓아라　언제, 어디서든 일이 잘못 흘러갈 수 있다. 인간인 이상 그건 어쩔 수 없는 상황들이 언제 어디서든 발생할 수 있다. 그렇기 때문에 궤도를 이탈한 계획에서 벗어나 다시 정상으로 돌려 놓을 수 있는 대안을 만들어 놔야 한다.

    '왜' 라는 생각을 하라   굉장히 중요한 문제이다. 그만두고 싶을 정도로 힘들 때 다른 사람을 탓 하기 전에 먼저 스스로에게 자신의 목표와 관련되어 반문해 보는 시간을 가져보자. 그리고 자신이 얼마나 많은 관심을 가졌었고, 얼마나 크게 비중을 두고 생각했었는지, 얼마나 절실히 원했었는지를 심각하게 생각해보자. 만약 그렇지 않았다면 "난 장차 이 회사의 부사장이 될거야"라는 말만 하고 그에 걸맞은 노력과 시간 투자와 심지어는 그 목표를 향해 가다보면 당연히 겪어야 하는 부담감까지도 제대로 소화해 내지 못한 것이다.

    다른 사람도 알게 할 것   자신의 계획은 다른 사람들에게 공공연히 알려야 더 효과적이다. 회사 내의 다른 직원이든, 자신의 가족이든지 자신이 어떤 계획을 가지고 있는지 알게 해야 한다. 그래서 다른 사람들의 조언도 들어보고 때로는 도움도 받을 수 있게 된다. "그런 계획을 가지고 있었는지 몰랐네. 진작 알았으면 도와줄 수 있었는데…"라는 말을 듣는 일이 없도록 하자.

핵심 능력

    이 책을 읽는 모든 독자는 아마 목표는 전부 다를지 몰라도 능력을 개발해야 할 필요성이 있다라는 생각은 공통적으로 가지고 있을 것이다. 능력이라는 것은 최고의 사람들이 최상의 결과를 위해 애쓸 때 나타나는 행동의 일종으로 성공한 사람들에게는 그런 면에서 특징적인 점들을 발견할 수 있다. 특히 필자가 수많은 회사에서 나름대로 성공의 길을 걷고 있는 사람들을 조사해본 결과 그들에게서 나타났던 몇 가지 특징들을 여러분에게 알려주고자 한다. 지금 당장 미래에 대한 계획이 없다 하더라도 다음에 나오는 열두 가지의 능력들은 기억해 두기 바란다.

- 분석적인 사고 방식
- 비즈니스적 마인드
- 자신감
- 자아 개발
- 훌륭한 커뮤니케이션
- 높은 목표
- 자발적 의식
- 인내심
- 고객에 대한 친철함
- 협동심
- 일관성
- 전문적 지식

위에 열거한 각각의 능력들에서 자신이 강한 부분과 약한 부분을 판단해 순위를 매겨 보기 바란다. 가장 자신있는 부분이 1이되고 가장 취약한 부분이 12가 되게 해보자. 아니면 위의 항목 각각을 1부터 5까지 사이에서 잘한다고 생각되면 1을, 못한다고 생각하면 5를 매겨서 전체적으로 어느 정도의 능력을 가지고 있는지 스스로 생각해보는 시간을 가져야 한다. 자신의 계획을 달성하기 위해서는 핵심 능력들이 어느 정도 되는지 확실히 알고 있어야 한다. 가만히 앉아서 해결되는 일은 아무 것도 없다. 씨도 뿌리지 않고 수확을 바란다면 결코 아무것도 얻지 못할 것이다.

핵심 능력을 강화시키려면

분석적 사고 방식

어떤 상황이든 분석할 수 있는 능력을 가져야 한다,

• 복잡한 문제에 직면하게 되었을 때 과거에 비슷한 문제들에 처한 경험이 있었는지를 생각해 보고 그렇다면 무엇이 비슷했었고, 무엇이 다른지를 구체적으로 봐야 한다. 그리고 전에 있었던 일들을 현재의 상황에 대입시켜 해결할 수 있는지 생각해야 한다. 해결하기 힘들다면 어떻게 처리할 수 있을지 고민을 해야 한다.

• 프로젝트나, 이슈, 상황들을 이해를 못하고 있다면 스스로에게 여러 가지 질문을 던져봐야 한다. 다른 사람들의 생각은 어떤지도 알아볼 필요가 있고 이때는 육하원칙에 의거해서 누가, 무엇을, 어디서, 언제, 왜, 어떻게라는 의문점으로 접근을 해야 한다.

• 문제 해결을 위한 행동을 하기 전에 문제의 근본 원인을 정확히 파악하고 있는지, 가장 최선의 해결 방안인지를 다시 한 번 생각해봐야 한

다. 어떤 문제든 한발 뒤로 물러나 한 번 더 생각해보고 다른 관점에서 생각해보는 습관을 길러야 한다.

• 문제 해결이나 의사 결정을 할 때는 "찬반양론", "비용대비 효과", "투자대비 회수"의 개념을 익혀야 한다. 그래서 어떤 상황에 처하든 그런 개념을 가지고 접근해서 최선의 선택을 이끌어 낼 줄 알아야 한다.

• 때로는 당신의 윗사람이나 주위에 있는 다른 사람들에게 자문을 구할 필요도 있다. 혼자 끙끙거리고 생각한 결론보다 다른 사람들의 의견이 더 효과적일 경우가 있다.

• 동료들에게 자신의 업무 계획에 대해 의견을 들어보고 그 계획들이 제대로 되어 있는지 알아보자. 동료들의 조언이 타당하다고 생각되면 계획을 수정할 수 있어야 한다. 혼자 만든 계획을 다른 사람들에게 검토받는 일을 자주 할수록 그 계획안은 완성도나 정확도가 더 높아진다.

• 논리적으로 문제를 잘 해결하는 사람이나, 프로젝트 안을 잘 만드는 사람 혹은 회사 업무를 잘 하는 사람과 친해지는 게 도움이 된다. 그래서 그런 사람이 생각하는 방식과 일 진행 방식을 참고하면 좋다.

• 초기에 쉽게 처리할 수 있는 문제를 허둥대다가 더 크게 만들지 말고 전에 비슷한 문제가 있었는지 기억을 되살려보자. 새로운 해결 방법을 만들어내는 것보다는 전에 있었던 일들을 적용시켜 풀어가는 게 더 쉽다.

- 미래의 계획을 위해서도 최근에 마무리했던 일들을 기록해 놓는 습관
  을 들이자.

- 아주 복잡한 문제나 프로젝트를 만났을 때는 여러 각도에서 서로 다른
  해결방안이나 접근방안을 생각해봐야 한다. 동료나 윗사람의 제안도
  받아보는 게 좋다. 회사 내에 여러 다른 부서의 사람들에게 받는 정보
  가 상당히 유용하게 쓰인다는 사실을 잊지 말기 바란다.

비즈니스적 마인드

- 회사의 전반적인 상황에 대한 기록을 입수해서 분석하고 공부해야한
  다. 각 부서에서 하는 일이 정확히 무엇이고 각각의 중요성에 대해 충
  분히 이해하고 있는지 그리고 다른 부서와는 어떻게 연계되어 움직이
  고 있는지 알아야 한다.

- 업무 진행을 원활히 할 수 있는 방법을 개발해 보도록 하자. 예를 들어
  부서나 팀 내에서 하나의 업무가 누구를 거쳐서 최종적으로 어디로 어
  떻게 가는지 전체 맵을 보기 쉽게 만들어보는 것도 좋다. 그래서 누가
  무슨 업무를 맡고 있었는지 혹은 맡고 있는지를 한 번에 알 수 있게 만
  들어야 한다.

- 다른 부서의 회의에 참석하거나 다른 부서 사람들을 자신의 부서 회의
  에 참석하게 해서 각자의 업무에 대한 이해도를 높이도록 한다.

- 정기적으로 회사와 관련된 신문 기사나 인터넷에 올라온 정보, 주가 움직임 등에 관심을 가지고 읽어야 한다.

- 주주총회에 참석해서 주총 자료들을 읽어보도록 하자.

- 자신이 현재 맡고 있는 일들이 부서나 팀을 위해 어느 정도 공헌을 하고 있는지 더 나아가서 자신이 맡고 있는 부서나 팀이 회사에 어느 정도 이바지하고 있는지를 알고 더 향상될 수 있는 비전을 가져야한다.

- 대내외적인 연수 프로그램에 적극 참여해서 인맥을 폭넓게 형성해야 한다.

- 회사 내에 있는 모든 부서마다 최소한 한사람과는 격의없이 지낼 정도로 친하게 지내는 사람이 있어야 한다.

- 다른 영역의 업무를 잠시 동안이라도 할 수 있는 기회를 가질 수 있는지 찾아봐야 한다. 하루정도 부서의 업무를 서로 바꿔서 일해보거나 아니면 다른 부서에 있는 동료의 보조로 일하면서 다른 부서에서 하는 업무들이 회사 내에서 어떤 역할을 하는지 이해를 할 수 있는 기회를 가져야 한다.

- 새로 업데이트된 사업 계획을 받아본 후 자신의 업무와 목표에 어느 정도 변화가 예상되는지 판단해보고 수정이 필요한지 검토해 봐야한

다. 우선순위의 재조정이나 그 밖의 수정 사항들이 있어야 하는지 신
중히 결정해야 한다.

- 새로운 업무나 프로젝트를 시작하기 전에는 스스로에게 "내가 앞으로
일조를 하거나 달성해야 할 비즈니스 목표는 무엇일까"라는 질문을
던져야 한다. 답을 찾지 못한다면 더 많은 정보들을 찾아봐서 자신의
업무와 비즈니스적인 문제들을 어떻게 연관시켜 나갈지 생각해 봐야
한다.

- 때로는 신입 사원용 프리젠테이션 파일을 입수해서 회사의 사업 계획
을 촉진시키기 위해 사용되는 마케팅 문구들을 유심히 볼 필요도 있
다. 특히 회사의 미래를 위해 야심차게 진행중인 신제품 개발이나 사
업적 전략을 중점적으로 보자.

자신감

복잡하고 애매하거나 문제 발생의 소지가 높은 일 혹은 위험한 상
황에서 적절한 행동으로 일을 깔끔히 처리하므로써 자신과 자신의 능력
에 대한 믿음을 더 공고히 해야 한다.

- 먼저 자신의 장점이 무엇인지 확실히 파악하고 부서나 팀을 위해 아니
면 다른 직원들을 위해 그 장점을 어떻게 활용할 것인지 생각해 봐야
한다.

- 직원들과 이야기 할 때는 상대방의 눈을 자신 있게 바라보면서 얘기해야 한다. 평소에 친구나 식구들과 얘기하면서 그러한 태도를 연습해보는 것도 좋은 방법이 될 수 있다.

- 자신의 관점을 얘기할 때 그 의미를 정확히 자신 있게 전달 할 수 있는 능력을 길러야 한다. 친구들을 상대로 그런 연습을 해보고 그들에게 제대로 전달되었는지 알아보는 게 도움이 되기도 한다.

- 패배주의에 휩싸인듯한 말투는 절대 하지 말자. "이게 그렇게 될지도 모르겠지만 아닐 수도 있고, 잘 모르겠네"라는 식의 자신 없어 보이는 말투보다는 "우리가 원하는 결과를 얻기 위한 가장 빠르고 쉬운 방법을 확실히 알고 있어"라는 식의 자신감이 넘치는 말을 해야 한다.

- 본인이 자신 있어 하는 분야의 능력을 더 키우게 되면 더 많은 자신감을 가지게 되는데 도움이 될 수도 있다.

- 힘들거나 어려운 난관에 봉착하게 되었을 때 혼자 모든 것을 다 해결하려고 들지 마라. 다른 사람들에게 더 좋은 해결책이 있는지 알아보는 것이 좋다.

- 다른 사람과 얘기를 나눌 때는 항상 오픈 마인드의 상태를 유지해라. 최종 결정을 내리기전에 가능한 많은 사람으로부터 많은 얘기를 들어보고 종합해서 결론내리는 것이 좋다.

- 자신의 한계점을 인식하고 있어야 한다. 자신이 받아들이지도 못할 만큼 많은 생각들을 무분별하게 받아들이지 말고, 자신에게 가장 도움이 되는 말들을 해준다고 생각되는 사람을 서너 명 안쪽으로 추려서 그들의 말을 우선적으로 참고해라.

- 프리젠테이션의 기회를 자주 가져라. 최고 경영자나 외부 거래처, 고객 앞에서 성공적으로 프리젠테이션을 하게 되면 자신감이 더 충만하게 생기게 된다. 처음에는 자신이 가장 편안하게 할 수 있는 자신의 부서원이나 팀원을 상대로 하는 연습부터 하는 게 좋다. 그리고 차츰 그 범위를 더 넓고, 높게 가져가야 한다.

- 당신이 잘 모르는 사람들과 얘기할 수 있는 시간을 많이 가지면서 자신과 자신이 하고 있는 일에 대해 설명하는 기회를 많이 가질수록 스스로에 대해 더 돌아볼 수 있는 계기가 된다.

- 당신의 윗사람에게 그동안 일을 어떻게 처리해왔고, 어떤 성과를 거두었는지 수시로 상기시켜주어야 한다. 그리고 앞으로 더 나은 업무 성과를 위해서 필요한 게 무엇인지도 잊지 말고 보고해야한다.

- 약간의 위험성이 내포된 하지만 한번 해볼 만한 가치가 있는 도전을 해보는 것도 좋다. 새로운 프로젝트나 신기술을 배울 수 있는 기회들을 가지기 바란다. 항상 같은 일에만 매달리다보면 매너리즘에 빠져 위험해질 수 있기 때문에 때로는 새로운 일을 통해 긴장감을 가질 필

요가 있다.

- 당신의 윗사람이 당신의 능력을 믿고 일을 맡긴다 하더라도 그리고 충분히 해낼 수 있는 일이라도 윗사람과 구체적으로 그것에 관해 얘기를 나누는 시간을 가져야 한다. 그러면서 어느 정도는 윗사람의 역할 분배와 책임소재에 대한 대비책을 세워놔야 한다.

자아 개발

이 능력은 현재의 기술력을 더 강화시키고 새로운 기술을 습득할 수 있는 기회를 가지려고 하는 것이다.

- 일단은 자신이 흥미로워 하거나 도움이 될만한 교육 과정을 찾아봐야 한다. 그리고 윗사람에게 양해를 구해야 한다. 요즘은 인터넷상에서 동영상 강의를 하는 곳이 많기 때문에 자신에게 적합한 교육 프로그램을 찾는 게 어렵지 않다.

- 회사에서 진행하는 사내 연수 프로그램이 있다면 거기에 적극적으로 참여해보는 것도 좋다. 그런 연수 프로그램을 통해 습득한 지식을 자신이 현재 맡고 있는 업무에 어떻게 적용시켜서 더 발전시킬 수 있는지 생각해보는 것도 좋은 기회가 될 수 있다. 그리고 며칠동안 그런 연수 프로그램 때문에 현재의 업무에서 잠깐이라도 벗어나는 게 정신 건강에도 좋을 수 있다.

- 현재 하고 있는 일에서 뭔가 부족하다고 생각된다면 실력이 부족해서 그런 게 아닌지 판단해보고 그렇다면 어떤 부분을 더 배워야 할지 구체적인 계획을 세워야한다. 전문적인 지식이 더 필요한 것인지 아니면 외국어 부분이 취약한 것인지 등을 말이다.

- 업무 후에는 반드시 그 업무의 결과에 대해 스스로 평가를 해보는 시간을 가져야 하는데 잘됐던 부분과 좋지 않았던 부분을 나누어 평가해보고 상사에게 그런 점을 보고했을 때 상사도 동의하는지 알아봐야 한다. 그리고 다음 업무에서는 좋지 않았던 부분을 최소화시킬 수 있는 방안을 강구해봐야 한다.

- 회사 내에서 자신이 뭔가 배울만한 능력을 가지고 있는 사람이 있는지 찾아보고 만약 있다면 그들에게 부탁해서 수시로 그들이 일하는 모습을 옆에서 지켜볼 수 있는 시간을 가져라.

- 동료나 상사에게 자신이 더 발전할 수 있도록 부족한 점을 그때마다 지적해줄 것을 부탁해놓자.

- 외부 거래처나 고객들에게 자신의 업무에 대한 평가를 객관적으로 받을 수 있는 시간을 가져라. 외부에서 바라보는 눈이 때로는 더 정확할 수 있기 때문에 많은 도움을 받을 수 있을 것이다. 그들에게 충고를 받은 후에는 자신만의 계획표를 세워보고 수시로 그들에게 자문을 구해서 자신이 얼마나 발전하고 있는지 지속적으로 체크해 나가도록 하자.

- 회사 내에서 나도 저 사람처럼 되고 싶다는 생각이 드는 모델을 정해 놓는 것도 하나의 방법이다. 그리고 그 사람에게 어떻게 일을 해왔는 지, 어떻게 자신의 능력을 지금처럼 발전시켜 올 수 있었는지 그런 얘 기들을 많이 들어봐야 한다.

- 자신에게 현재 없는 업무 능력을 키우는데 도움이 될만한 프로젝트나 그 밖의 활동들에 대해 참여할 수 있는지 상사에게 부탁해봐야 한다.

- 다른 부서나 회사에서 도입해서 업무 능률을 올리는데 활용하고 있는 것들을 배워야 한다.

- 마지막으로 자신의 능력을 발전시키기 위해 계획하고 실행했던 것들 을 수시로 상사나 동려, 외부 거래처나 고객들을 통해 어느 정도 좋아 졌는지 알아봐야 한다.

커뮤니케이션

자신의 의사를 분명하고 이해하기 쉽게 그리고 헛되이 되지 않도록 전달하는 능력을 가지고 있어야 한다.

- 먼저 상사에게 현재 자신의 커뮤니케이션 능력이 원활한지 아니면 부 족한지를 자문을 구해봐야 한다. 그리고 더 좋은 커뮤니케이션 능력 을 갖기 위해서 도움이 될만한 것들이 무엇이 있는지 찾아보도록 하 자. 가장 좋은 것은 중요한 프리젠테이션 발표장에 자주 참여해서 전

문 강연자들이 어떻게 얘기하는지를 보는 것이다.

• 다른 사람의 얘기를 들을 때는 그들이 얘기한 것을 올바르게 듣고 이
해했는지 자신이 들었던 것을 요약해서 상대방에게 재차 확인하는 습
관을 가지도록 하자. 커뮤니케이션을 잘한다는 것은 말을 잘하는 사람
을 두고 하는 말이 아니다. 말을 잘해야 하는 것뿐만 아니라 상대방의
얘기를 잘 들어야 한다.

• 쓰기와 관련해서는 종이에 대고 말하는 습관을 길러야 한다. 예를 들
어 친구에게 하고 싶은 말을 먼저 종이에 써서 보여주는 방법을 해보
는 것도 좋다. 그리고 두 번째는 상대방에게 전달하고 싶은 것들을 최
대한 함축적으로 요약해서 간단하게 만드는 습관을 들여야 한다. 그리
고 마지막으로는 누구나 쉽게 이해할 수 있게 단순명료한 단어들을 사
용해야 한다.

• 말할 때 상대방에게 오해를 불러 일으킬만한 나쁜 버릇이 있는지 유심
히 살펴봐야한다. 만약 그런 안좋은 습관이 있다면 빨리 버릴 수 있게
노력해야 한다.

• 다른 사람에게 자신의 커뮤니케이션에 어떤 문제가 있는지 물어보고
어떤 점부터 고쳐나갔으면 좋은지 조언을 구해보기 바란다. 그리고 문
제점을 고쳐나갈 때는 같은 말을 다양한 커뮤니케이션에 적용시켜 해
보는 것도 좋다. 예를 들어 마주보고 말하는 것과 이메일, 전화 등을

통해 같은 내용의 의사 전달을 해보는 연습을 해봐야 한다.

- 친구나 동료에게 부탁해서 일정 기간동안 자신의 커뮤니케이션 방식을 관찰한 후에 문제점들에 대해 얘기해 달라고 부탁해보자. 예를 들어 다른 사람이 얘기하고 있을 때 자꾸 중간에 말을 끊는 버릇이 있는지, 음성 사서함에 메시지를 남길 때 쓸데없는 말만 남겨놓는 버릇은 없는지, 이메일을 보낼 때 오타도 많고, 주제도 없이 보내지는 않는지 등에 대해서 살펴달라고 얘기하고 그것을 통해서 좋은 점은 더욱 더 집중해서 유지시킬 수 있게 하고 나쁜 습관은 빨리 버릴 수 있도록 해야 한다. 이런 과정을 수시로 가지는 것이 좋다.

- 한 주를 마무리하는 주말마다 그 주에 했었던 중요한 일들을 되짚어보는 시간을 가지도록 하자. 그러면서 혹시 다른 사람들과 커뮤니케이션 하면서 잘못했었던 일들은 없는지 차근차근 생각해봐야 한다. 그리고 그런 점들이 있다면 다음 주에 그런 부분부터 집중적으로 보완해나가도록 해야 한다.

- 항상 어떤 자리에서든 커뮤니케이션을 할 때는 상대의 수준을 고려해야 한다. 기술적인 전문 용어를 잘 모르는 사람앞에서 너무 어려운 얘기를 하게 되면 겉돌 수 있기 때문에 상대의 수준에 따라 적당한 용어와 적당한 방식을 가지고 커뮤니케이션을 해야 한다.

- 항상 별도의 자료를 준비하고 있어야 하는데 대화 도중에 구체적인 자

료를 보여 달라고 하는 경우도 있으므로 그에 대한 대비를 해놔야 한
다.

• 다른 사람이 커뮤니케이션할 때 그 사람의 잘못된 점이 보인다면 자신
도 그렇지 않은지 살펴보도록 하자.

• 회사나 부서 내에서 사용하는 업무 서류철이나 매뉴얼, 기타 자료들을
보면서 좀 더 쉽고 간단하게 그리고 정확하게 바꿀 수 있는 방법은 없
는지 한번 생각해보자. 어떤 자료든지 모든 사람들이 쉽게 이해할 수
있게 되어 있는지 다시 한번 검토해 보기 바란다.

높은 기준

목표를 높게 가져야 더 뛰어난 업무 성과를 올릴 수 있게 된다.

• 자신이 현재 바라고 있는 게 무엇인지 정확히 판단해보고 그것을 이루
기 위해 필요한 것들이 무엇인지 생각해야 한다. 그리고 충분한 시간
을 가지고 목표가 달성될 수 있도록 천천히 한발씩 다가설 수 있는 계
획을 세워야 한다. 별로 중요하지 않은 일들 때문에 자신의 계획이 혼
선을 빚어서는 안된다.

• 상사의 기대치가 어느 정도인지 알아본 다음에 그 기대치를 충족시키
기 위해 어떻게 해야 할지를 생각해봐야 한다.

- 목표를 향해 나아갈 때 현실과 타협해야 하는 일이 생긴다면 스스로에게 한번 잃는 것보다 얻는 게 많은 것인지 아니면 내 평판에 흠이 가는 일은 아닌지 등에 대해 물어봐야 한다. 그리고 난 다음에 행동에 옮기길 바란다.

- 목표를 세우고 그 일을 향해 나갈 때 시간이 부족해서 제때 끝내지 못했다고 하는 것은 목표를 세울 때 충분히 시간 할당을 하지 못했다는 말밖에 되지 않는다. 그렇기 때문에 어떤 일을 계획할 때는 항상 시간 할당이 중요하다는 사실을 잊지 말아야 한다.

- 책임을 다하는 모습을 항상 보여야 한다. 다른 사람들 앞에서 앞으로 어떤 일을 하겠다라고 얘기했다면 그걸 해나가는 책임감 있는 모습을 보여야 한다. 그리고 누군가에게 자신이 하고 있는 일에 대해 보고나 통보해야 할 의무가 있다면 현재의 진행 상황이 어떤지 얘기를 해줘야 한다. 설령 그 진행 상황이 만족스럽지 못한 상태라 하더라도 일단 얘기는 해야 한다.

- 부서나 팀의 목표를 달성할 수 있도록 더 효율적인 절차나 과정들이 있는지 찾아봐야 하고 있다면 과감히 도입해서 적용해야 한다. 이때는 성공한 사람들의 경험을 참고해야지 실패한 사람들의 얘기는 귀담아 듣지 말아야한다.

- 더 큰 포부를 가질 수 있게 하는 개인적인 목표를 세우고 회사에서 요

구하는 기대치를 이루는 것 이상으로 신경을 써야 한다. 자신이 달성해야 하는 목표 이상을 기준으로 삼고 나가게 되면 최악의 경우라도 할당받은 목표치는 달성할 수 있게 될 것이다.

• 회사 내에서 제일 일을 잘한다고 생각되는 부서와 자신이 맡고 있는 부서를 벤치마킹해봐야 한다. 어떤 점들이 제일 잘나가는 부서를 만들고 있는지 관찰해보고 자신의 부서에 적용시켜 보는 것도 좋다.

• 주위 동료들에게 틈나는 대로 비평을 해달라고 부탁을 해보자. 그래서 그들이 가지고 있는 생각들을 겸허하게 받아들여서 참고를 해야 한다.

• 지금까지 해왔던 업무들을 돌아보면서 가장 쉽게 처리했었던 방식과 최선을 다해 열심히 뛰었던 일들을 생각해보면서 그 결과가 어떠했는지를 생각해보자. 그리고 향후에 그와 비슷한 일들이 벌어지게 된다면 그 때는 어떻게 대처할지를 미리 생각해보는 시간을 가져야 한다.

자발적 의식

다른 사람들이 요구하기 전이나 어떤 상황이 벌어지기 전에 미리 생각하고 준비해서 실행에 옮기는 능력을 말한다.

• 상사의 지시나 승인이 나기 전에 회사나 부서의 발전을 위해 자발적으로 나서서 일을 처리하는 능력을 키워야 하며 이때는 사전에 상사와 어느 정도 교감을 가지고 있어야 한다.

- 무엇인가 시급히 해야 된다고 느끼게 되면 더 이상 지체하지 말고 바로 실행에 옮겨야 한다. 예를 들어 사무실의 프린터가 잼이 걸려서 용지가 안 나오는 것을 보게 되면 그냥 지나치지 말고 중간에 걸린 용지를 빼내고 정상적으로 작동할 수 있도록 조치를 취해놓는 것처럼 아주 작은 일부터 그런 습관을 들여야 한다. 누군가 대신 해줄 사람을 기다리는 것보다 자신이 직접 나서서 바로바로 처리하는 습관이 중요하다.

- 마감 시간이 다되어서 급하게 마무리 짓는 습관이 있다면 빨리 버리고 또 밑에 직원에게 어떤 일을 시키고 난 다음에 끝날 때까지 무신경으로 일관하지 마라. 중간중간 어느 정도 일이 진행되고 있는지 체크해보고 혹시라도 문제가 있다면 마감 전까지 그 일을 끝낼 수 있게 어떤 식으로든 도움을 줘야 한다. 이때는 감시가 아니라 서포트의 차원으로 접근해야 됨을 명심하기 바란다.

- 업무에 도움이 될만한 좋은 아이디어가 생각나면 누가 물어볼 때까지 속으로만 생각하지 말고 일단 의견을 말해본 다음 다른 사람들의 반응을 보고 실행에 옮겨야 한다.

- 상사나 부하 직원의 업무를 덜어줄 필요가 있다고 생각하면 그들과 함께 업무를 나누어서 진행을 하는 게 좋다. 언젠가는 그들도 당신이 힘들 때 도움을 줄 것이다.

- 상사의 스케줄을 확인해보고 그 중에서 자신에게 도움이 될만한 일이

나 같이 자리를 하면 좋겠다라고 생각되는 게 있으면 상사에게 부탁을 해보자. 언젠가는 유용한 경험이 될 것이다.

- 새로운 프로젝트나 업무가 부여되면 상사에게 더 많은 권한과 그에 따른 책임을 요구해보자. 세부적인 사항들은 내가 알아서 처리해 나갈테니까 걱정하지 말고 지켜봐달라고 말이다. 대신 그 결과에 대한 책임은 분명하게 지는 자세가 필요하다. 그래서 전체적인 세부 사항과 일정을 작성해서 상사에게 보고한 후 소기의 성과를 보일 수 있도록 해보자. 그리고 일이 끝나고 난 후에는 반드시 결과물을 놓고 상사와 부하 직원들에게 평가를 받는 시간을 가져야 한다. 어떤 점에 주안점을 두고 일을 진행해서 어떤 결과가 나왔으며 그것을 바탕으로 앞으로 더 좋은 결과를 얻기 위해서는 어떻게 해야 하는지 등에 대해서 피드백을 갖는 시간을 가지도록 하자.

- 부서나 팀 내에서 악순환되고 있는 문제점들을 파악해보자. 예를 들어 월말만 되면 보고서 작성하느라 딴 일을 못해서 힘들어 하고 있는 직원들이 있다면 그런 문제점들을 하루빨리 보완해서 해결하려는 책임의식을 가져야 한다.

- 최소한 한 분야에서 만큼은 부서나 팀 내에서 가장 뛰어난 능력과 지식을 가지고 있는 전문가로 인정받아야 한다. 그래서 상사나 부하 직원들에게 그 문제에 관해서는 당신이 최고라는 소리를 들을 수 있게 만들어야 한다. 예를 들어 부서에서 사용하고 있는 컴퓨터 프로그램이

문제가 생기면 당신이 나서서 바로 해결해 줄 수 있을 만큼 전문 지식을 가지고 있거나 프리젠테이션 발표자료 작성에 관해서 만큼은 타의 추종을 불허할 만큼 뛰어난 실력을 가지고 있거나 해야 한다.

- 새로운 기술을 익힐 수 있는 업무를 맡아서 자신의 능력을 키워 나가는 방편으로 활용해야한다. 하지만 충분한 준비를 한 후에 해야 한다. 새로운 컴퓨터 프로그램을 익히고 싶다고 무턱대고 기존 프로그램을 지운 후 최신 프로그램을 깔아놓은 후 어떻게 사용하는지 조차도 모르면 무용지물이 되는 것처럼 발전적이고 현실적인 방향으로 설계를 해야 한다. 그렇지 못하게 되면 자신감과 신뢰성만 상실하게 될 것이다.

- 자발적으로 나서서 일을 하기 전에 위험 요소는 무엇이 있는지 잘 알아보고 해야 한다. 자칫하다가는 무리한 욕심으로 다른 사람들한테 피해를 주기 십상이다. 부서나 팀을 위해 아무리 좋은 일이라고 생각이 들더라도 사전에 의견 조율없이 또 적응 기간없이 무리하게 추진하게 된다면 오히려 역효과만 벌어지게 된다.

- 과거 6개월 동안 부서나 팀에 있었던 문제들을 다시 한 번 생각해보면서 그것들을 어떻게 처리했었는지 유심히 살펴보고 그중에서 좋았던 방법들을 현재의 문제점들에 대입시켜 보는 것도 좋다.

인내심

너무 쉽게 포기하려고 하지 않는 자세이며 목표에 도달할 때까지 계속적으로 도전하고 노력하는 것을 말한다.

• 일이 제대로 되고 있지 않다고 느끼면 왜라는 의구심을 항상 가져야 한다. 기술이 문제인지, 지식이 문제인지 아니면 자신이 활용할 수 있는 자원이 부족해서인지 그 원인을 찾아봐야한다.

• 지치지 않고 목표를 향해 매진하면서 결국에는 성공적으로 일을 마무리하는 사람이 주위에 있다면 그런 사람들이 일을 처리해 나가는 방식과 어려움을 어떻게 극복해 나가는지 보고 배워야 한다. 자신의 능력으로 도저히 처리할 수 없을 것같은 문제에 봉착하면 그들은 어떤 방식으로 극복했는지 그 방법을 자문을 구해보거나 아니면 때로는 그런 사람들을 옆에서 지켜보는 것만으로도 좋은 아이디어를 구하는 경우도 있을 수 있다.

• 자신에게 도움을 줄 수 있는 인맥을 최대한 많이 확보해 놓아야 한다. 그래서 어려운 일이 닥칠 때마다 회사 내부는 물론 외부에 있는 사람들에게도 도움의 손길을 뻗을 수 있게 만들어야 한다.

• 누군가의 도움이 절실히 필요하다면 그 사람 발밑에 엎드려 애원해서라도 도움을 받겠다는 정신 상태가 필요하다. 일반적으로 도움을 줄 수 있는 사람들은 언제나 주위에 있지만 자존심 때문에 항상 그러지를

못한다. 내가 혼자 처리 할 수 없는 문제가 생긴다면 누군가와 함께 일을 헤쳐나간다고 생각을 해야 한다.

• 다른 사람들이 묵묵히 참고 견뎌내는 것을 꼭 나쁘게만 보지 말고 긍정적으로 생각해라. 그래야 당신이 황소처럼 우직하게 묵묵히 일하는 그런 모습을 보인다 하더라도 다른 사람들도 그렇게 생각할 것이다.

• 혹시 다른 사람에게 도움을 요청했는데 제대로 받아들여지지 않는다면 다른 방식으로 다시 한 번 부탁을 해봐야 한다. 상대방이 도움을 주지 않으려고 해서 그런 것보다는 제대로 이해를 못해서 그런 경우가 많기 때문이다.

• 아무리 힘들고 어려운 일이라도 헤쳐나가는 사람들의 모습을 보면서 그들이 어떻게 난관을 극복했는지 물어보기 바란다. 현재 당신이 처한 어려운 상황에 적용시켜 볼만한 기술이나 접근 방법을 알려줄 것이다.

• 힘든 상황에 빠지기 전에 미리 대비를 하고 있는 게 좋다. 앞으로 벌어질 일들을 생각해서 계획을 짜야 한다. 어떤 계획이든 어려운 일이 벌어졌을 때를 대비한 대안이 있어야한다.

• 당신의 계획대로 움직이지 않는 부하 직원이 있다면 목표를 달성한 후에 그들이 얻는 것은 무엇이고 그들에게 돌아가는 이점이 무엇인지를 다시 한 번 확실하게 알려줘야 한다.

• 부하 직원들이 하는 말이나 행동에서 적신호가 발견된다면 머지않아 문제가 생긴다는 것을 직감적으로 알아채야 한다. 예를 들어 "이 일에 관해서 상사와 한번 얘기해야 되겠어"라는 말은 곧 "난 이 일을 별로 하고 싶지 않아. 상사한테 말해서 이 일에서 빼달라고 할거야"라는 의미이다. 문제에 봉착하기 전에 그 징조를 빨리 알아야만 다음 단계의 행동을 가져갈지 말지를 결정할 수 있게 된다.

고객에 대한 친절함

어느 회사든 회사 내부의 문제도 중요하지만 무엇보다 외부에 있는 고객이 최우선적으로 고려해야 하는 대상이다.

• 고객이나 외부거래처와 미팅을 가지기 전에 그들을 이해시키는 데 도움이 될 수 있는 자료를 최대한 많이 확보해서 검토해봐야 한다. 그래야만 오해의 소지도 줄일 수 있고 문제를 최소화 시킬 수 있으며 내가 원하는 답을 좀 더 쉽게 구할 수 있다.

• 내가 만나는 사람이 어떤 사람인지 정확히 알고 있어야 하고 그들이 원하는 게 무엇인지 구체적으로 알고 있어야 한다. 그들이 원하는 것을 생각나는 대로 리스트를 만들어보고, 그들과 얘기하면서 내가 생각한 게 어느 정도 맞아떨어지는지 체크해보고, 일단은 그들이 원하는 방향으로 최대한 노력을 해보고 안된다면 어느 정도까지 충족을 시켜줄 수 있는지를 가지고 협상을 해야 한다. 그리고 상대방에 대해 특별하게 생각하고 있다는 것을 충분히 인식시켜주고 상호 합의된 내용을

이메일이나 기록에 남겨 주고받아야 한다.

- 고객의 소리를 경청하는 모습과 정중한 태도로 질문하는 자세로 감동을 주어야 한다. 상대방이 바라고 있는 선이 어디까지인지, 언제까지인지에 대해 정확하게 들어야 하고 상대가 말하지 않은 부분 중에서도 더 도움을 줄 수 있는 게 또 없는지 생각해봐야 한다.

- 고객이 하는 소리를 제대로 이해하고 받아들였는지가 중요하기 때문에 상대방의 말을 다 듣고 난 다음에는 자신이 제대로 이해하고 있는지 재차 확인해봐야 한다.

- 회사나 윗사람에게 특별한 대접을 받았을 때의 기분을 떠올려보자. 그런 기분을 생각하면서 고객도 같은 기분을 느끼게 해줘야 한다.

- 때로는 현장에 나가 고객의 소리를 직접 찾아 들어야 한다. 그래야 고객의 생각을 더 정확하게 알 수 있게 된다.

- 다른 동료들에게 고객을 감동으로 이끄는 그들만의 비법이 있는지 알아보자.

- 고객과의 약속은 무슨 일이 있어도 지켜야 하는데 특히 언제까지 처리하겠다고 했을 때 그 약속 시간은 철저하게 지켜야 한다. 아무리 노력을 했어도 시간을 지키지 못한다면 불만이 더 커질 것이고 반대로 정

해진 약속 시간에 고객이 원하는 것을 처리하고 전화 한통한다면 당신
의 자세를 높게 평가할 것이고 쉽게 잊지 못하는 직원이 될 것이다.

- 하루 중에서 일정 시간동안 만큼은 고객과 관련된 문제를 처리하는데
  집중해야 하며 다른 어떤 일보다 최우선적으로 처리할 수 있도록 해야
  한다. 먼저 하던 일부터 처리하고 난 다음에 해야지라는 생각은 결코
  올바른 접근 방식이 아니다. 고객은 왕이다라는 생각을 항상 머릿속에
  달고 살아야 한다.

- 업무를 마감하는 끝자락에 10분에서 20분 정도는 하루에 있었던 일을
  정리해보는 시간을 가지는 게 좋은데 그 시간동안 혹시 고객의 문제를
  미처 처리하지 못한 부분이 있다면 늦게라도 처리하고 일을 끝내야 한
  다. 부득이한 경우는 다음 날 아침에 가장 먼저 처리해야 할 업무로 올
  려 놓아야한다.

- 고객과의 문제에 자신이 없다면 회사 내에서 고객에게 가장 친절하고
  일을 잘 풀어간다고 소문난 직원이 고객에게 어떻게 말하고 어떻게 상
  대하는지 직접 옆에서 보는 게 좋다. 그리고 나중에 고객과 얘기할 때
  속으로 어떤 생각을 하면서 그런 말을 했냐고 물어봐야 한다.

- 가장 좋은 것은 문제가 생기지 않게 미연에 방지하는 것이다. 고객 중
  누군가 문제가 생겨서 찾아오게 만들지 말고 그들이 무엇을 원하고 무
  슨 문제가 있는지 먼저 알아서 사전에 방지하는 게 최상이다.

협동심

　　다른 사람을 배려하고 그들과 협력하면서 상호 발전적으로 나갈 수 있게 끌어주고 도움을 주고받는 능력이야 말로 회사에서 가장 원하는 능력 중 하나이다.

• 백지장도 맞들면 낫다라는 말처럼 회사 내에 있는 수많은 직원이 모두 힘을 합쳐야 큰 성과를 올릴 수 있게 된다. 각자 서로 맡은 분야에서 최선을 다하면서 하나가 되어야만 성공할 수 있다는 생각을 항상 마음 속에 품고 있어야 한다.

• 부서나 팀에서 중요한 결정을 할 때는 모든 직원들이 자유롭게 의견을 말할 수 있는 분위기를 만들어야 한다. 모두를 위한 결정이 되어야지 관리자 한사람만을 위하고, 관리자 한 사람만의 생각이 최종 결정이 되어서는 절대 안된다.

• 관리자인 당신의 생각과 다른 직원들이 생각이 다르다고 해서 그들이 잘못됐다고 생각해서는 안된다. 다른 것과 틀린 것을 구별하지 못한다면 좋지 못한 결과만이 일어나게 된다. 자신의 생각과는 다르게 생각하는 사람이 언제나 존재한다는 사실을 염두해도 서로의 생각을 좁혀 나가면서 하나로 만드는 게 중요하다.

• 자신의 협동심이 얼마나 잘 발휘되고 있는지 윗사람이나 동료에게 조언을 구해보는 것도 좋다. 더 나은 방향으로 발전할 수 있도록 많은 조

언을 해 줄 것이다.

- 항상 진심으로 다른 사람들을 고려하고 배려하면서 다가가는 자세가 필요하다.

- 혼자만 독단적으로 일을 하려고 하지 말고 다른 직원들의 아이디어도 참고하면서 그들도 하나라는 생각을 가질 수 있도록 그들의 의견을 최대한 반영시킬 수 있게 해야 한다.

- 각자의 의견과 아이디어를 서로 자유롭게 공유할 수 있는 미팅 시간을 가지면서 협동심을 키워나가는 것도 하나의 방법이다.

- 때로는 타 부서나 팀의 회의 시간에 참석해서 서로 힘을 합쳐 나가야 하는 문제에 대해 정보를 주고받아야 한다.

- 자신이 맡고 있는 조직에 쉽게 융화되지 못하는 관리자가 있다면 먼저 직원들 앞에서 자신감 있게 얘기하는 모습이 미흡한지를 따져봐야 한다. 만약 그렇다면 언제나 자신감 넘치는 목소리로 공개 석상에서 얘기 할 수 있도록 노력해야 한다.

- 부서나 팀의 워크샵을 가지면서 각각의 직원들이 가지고 있는 생각, 성격, 특징 등에 대해서 좀더 깊게 알아보는 시간을 가져야 한다. 서로가 서로에 대해 많이 알수록 상대방에 대한 이해심이 많아지기 때문에

더 협동심이 커지게 된다.

정확하고 일관되게

- 어떤 임무를 부여받았을 때는 항상 정확하게 기록을 해놔야 한다. 그리고 중간중간 목표를 향해 정확하게 가고 있는지 체크를 해봐야 한다. 마지막에 임무가 다 끝난 후에는 최초에 기록했던 해야 할 일들과 비교해서 정확하게 끝냈는지를 봐야 한다.

- 처음에 업무를 부여받았을 때 먼저 어떤 일에서 어느 정도의 역할을 수행해야 하는지 정확하게 알아야 한다. 그렇지 않고 혼자만의 생각으로 지레짐작하는 태도로 받아들여서는 안된다. 그리고 처음뿐만 아니라 임무를 완수할 때까지 회사가 원하는 방향으로 정확하게 가고 있는 것인지를 수시로 체크해봐야 한다.

- 다른 사람이 당신이 해야 할 일에 대한 정보를 알려주게 되면 그 정보가 정확히 어디서 나왔고 어느 정도 신빙성이 있는 것인지를 되물어봐야 한다.

- 일이 끝날 때까지 정확히 가고 있는지를 수시로 체크해봐야 하는데 주위 동료에게 봐달라고 부탁하는 것도 좋다. 때로는 제 3자의 눈이 더 정확하게 잘못된 점을 발견하기도 한다.

- 다른 업무와 혼선을 일으키지 않도록 해야 하며 때로는 한발 뒤로 물러나 객관적으로 자신이 하고 있는 일에 대해 보는 것도 필요하다.

- 새로운 업무를 부여받았을 때 상사에게 그 업무가 회사 차원의 더 큰 계획안에 혹시 포함되어 있는 것인지 물어보고 결과를 수치 데이터 상으로 측정할 수 있는 업무가 아니라면 어떻게 할지를 의논해 봐야 한다.

- 지시받아 하고 있는 일에 대해 다큐멘트 작업을 깔끔히 해놔야 한다. 그래서 어느 누구나 쉽게 열어 볼 수 있게 해서 문제점이 있다면 쉽게 고칠 수 있도록 하는 게 좋다.

- 때로는 여기저기서 왈가왈부하면서 온갖 정보들을 가지고 오는 사람들이 있을텐데 그들의 정보가 조금이라도 미심쩍다면 과감히 버려야 한다.

전문적 지식

항상 어느 자리에서나 전문가 수준의 지식을 가지고 있을 수 있게 노력해야 한다.

- 현재의 업무와 관련된 최신 정보를 수록하고 있는 전문잡지, 인터넷, 블로그 등을 수시로 읽어야 한다.

- 특정 분야에서 누구보다 뛰어나게 해박한 지식을 가지고 있는 직원이 있다면 자주 어울리면서 최대한 많은 것을 배워야 한다. 하나라도 더 듣고, 보려고 하는 자세가 필요하다.

- 자신의 전문적 지식을 더 넓힐 수 있는 업무가 있는지 살펴보기 바란다. 그런 업무는 좀 더 힘들고, 다양하면서 전혀 새로운 분야이고 더 특화된 분야이어야 한다.

- 다른 직원들에게 당신이 알고 있는 지식을 하나라도 더 알려주려고 해보기 바란다. 당신을 바라보는 눈빛이 틀려지게 될 것이다.

- 자신과 비슷한 분야에서 일하고 있는 사람들과 교류를 많이 가지면서 서로의 의견과 생각을 교환할 수 있는 자리를 가져라.

- 최소 분기에 한 번씩은 자신의 지식과 정보를 더 넓힐 수 있게끔 새로운 분야에 도전을 해보기 바란다.

- 컨퍼런스나 전시회에 가급적 많이 참석을 해봐야 한다. 거기서 나눠주는 자료들을 최대한 많이 활용해야 한다.

- 다른 회사에서 같은 업무를 하고 있는 사람들과도 유대관계를 가지면서 그들에게 최신 정보를 들을 수 있는 기회를 가져야 한다.

- 올 한해의 계획을 세울 때는 반드시 새롭게 배워서 발전시켜나가야 할 부분들을 염두해 두어야 한다.

- 당장은 힘들지 몰라도 자신의 업무와 관련된 분야를 다루는 잡지나 책, 웹에 글을 올려보는 것도 좋다. 혼자서 하는 게 힘들다면 공동 저자 형식으로라도 진행해보자.

- 언젠가는 이루고야 말겠다고 생각한 목표나 위치가 있다면 그것을 향해 가기 위해 필요한 전문성을 쌓아놔야 한다. 그리고 그 분야에서 일류의 위치에 있는 사람들이 쓴 글을 많이 읽어봐야 한다.

- 다른 사람을 가르쳐보는 기회를 많이 가져야 한다. 자신이 제대로 알지 못한다면 다른 사람을 가르치지 못할 것이다라는 말처럼 자신이 가진 지식이 어느 정도인지를 파악해보기 위해서는 다른 사람을 가르쳐봐야 한다.

변화하는 미래에 대한 대비

현대는 하루가 다르게 급속하게 변화가 일어나는 시대이다. 시간과 국경을 뛰어넘다드는 변화가 곳곳에서 일어나고 있는데 그중에서 산업 전반에 걸쳐 일어나는 변화는 더 심하게 일어난다. 하지만 이런 변화에 발맞추어 나아갈 준비가 되어있는 관리자는 흔치 않으며 새로운 시대에 걸맞게 움직여야 함에도 불구하고 그렇지 못하고 있다.

최신 기술 때문에 다른 나라에 있는 고객과 실시간으로 마주하게 되는 일도 많아졌으며 이로 인해 관리 영역에서도 새로운 문제점들이 발생하게 되었다.

세계 각국에 있는 직원들과 일할 때

예전의 생활 방식은 참 단순했었다. 대부분 작은 사무실 안에서 모든 일이 발생하고 처리되고 그것뿐이었다. 그래서 커뮤니케이션 때문에 문제가 크게 일어날 일도 없었지만 일어난다 해도 쉽게 풀 수 있었다. 회사 내에 있는 누군가에게 할 말이 있으면 사무실을 가로질러 그 사람에게 가서 얼굴을 들이밀면서 얘기할 수 있었다. 직원이 출근을 제 때하는지, 점심 시간을 잘 지키는지, 사무실을 깨끗이 정리정돈 해놓고 지내는지 그냥 사무실 한바퀴 둘러보면 바로 알 수 있었다. 근무 시간에 딴 짓은 하지 않고 일만 열심히 하는지 보기 위해서 이리저리 다녀보면 금방 알 수도 있었다. 그러다가 잘못된 점을 발견하면 그 자리에서 바로 따끔하게 지적하고 돌아서면 그 뿐이었다.

필자가 학교에서 배운 관리자의 역할은 직원들을 컨트롤하고, 지시하고, 계획을 세우고, 이끌어 나가고, 조직화를 시키는 것이었다. 그리고 직원들도 간단하게 위에서 지시한데로 움직이면 된다는 것뿐이었다. 그리고 돌아다니면서 직원들에게 "내 방문은 언제나 활짝 열려있으니까 문제가 있으면 언제든 노크해!"라고 말하면서 무슨 문제가 없는지 살펴보면 되었다. 하지만 지금은 시대가 바뀌었다.

극단적인 예로 다음과 같은 말들도 들을 수 있게 되었다.

직원의 입장에서 직원을 바라보는 관리자가 거의 없기 때문에 관리자를 위해 열심히 일하는 직원도 거의 만나볼 수 없다. 지금까지 필자가 이 책에서 계속 얘기했던 관리자들이 겪고있는 어려운 점들에 이제는 하나가 더 추가되어야 하는데 그것은 사이버라는 가상 공간에서 일어나는 일들에 대한 부분이다.

현재의 관리자들에게는 최고의 독창성과 창의성이 요구되고 있다. 일부 회사에서는 관리자들에게 원격으로 팀을 이끌어 나가야 된다고 말은 하면서도 구태의연한 조직 시스템을 가지고 제대로 된 지원을 해주지 못하고 있다. 예를 들어 수행평가 항목에 아직도 "이 직원의 근무 태도는 올바른가?", "자발적으로 움직이는가?", "올바른 성품을 가지고 있는가?" 등의 전혀 도움 안되는 질문들로 가득차 있고 그런 부분들이 해외에 멀리 나가서 일을 하는데 얼마나 중요하게 작용하는지 의문스러울 뿐이다.

예전에는 직원들에게 일을 할 때 제일 좋은 게 무엇이냐고 물어보면 대게는 다른 사람들이랑 함께 할 수 있어 좋다라고 대답했다. 하지만 이제는 다른 직원들로부터 떨어져 나와 혼자 일을 해야 하는 상황도 벌어진다. 집도, 사무실도 아닌 가상 세계에서 일을 해야 하는 경우도 있고 멀리 떨어진 곳에 가서 혼자 일을 처리해야 하는 경우도 생긴다. 그런 직원들은 대게 혼자만 고립되어 무시당했다는 생각과 소외감, 누군가에게 잊혀질지도 모른다는 불안감, 아무도 자신을 돌보지 않는다고 생각하게 되고 점점 더 멀어지게 된다고 생각하기 쉽다. 마치 우주 속의 미아가 되어 허공 속을 맴도는 것처럼 느끼고 있을 것이다. 하지만 더 문제가 되는 것은 그런 기분이 들 때마다 자신의 관리자를 원망한다는 점이다.

어느 날인가 고등학교 축구 시합을 보러간 적이 있었는데 옆에 앉은 남자가 핸드폰 두 개를 양쪽 귀에 대고 정신없이 통화를 하고 있는 걸 본적이 있었다. 그래서 뭐하는지 물었더니 그 남자 왈 "지금 전화 회의를 양쪽에서 동시에 진행하고 있습니다"라고 말하는 것이었다. 그래서 필자가 "당신의 아들이 지금 경기를 하고 있는데 그거 보러 온거 아닙니까?"라고 물었더니 "물론이죠. 이건 그냥 듣는 시늉만 하고 있는거고 실제로는 게임보는거에 집중하고 있습니다. 일이라는게 다 그렇잖아요. 다 그런 척 하는거지요. 뭐"라고 하는 것이었다. 그 남자처럼 일할 때 듣는 척, 보는 척만하고 정신은 다른 데 가있는 사람들이 많다. 문제는 관리자들이 직원들 생각을 해주지 않는다는 것이다. 직원들은 열과 성을 다해 애기를 하고 있는데 눈앞에 보이지 않는다고 제대로 듣지 않는 자세가 문제이다.

반대로 시시콜콜 참견하고 간섭하는 관리자의 모습도 문제이다. 필자가 알았던 관리자 중 한 사람은 밑에 있는 직원들이 "그 분은 시대를 거꾸로 살고 있는 것 같아요"라는 불만을 토해내도록 만드는 그런 사람이었다. 하루에 두 번씩 전화 화상 회의를 하면서 참석한 모든 직원에게 한사람씩 돌아가면서 업무 보고를 받았는데 그 때문에 그 회의에 참석한 직원들은 하루종일 아무 일도 하지 못하면서 시간만 허비하게 만들었다.

멀리 떨어진 곳에서 근무하는 직원을 다룰 때는 그들의 행동을 필요이상으로 구속하게 되면 실망스러운 결과만 얻게 된다. 관리자나 직원 모두 서로 얼굴이 보이지 않는 곳에서 일하고 있다는 현실을 직시해야 하는데 특히 관리자가 더 절실히 깨달아야 한다. 관리자라면 누구나 자신이 데리고 있는 직원의 일거수일투족을 감시하고 싶어하겠지만 더 중요한 것은 결과를 성공적으로 이끌어 내도록 직원을 서포트해야 한다는 사실이다. 예전에는 관리자가 모든 걸 통제하고 조정할 수 있었던 신과 같은 역할을 했을지 몰라도 이제는 조수의 역할을 해야 한다.

다른 곳에 파견 나가 있는 직원은 컨설턴트나 하청업체로 생각하는 게 좋다. 그래서 그들에게는 최우선적으로 매출만 생각해야 되고 그들 역시 그렇게 생각하도록 만들어야 한다.

그들을 믿고 맡겨야 하는 자세가 가장 필요하고 그러면서도 진행 상황을 알고 있어야 한다. 일반적으로 그렇게 홀로 떨어져 나와 근무를 하고 있는 직원들은 누구 눈치를 보지 않고 혼자 마음대로 할 수 있다는 자유를 가지게 되어 좋아한다. "생전 처음으로 화장실이나 밥먹으러 가면서 눈치 안보고 마음대로 갈 수 있어서 너무 좋아요. 내 어깨 너머로 뭐하는지 들여다 보는 관리자도 없는게 이제야 진짜 어른이 된 것 같아요"라고 말들을 한다.

컨설팅업을 하는 필자의 경우도 회사에 나가 사무실에서 일하는 것보다 아무도 없는 곳에서 혼자 일하는 게 더 많은 일을 처리할 수 있게된다. 그래서 종종 일일이 사소한 것까지 보고를 해야 하는 쓸데없는 회의 시간에 참석하면서 시간만 낭비하느니 아무도 간섭하지 않는 곳에서 일에만 매달리고 싶은 생각이 자주 든다.

문제는 관리자가 이런 현실을 모르고 같은 공간과 시간에서 근무하는 일반 직원처럼 대할려고 하는 것이다. 관리자가 해야 하는 일은 비록 다른 곳에 멀리 떨어져 근무하는 직원일지라도 한 사무실에서 근무하는 직원처럼 서로가 느낄 수 있게 하는 방법을 만들어야 하는 것이다. 그런 방법은 혼자만 정하지 말고 직원들과 함께 해야 한다. 그러면 그들이 다양한 아이디어를 낼 것이고 거기에는 예를 들어 전화나 화상회의 하기전에 서로간의 근황에 대한 가벼운 얘기를 하는 시간을 가져보거나 블로그, 메신저 등을 통해 얘기를 주고받는 방식 등을 제안해 보는 것도 바람직하다. 관리자라면 한명의 직원도 낙오됨없이 모두 하나라는 생각을 들게끔 해야 한다.

파견 근무를 보내는 것도 직원에 따라 다르게 대처해야 한다. 자발적으로 나서서 가고싶다는 의지를 보이는 직원은 별 문제없이 일을 잘 해나가겠지만 그런 것을 원치 않는 직원에게 억지로 일을 떠맡기게 되면 사무실에서 근무할 때보다 더 역효과가 나게 된다. 그리고 그런 일은 사전에 해당 직원과 의견 조율이 되어야 하는데 아무 말없이 갑자기 그런 얘기를 한다고 하면 그 직원은 자신이 구조조정 당한다고 생각하게 된다. 한 사무실에서 같이 근무할 때랑은 틀리기 때문에 직원에게는 굉장히 민감한 문제로 다가설 수 있으므로 얘기할 때 특히 더 주의해야 한다.

요즘처럼 다양한 나라의 사람들이 한 곳에 모여 근무하는 환경이 낯설지 않게 느껴지는 때에는 그 직원이 태어난 나라와 자라온 나라에 대해 어느 정도는 관심을 기울여야 한다. 그래서 그 사람들에게 가장 큰 명절은 무엇인지 관습은 어떤지 정도는 알아야 한다. 덧붙여 간단한 몇 마디 정도라도 그 나라의 말을 알고 있으면 큰 도움이 된다. 고향을 떠나 온 사람들에게 더없는 감동을 주는 것은 의외로 간단해서 아주 작은 것들에 대해 관심을 기울여 주는 것이다. 어느 나라 사람이던지 누군가 자신에게 관심을 가지고 있다고 느끼게 되는 것만큼 뿌듯한 일은 없다. 자신을 돋보이려고 하기보다는 다른 사람을 배려하는 모습이 중요하고 그런 모습이 커지게 되면 자연스럽게 돋보이게 된다.

세대 차이를 극복하자

하루 종일 집안에 쳐박혀 있는 열 다섯 살짜리 아들에게 왜 밖에 나가서 친구들하고 공을 차면서 뛰어놀지 않냐고 물어본 적이 있었다. 그러자 아들이 오히려 아빠를 이해하지 못하겠다는 표정으로 "아빠, 지금 내 모니터 화면 한번 보세요. 엄청 바쁘거든요"라고 말을 했다. 아들 놈의 컴퓨터 화면에는 무수하게 많은 메신저 창이 떠 있었고 친구들과 자기들끼리만 통하는 인터넷 용어를 써가면서 채팅중인게 보였다. 그 때 얼핏 봤던 것 중에 하나는 아마 "아빠가 옆에서 보고 있어. 조심해!"라는 뜻인 것 같았는데 정확히 무슨 말인지도 이해하기 힘들었다. 아마 기성 세대에게 그렇게 많은 사람과 동시에 메신저를 하라고 하면 아마 5분도 안되서 컴퓨터를 꺼버릴 것이다. 하지만 애들은 그 자체를 아무렇지 않게 즐기고 있었다. 한번도 본 적없이 온라인으로 만나 친구가 되는게 요즘 애들에게는 평범한 일이다.

가상 공간이 만들어 낸 새로운 환경에 너무나 익숙해 하는 젊은 세대들을 데리고 어떻게 일을 해나가야 하는지도 우리에게 던져진 문제 중 하나이다. 요즘 관리자들이 특히 더 힘들 수밖에 없는 것은 컴퓨터가 일상화되기 전에 일했던 상사와 컴퓨터와 함께 태어난 젊은 세대들 중간에 끼어있는 세대라는 사실이다. 컴퓨터없이도 일만 잘했다고 툭하면 옛날 얘기하는 상사들과 컴퓨터없이는 아무것도 못하는 젊은 세대들 사이에서 양쪽의 입맛을 다 맞추는게 말처럼 쉽지만은 않다. 하지만 분명한 사실은 젊은 세대에게 추월당하지 않으려면 그들의 생활 방식을 배워야 한다는 것이다.

마무리하면서

어떤 사람들은 자신이 성공한 이유가 행운이 따라서라고 말한다. 맞는 말이다. 하지만 열심히 노력하는 사람에게 행운이 더 쉽게 찾아오는 법이다. 지금까지 필자가 했던 말들을 되새기면서 익힌다면 회사 안에서 최고로 인정받는 직원으로 구성된 최고의 팀이나 부서를 가지게 될 것이다. 평범한 직원들을 데리고 최고의 결과를 내게 될 것이고 여러분의 경력에도 큰 도움이 될 것이다. 난 할 수 있다라는 자신감과 무엇보다 자신을 믿는 자세가 중요하다.

실천편 _Just Do It

- 직원들이 가지고 있는 개인적인 목표에 대해 사심없이 얘기 나눌 수 있게 해야한다. 그래서 그들의 목표를 알고 난 후에는 직원들이 목표를 향해 나갈 수 있게 적극적으로 도와줘야 한다.

- 회사 내에서 얻을 수 있는 신빙성 있는 정보들을 직원에게 많이 전달해 줄 것. 그래서 각각의 직원들이 참고할 수 있게 해서 개인적인 발전을 이룰 수 있게 도와줘야 한다. 만약 당신이 도와주지 못하는 전문적인 일이거나 경험이 없는 일이라면 그런 것을 알려줄 수 있는 다른 사람을 소개라도 해주는 게 좋다.

- 직원들의 회사 내에서 최종적으로 올라가고 싶어하는 자리에 대해 당신이 아는 만큼 자세하게 얘기해 주고 그 자리에 올라가기 위해서는 어떤 부분이 필요한지를 알려줘야 한다.

- 직원이 현재의 실력으로는 도저히 불가능해 보이는 목표를 가지고 있

다면 어떤 부분이 부족한지를 알려주거나 다른 현실적인 목표를 갖도록 설득해보기 바란다.

• 직원들의 미래에 대한 얘기를 나눌 때 다음과 같은 점들을 고려하고 있어야 한다.

| 정확성

직원들이 가진 꿈을 이루기 위해 필요한 사전 행동들이 무엇인지 구체적이고 정확하게 얘기를 해줘야 한다. 예를 들어 "기술적인 지식을 넓혀봐!"라고 얘기하는 것은 너무 막연한 얘기이다. 그것보다는 "기술력을 좀 더 인정받고 싶다면 이런 자격증을 한번 따봐. 나중에 많은 도움이 될거야"라고 구체적으로 알려줘야 한다.

| 집중

누구나 하고 싶은 게 많고 그에 따라 해야 할 일도 많다. 그렇다고 그것을 한꺼번에 동시에 한다는 것은 불가능하다. 그러므로 직원이 가지고 있는 계획에서 현실적으로 가능한 부분부터 처리해 나갈 수 있도록 조언을 해줘라.

| 책임

자신이 택하고 결정한 일에는 자발적인 책임감이 따르고 더 열심히 할 수 밖에 없다. 그렇다고 개인적인 욕심으로 회사 일을 등한시 해서는 안된다. 직원의 목표가 반드시 회사와 부서나 팀을 위하는 연장 선상에 있어야 한다. 그리고 독재적으로 강제로 지시해서도 안된다.

| 작은 것부터 시작

모든 일은 단계가 있고 과정이 있다. 처음부터 너무 무리하게 큰 욕심을 부리면 얼마안가 지쳐나가 떨어진다. 작은 일부터 시작할 수 있게 도움을 줘야 한다.

| 현장 학습

가장 강력한 발전이란 곧 실무 능력이 커지는 것이다. 관리자나 직원 모두 일상적인 업무를 중요하게 생각해야 하고 그것을 발전의 초석으로 삼아야 한다.

| 지원과 피드백

시간, 비용, 교육 등 필요한 것들을 아낌없이 지원해 주어야 하고 직원 각각의 특성에 맞게 서로 다른 스타일로 접근해야 한다.

| 시간 엄수

각각의 일에 대한 마감 시간을 정해서 그걸 지키도록 해야 한다. 일이 끝날 때까지 스케줄을 만들어주고 중간 점검을 해야 한다.

| 다양한 변화

똑같은 일에만 매달리다 보면 지루하게 느끼게 된다. 그렇기 때문에 다양한 일로 변화를 주게 되면 더 깊이 집중할 수 있다.

• 직원과 함께 중요한 미팅 자리에 참석하거나 관리자를 대신해서 참석할 수 있는 기회를 주어야한다. 미팅 전에 알아야 할 중요한 사항들에 대해 미리 언질을 주고 어느 정도까지 권한을 부여하는 지에 대해서도 얘기해주어야 한다.

• 최근이나 과거에 했었던 업무 분장을 되짚어보면서 왜, 어떤 점 때문에 그 직원에게 그런 업무를 맡겼었는지 그리고 그 직원이 어느정도 결과를 보였었는지 생각해야 한다.

• 반복적인 업무만 하는 직원에게 새로운 활력을 불어 넣을 수 있는 업무를 줄 방법이 있는지 알아보고 그렇게해서 그 직원의 업무력이나 기술력을 발전 시킬 수 있는 쪽으로 몰고 가야 한다. 사람은 누구나 진취적인 일을 할 때 잠재력을 발휘할 줄 알게 되기 때문에 직원들의 잠재력을 키워줄 수 있어야 한다.